Erich Mühsam
Zur Psychologie der Erbtante

Erich Mühsam
Zur Psychologie der Erbtante

Satirisches Lesebuch
1900–1933

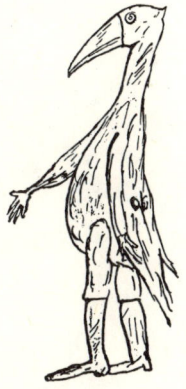

Eulenspiegel Verlag Berlin

Herausgegeben und mit einem Nachwort
von Wolfgang Teichmann,
ergänzt durch Beiträge von Julius Bab,
Franz Blei, Friedrich Burschell, Edmund Edel,
Fritz Erpenbeck, Oskar Maria Graf,
Kurt Hiller, Herbert Jhering, Cläre Jung,
Karl Kraus, Wilhelm Lukas Kristl,
Berta Lask, Heinrich Mann, Viktor Mann,
Martin Andersen Nexö, Ernst Niekisch,
Ludwig Renn, Joachim Ringelnatz,
Hermann Sinsheimer, Kurt Tucholsky,
Erich Weinert und Hedda Zinner.

ISBN 3-359-00188-5

»WEIHE IN PERMANENZ
SCHAFFT NARREN, ZELOTEN*
UND SPEKULANTEN.«

Erich Mühsam

Jetzt ist es Zeit! – Es ist genug! –
Ich hab' es viel zu lang getragen! –
Warum ich's wohl so lange trug? –
Jetzt wird's zerschlagen!
Ich war so tot! – Jetzt wach ich auf! –
Es ist noch Zeit. – Jetzt ist es Zeit! –
Mein Leben lebt – mein Leben schreit. – –
Ich setz' das Leben an. Ich sauf! –
Rest weg! – Und kracht der Krug entzwei,
so besser! – Besser tot als wrack! –
Weg, Mitwelt, weg! – Ich schmeiß zu Brei
die plumpen Schädel! – Pack!!

Aus: Die Wüste, 1898–1903

An Heinrich Hart

(...)   *(Dezember 1901)*

*bitte ich Dich sehr herzlich und dringendst, mir ganz unverblümt
und schonungslos Deine Meinung darüber zu sagen, ob Du mit
Michalski darin übereinstimmst, daß ich der Neuen Gemeinschaft eher schädlich als nützlich bin. In diesem Falle würde ich
Euch selbstverständlich augenblicklich von mir befreien und
würde mich damit begnügen, später, wenn ich im Besitz von*

* Glaubenseiferer

Geldmitteln bin, die Dir zugesagten Bedingungen zu erfüllen, im
übrigen aber meine Neue Gemeinschaft mit mir allein, solange
ich keine andre Seele gefunden habe, leben ...

Dein Erich

Der
Anarchisterich

War einst ein Anarchisterich,
der hatt den Attentatterich.
Er schmiß mit Bomben um sich rum;
es knallte nur so: bum bum bum.
Einst kam der Anarchisterich
an einen Schloßhof fürstelich,
und unterm Rock verborgen fein
trug er ein Bombombombelein.

Nach Haus kam Serenissimus,
sprach: Omnia nos wissimus,
und sprach viel weise Worte noch,
daß alles rings nach Weisheit roch.
Jedoch der Anarchisterich
mit seiner Bombe seitwärts schlich
und schmiß sie Serenissimo
unter den Rokokopopo.

Und rings war alles baß entsetzt,
Durchlaucht hat sich vor Schreck gesetzt,
indes der Anarchisterich
durch eine Seitentür entwich.
Nur einer sprang beherzt herbei,
zu helfen, was zu helfen sei.
Doch sprach er bleich: Volk, höre nur,
's ist ne Bomb-onniere nur.

Rings aber lag man auf dem Knie
und heulte, jammerte und schrie
und betete: Du lieber Gott,
schlag doch die Anarchisten tot!
Drum merk dir, Anarchisterich,
heil dich vom Attentatterich.
Kommst du zu Hofe fürstelich,
geht's fürder dir für-fürchterlich.

Aus: Der Wahre Jacob, 1902

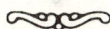

Töff töff –
Hurra!

Puff puff puff und töff töff töff –
Kindsgeschrei und Hundsgekläff!
Durch die Linden rase, rase!
Patriotisch, mit Emphase!
Hurra, hurra! Ganz Berlin
stinkt nach Gummi und Benzin.

Holla, holla, Polizei!
Halte Platz und Straßen frei,
daß das Auto nicht mehr weichen
oder stolpern über Leichen
braucht, denn das gäb erst Geschrei
und 'ne Straßenschweinerei.

Maul gehalten, Bürgersmann!
Was gehn dich die Autos an?
Schleunigst ran zu Huldigungen,
»Deutschland, Deutschland« mitgesungen!
Andernfalls fliegst du ins Loch.
Hurra, hurra – dreimal hoch!

Tutend, pustend kommt's gesaust,
Jubel und Begeist'rung braust.
Mütter krähen, Väter niesen:
Deutschlands Treue ist erwiesen.
Kindsgeplärr und Hundsgekläff –
Deutschland – hoch! hurra! töff töff!

Aus: Der Wahre Jacob, 1903

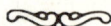

Als ich dich fragte: Darf ich Sie beschützen?
Da sagtest du: Mein Herr, Sie sind trivial.
Als ich dich fragte: Kann ich Ihnen nützen?
Da sagtest du: Vielleicht ein andres Mal.
Als ich dich bat: Ein Kuß, mein Kind, zum Lohne!
Da sagtest du: Mein Gott, was ist ein Kuß?
Als ich befahl: Komm mit mir, wo ich wohne! –
Da sagtest du: Na, endlich ein Entschluß!

(Grete)

Aus: Wolken, 1909–13

An Julius Bab

Lieber Bab!

*Eine sehr betrübliche Botschaft. Margarete B(eutler) kann zu
der Dehmelsache nicht kommen. Sie muß Montag ihr Zimmer
räumen, das anderweilig vermietet ist, und kann sich unmöglich
so kurz vorher freimachen, abgesehn davon, daß ihr leider nicht
sonderlich erfreulicher Gesundheitszustand ihr die Anstrengungen
in solcher Zahl eo ipso verbietet. Morgen mittag (½ 1 ca)
komme ich zu Ihnen. Hoffentlich treffe ich Sie zu Hause.
Was los ist, können Sie sich denken. Wieder dieselbe Geschichte.
Der bevorstehende Umzug – die Schulden bei der jetzigen
Wirtin und sonst in Eggersdorf u. a. m. Wir müssen mal dar-*

8

über sprechen, wie sofort *die Summe beschafft werden kann, die außer dem Ertrag meiner goldnen Uhr (morgen wandert sie in die Jägerstraße), unbedingt erforderlich ist. Es tut mir leid, Sie fortwährend grade mit solchen Dingen zu belästigen. Ich denke aber, vor Ihnen braucht man sich nicht zu genieren – außerdem trage ich vom nächsten Monat an die Sache allmählich ab. Ich schlage vor, die Dehmelgeschichte aufzuschieben. Ich kann Sonntag jedenfalls noch nicht dabei sein, da ich mich jetzt natürlich um Grete kümmern muß. Also morgen mittag 1/2 1. Auf Wiedersehn! Ihr*

Friedrichshagen   *Erich Mühsam*
Ahornallee 24
4/VII. 1902

RUNDSCHREIBEN

Geehrter Herr!   *Berlin 25/VIII. 1903*

Sie werden mit uns der Meinung sein, daß es so nicht weiter geht. Was zuviel ist, ist zuviel. Es geht eben nicht. Die Lethargie muß überwunden werden. Deshalb werden wir eine neue Tageszeitung gründen, – »Das Vaterland« soll sie heißen. Wir reichen Ihnen die Hand, schlagen Sie ein und kommen Sie nächsten Sonnabend (29. Aug.) zur Vorbesprechung, Friedrichstr. 46, Ecke Zimmerstr. (Schultheiss) 8 1/2 Uhr. Frauen, besonders Frauenrechtlerinnen haben keinen Zutritt. Mit urdeutschem Herzensgruß

Erich Mühsam   *Paul Scheerbart*
Berlin, W. 50   *Charlottenburg*
Augsburgerstr. 46   *Kaiserfriedrichstr. 29*

Rendezvous

Ich bin verdammt zu warten
in einem Bürgergarten
auf das geliebte Weib.
Nun sitz ich hier als Beute
gewissenloser Leute
mit breitem Unterleib.
Sie sind so froh beim Biere,
bald zwei, bald drei, bald viere –
und reden vom Geschäft.
Die Gattin spricht vom Hause,
die Töchter trinken Brause,
und Flock, das Hündchen, kläfft.
Die Kellnerinnen schwirren.
Die Tischgeschirre klirren.
Der Himmel scheint so blau.
Wie süß ist's doch, zu warten
in einem Bürgergarten
auf die geliebte Frau.

Aus: Der Krater, 1904–08

Erziehung

Der Vater zu dem Sohne spricht:
Zum Herz- und Seelengleichgewicht,
zur inneren Zufriedenheit
und äußeren Behaglichkeit
und zur geregelten Verdauung
bedarf es einer Weltanschauung.
Mein Sohn, du bist nun alt genug.
Das Leben macht den Menschen klug,
die Klugheit macht den Menschen reich,
der Reichtum macht uns Herrschern gleich,

und herrschen juckt uns in den Knöcheln
vom Kindesbein bis zum Verröcheln.
Und sprichst du: Vater, es ist schwer.
Wo nehm ich Geld und Reichtum her?
So merk: Sei deines Nächsten Gast!
Pump von ihm, was du nötig hast.
Sei's selbst sein letzter Kerzenstumpen –
besinn dich nicht, auch den zu pumpen.
Vom Pumpen lebt die ganze Welt.
Glück ist und Ruhm auf Pump gestellt.
Der Reiche pumpt den Armen aus,
vom Armen pumpt auch noch die Laus,
und drängst du dich nicht früh zur Krippe,
das Fell zieht man dir vom Gerippe.
Drum pump, mein Sohn, und pumpe dreist!
Pump anderer Ehr, pump anderer Geist.
Was andere schufen, nenne dein!
Was andere haben, steck dir ein!
Greif zu, greif zu! Gott wird's dir lohnen.
Hoch wirst du ob der Menschheit thronen!

Aus: Der Krater, 1904–08

Der friedliche Michel

Hört man nicht in allen Reden
feierlich den Krieg befehden?
Und besonders bei Visiten
an den Höfen fremder Fürsten –
fühlt man in den Redeblüten
nicht die Welt nach Frieden dürsten?
Stets gebärdet Michel sich
ringsherum freundnachbarlich.

Ja, das Deutsche Reich entschieden
ist beflissen auf den Frieden.
Doch – wenn die Hereros wollen
nicht gehorchen bis aufs Jota,
sie die Frechheit büßen sollen,
und man schickt den Herrn von Trotha!
Dennoch aber sag' ich euch:
Friede sinnt das Deutsche Reich!

Ja, der Kriegsgott liegt am Bändel,
und wir suchen nirgends Händel.
Dieses ward jüngst in Saarbrücken,
in Karlsruh' und Mainz gepredigt,
und wir sehn, wie mit Entzücken
alles friedlich sich erledigt.
Kriegsschiff und Kanone ruht –
wenn der Andre uns nichts tut!

Doch, da haben wir den Haken!
Unterm weißen Friedenslaken
schlummern so geheime Kräfte,
wo wir niemals wissen können,
ob man nicht als Flintenschäfte
sie wird eines Tags erkennen. – –
Drum, ob man auch milde spricht –
Ich – trau diesem Frieden nicht!

Aus: Der Wahre Jacob, 1904

EDMUND EDEL

Bei Meyers

Durch die Türe tritt die »Sensation«. Frau Eva stürzt entgegen. Herr Franz Samuel Müller, Kabarettist und Lyriker,

mit Frau Gemahlin, der berühmten Moletta di Colorado. Sie ist seine richtige standesamtliche Frau, notariell beglaubigt; denn sonst hätte man sie doch nicht einladen können. Frau Eva stürzt entgegen, und Herr Franz Samuel Müller verbeugt sich graziös ... aus der Seidenfülle seiner Krawatte liebenswürdig sein schwarzes Haupt neigend. Moletta blitzt in den Saal. Sie schleudert Blitze mit ihren tiefen südländischen Glutaugen, und alle Männer vom Generalkonsul und Geheimrat herunter bis zu Fritzchen Meyer, dem stud. jur. im ersten Semester, blitzen ihr entgegen – ihrem Schlangenleib und ihren gelblichen Elfenbeinschultern, die, an der Grenze der Entblößung, so viele Hoffnungen zu erwecken scheinen.

Und hinter Herrn Franz Samuel Müller nebst Frau Moletta erscheint der berühmte und gefürchtete Dichter und Privatrevolutionär Emil Brühwarm – Emil Brühwarm, der Gedichte, für die blöde Menge natürlich unverständliche Gedichte macht, die sogar im Simplicissimus gedruckt sind, und dessen Schüttelreime man ebenso pikant findet wie seinen Haarwuchs und seine waschbedürftige Wäsche.

Frau Eva ist gerührt, Frau Eva ist im siebenten Himmel. Ihre »Sensation« ist ungeheuerlicher, als sie geahnt hatte, denn Franz Samuel hat den Dichter Brühwarm mitgebracht, den witzigsten aller deutschen Parnassjünger.

Und Frau Eva stürzt sich wieder in die liebenswürdigste aller Handbewegungen und stellt vor:

»Gestatten Sie, meine Herrschaften, unsere berühmte entzückende Frau Moletta, unser Franz Samuel Müller, Herr Emil Brühwarm, Dichter – ...«

Volksgemurmel – Franz Samuel drückt allen Bekannten die Hand – sie kennen ihn alle, den lustigen, liebenswürdigen Chansonnier, der aus der Not eine Tugend macht und »tingelt« vor Fürsten, Bankiers, Studenten, Kokotten, vor Intellektuellen und Banausen – fürs liebe Brot und fürs liebe Leben. Früher gab man ihm drei Mark für viel bessere Gedichte in den Meggendorfern oder den Sonntagsbeilagen der Provinz.

Franz Samuel hat Hunger, berechtigten Hunger, und Schulz, der Lohndiener, kennt seinen Hunger und seine Vorliebe für »bessere Sorten«.

Und Emil Brühwarm, der Dichter, dessen fettiger grauer Sacco sich neben dem Hellrosa einer Chiffonphantasie wie ein Hornkäfer auf einer Orchidee ausnimmt – Emil kokettiert bedenklich mit der Flasche Pommery, die Herr Meyer ihm, entzückt über die unerwartete Ehre, vorgesetzt.

Man ist bereits beim Eis, und die Künstler beeilen sich die Gänge nachzuessen. Gewohnheit und Übung, und bei den Käsestangen ist das Handicap überwunden.

»Mahlzeit!«

»Cognac oder Benedictiner? Die Zigarren stehen nebenan.«

»Da die Große würde ich Ihnen raten – Flor de Inclan 1200 Mark – rauche sie immer beim Kommerzienrat X. Übrigens gestern war ich bei L.s, der ist Nichtraucher und hat ein scheußliches Kraut gehabt.«

»Wahrscheinlich läßt er die Importen vom vorigen Winter liegen. So'n Kerl!«

Emil Brühwarm, der Dichter, ist Kenner. Er pafft die größte und dickste Zigarre der Kollektion und würzt den Kaffee mit einem Schluck Cognac und einigen saftigen Redensarten.

Onkel Julius hat den Geheimrat in einer Ecke im Clubsessel festgenagelt. Justizrat N. und Sanitätsrat U. streiten sich über das Essen in Heluan und Kairo – – sie trafen sich im Dezember in Ägypten – der berühmte Musiker erzählt Anekdoten und macht geistreiche Bonmots, und zwischen ein paar Zigaretten konsultiert Doktor P., der Irrenarzt, seinen Vetter Meyer, den Bankier, ob er glaubt, daß es jetzt richtig wäre, »Wasserwerke« zu kaufen.

Die Damen rauchen Zigaretten – die älteren Damen finden dies immer noch sonderbar –, und die beiden Leutnants, die drei Referendare und einige Frauenärzte stehen in malerischen Stellungen über die Rückenlehnen der Fauteuils gebückt und setzen ihre Tischgespräche fort, ihre

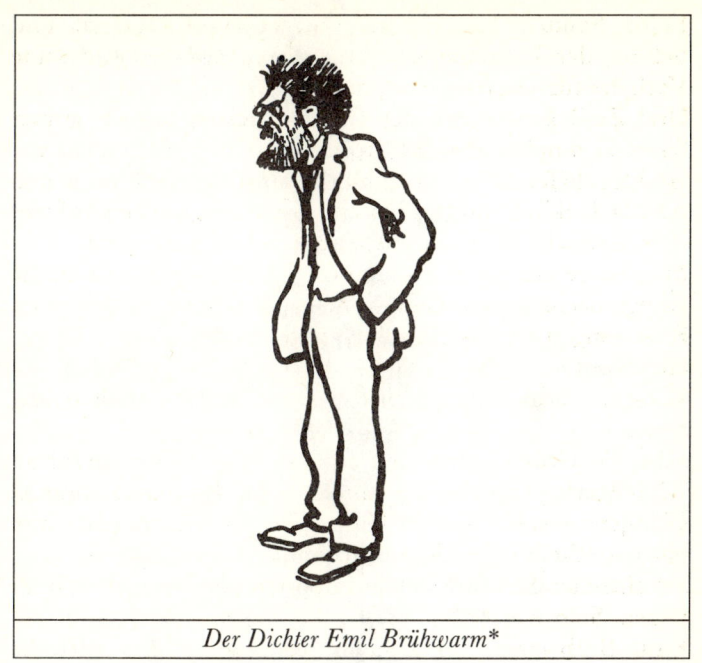

*Der Dichter Emil Brühwarm**

Tischgespräche über Hilligenlei, übers Intime Theater, über Eisfeste und über die merkwürdigen Reitstunden der Frau Y.

Herr Messingnagel aber, der Klavierspieler, läßt die ersten Takte des neuesten Walzers erklingen, und die beiden Leutnants, die drei Referendare, die Frauenärzte und ein Privatdozent, der es nötig hat, walzen im ausgeräumten Eßzimmer. Sie walzen im vornehmen Walzertakt, erst rechts herum, dann ein paar Takte schleifend und schreitend, dann links herum wie die Amerikaner in St. Moritz oder Interlaken. Und Käthe Meyer und Molly B. und Grete H. sind selig – selig, denn sie können tanzen wie die Elfen und dürfen die Kleider heben, damit man sieht, daß die Natur sie nicht vernachlässigt hat, weder oben noch unten.

* Zeichnung von Edmund Edel

Und der kleine Doktor Franz tanzt wie ein Gott, wie ein Gott aus den Gefilden der Arkadia und balanciert um die Ecken des Buffets mit einer Sicherheit, die den kühnen Tänzer der großen Philharmoniebälle und den Liebling vom Moulin rouge auszeichnet.

Inmitten aber schwebt Moletta, die Göttin, die Fürstin des Tanzes. Und die Frauen hinter ihren Fächern zischeln und zwitschern von den unmöglichsten Sachen über Moletta, von ihrer Herkunft, von ihren Toiletten, von ihren Füßchen und von ihrem »freien« Benehmen.

Herr Messingnagel, »der« Klavierspieler, paukt Lincke, paukt Metropol-Theater und »Lustige Witwe«, und Bummel, der Karikaturist, tanzt Cakewalk, und Fräulein Molly windet sich in graziösen Bauchverschlingungen nach dem Takte der Synkopen.

Frau Eva bittet um einen Augenblick Gehör. Die »Sensation« bricht los.

Moletta tanzt und singt. Moletta singt mit ihrer kleinen, schmeichelnden Stimme kleine, schmeichelnde Lieder, Lieder von erlaubter Liebe, Lieder von unerlaubter Liebe, und ihr Schlangenleib bebt und zuckt, und ihre süßen, kleinen Füßchen tanzen in rhythmischem Gleichmaß Lust und Freude. Ihre Augen funkeln wie tiefschwarze Diamanten und träumen wie unerforschte, schwarze Meerestiefen, und ihre schmalen Lippen zittern im Rausch.

Die Damen aber bewundern sie und staunen, daß sie kein Korsett trägt, und die Herren sind froh darüber. Und die Damen zwingen sich zu Beifallslächeln und neidloser Anerkennung, und die Herren sperren die Rachen auf und blähen die Nasenflügel, und ihre Blicke irren ins Weite. Und zitternde Greisenhände klatschen Beifall, und kräftige Mannesmuskeln dehnen sich im Verlangen.

Moletta tanzt schmeichelnde Lieder und zuckt ihren elfenbeinernen Schlangenleib.

Franz Samuel, der Kabarettist, singt seine selbstgedichteten Poëme. »Musik und Text von mir.« Poëme von süßem Lindenduft, Poëme von bitteren Tränen und weichen,

blauen Himmelbetten, von weißen Frauengliedern auf sei-
denen Kissen und Zigarettenglimmen in lauschigen Ecken.
Und den Damen wird weich ums Herz, und sie fühlen, daß
es noch echte Liebe gibt in der Welt, und manche unter
ihnen lechzen nach den träumenden Schatten, die Franz
Samuels träumende Augen umranden.
Aus der weichen Fülle seiner schweren, seidenen Krawatte
strömt der Balsam der Liebe.
Die Herren aber summen wohlgefällig die Refrains mit.
Dann Emil Brühwarm, der Privatrevolutionär. Er redet
Verse und schmiedet Epigramme und schüttelt Reime,
einen nach dem anderen. Seine ganze Wut der »Gesellschaft«! Aus der Tiefe seiner Überzeugung und aus der
Tiefe seines ehemals weißen Vorhemdes holt er das Ungeheure, das Vernichtende. Und er sprüht Geist und blühen-
den Witz und streift die aktuellen Fragen der Politik und
die sich ewig gleichenden Probleme der Liebe. Und er freut
sich, an den Grenzen der Unmöglichkeit zu wandeln. Seine
Stimme wächst vor Zorn über die Menschheit und vor Lust
über die Schamröte der Zuhörer.
Die Damen und Herren sind stumm vor Begeisterung und
stumm vor Entsetzen über die merkwürdigen Weisheiten
des Herrn Brühwarm. Die Sensation ist auf dem Höhepunkt. Und Frau Rechtsanwältin Y. sieht in der Runde
umher und beobachtet, was für eine Miene ihre Freundin
Helene macht, und ob die anderen auch alles verstanden
haben, und ob man lächeln darf. Und dann, als sie sicher
ist, daß auch Frau M. und Frau L. und selbst Fräulein
Molly B. lächeln, sogar lachen, lächelt Frau Rechtsanwalt Y., verständnisinnig errötend.
Die Herren aber ziehen die Nasenwinkel in die Höhe und
die Augenbrauen − − »kolossal!«

Auf dem Korridor sind die Gummischuhe vertauscht,
trotzdem Schulz, der Lohndiener, Paulinen diese nützli-
chen Fußbekleidungsstücke besonders ans Herz gelegt.
Und Frau Louise H. schwört, daß sie ganz neue Boots an-

gehabt hätte und daß sie unmöglich so in die Droschke steigen könne.

Frau Eva steht im Salon und nimmt die Huldigungen entgegen. Miezi versichert ihr, daß es reizend gewesen sei, Milly sagt, es war einfach entzückend – sie hatte den Doktor A. richtig zu Tisch gehabt – Assessor B. behauptet, Evas Erfolg wäre geradezu eminent – die Leutnants murmeln etwas von »Gnädigste – äh – äh« – Onkel Julius ist sehr befriedigt und läßt sich von Herrn Meyer noch eine Cigarre auf den Weg mitgeben, und Hans Meyer, der Vetter, macht seinen üblichen Witz: Reichlich und nicht zu fett, wie sonst bei niederen Leuten.

Über den Kurfürstendamm rollen die Taxameter, knattern die Automobile und wandeln die müden Leute, die aus den Cafés heimwärts ziehen nach langer Sitzung. Durch die Nacht, durch die eisige Winternacht knattern die Autos.

Justizrat M. sitzt gähnend neben seiner Frau im Polster des Wagens und denkt an seinen Termin um 9 Uhr am Landgericht II, und Doktor A. schläft in seinem Auto etwas vor, denn er hat um 8 Uhr Sprechstunde.

Im Café aber sitzen Franz Samuel, Moletta und Emil Brühwarm, der Dichter, und Vetter Hans Meyer und Vetter Fritz Meyer, der stud. jur., die Leutnants, Bummel und die blonde blauäugige Malersfrau und trinken das allerletzte Pilsner – zum Abgewöhnen.

Emil, der Dichter, raucht eine von den großen Flor de Inclan zu 1 200 Mark, fabriziert einen neuen Schüttelreim und versucht die Leutnants von ihren angestammten Ansichten über Moral, Ethik und anderen üblen Angewohnheiten des deutschen Volkes loszueisen und ihnen seine anarchistische Weltanschauung beizubringen.

Und über dem Kurfürstendamm liegt die Nacht, liegt die Ruhe.

Meyers hatten »ihre Gesellschaft«. ...

Das Bedürfnis, zur Pflege heiterer Kunst Zusammenkünfte zur organisieren, war, seit die Überbrettl in Mode gekommen waren, allenthalben bemerkbar. In privaten Zirkeln, in der sogenannten Bohème, in den Ateliers wurden Ulkvorträge, Schnellmaler-Produktionen, Brettllieder zur Gitarre und Groteskänze üblich. Begüterte Bürger erließen Abendbrot-Einladungen nicht mehr bloß an die berühmten Heldentenöre der Oper, sondern auch an junge Künstler und Literaten, deren Darbietungen die Hörer nicht zwangen, ihre Ansprüche aus Schicklichkeitsgründen gewaltsam in die Höhe zu schrauben, die im saloppen Straßenanzug kamen und froh waren, außer einem guten Essen und reichlich Wein ein Zehn- oder Zwanzigmarkstück als Douceur zu bekommen. Besonders der Maler Paul Haase hatte großes Geschick darin, freundwillige Familien zu derartigen Einladungen anzuregen, den künstlerischen Invasionstrupp zusammenzustellen und uns vorher zu belehren, wie wir uns zu benehmen hätten, nämlich so ungesellschaftlich wie möglich. Ich höre ihn noch, wie er mich nach so einem Souper zusammenputzte: »Mensch, du bist nich ordinär jenuch; dir kann man ja nirjens mitnehmen!«

Aus: Unpolitische Erinnerungen, 1927–29

Von deutschen Dichtern lies am meisten
nur die so viel wie Mühsam leisten!

Mynona

Schüttelreime

Den Menschen vieles gibt das Leben.
Doch nicht ein jeder liebt das Geben.

Die Männer, welche Wert auf Weiber legen,
tun dieses leider meist der Leiber wegen.

Mit einem starken Schweden ringen
ist nicht so leicht wie Reden schwingen.

Sie würden mir große Freude bereiten,
wenn Sie meinen Hund von der Räude befreiten.

Das kleine Mädchen reibt sich leise
das Knie, wenn ich nach Leipzig reise.

Wie schade, wenn's schon ein Erlebnis gibt,
daß man so selten das Ergebnis liebt.

Man wollte sie zu zwanzig Dingen
in einem Haus in Danzig zwingen.

Sie brauchten gar nicht umzusteigen,
drum gab sie sich ihm stumm zu eigen;
doch da verkehrt die Weichen lagen,
fuhr man sie heim im Leichenwagen.

Das war das Fräulein Liebetraut,
das an den Folgen einer Traube litt.
Quälend rumorten ihre Triebe laut,
weshalb sie schnell in jene Laube tritt.

Wer dichten will, der täte gut,
er macht' es so, wie Goethe tut.

Der ist ein großer Schweinehund,
dem je der Sinn für Heine schwund.

An der Liebe Niederlagen
läßt der Dichter Lieder nagen.

Die Boheme

Boheme! – Was denkt sich der brave Mann am häuslichen Herd und seine noch bravere Gattin nicht alles bei diesem mystisch-abenteuerlichen Wort: Ein Maleratelier mit primitiven Holzmöbeln, ein halbes Dutzend Mal-Stellagen, an der Wand prickelnde Aktbilder, verschmierte Paletten, genialisch wüst gruppierte Gipsmasken. Der Inhaber sitzt, eine Fiedel in der Hand, auf der Ecke des Tisches, um ihn herum eine Anzahl dekolletierter Modelle, jedes ein Sektglas in der Hand, und eine Batterie »Henckell trocken« schußbereit auf dem Fußboden.

Nein, meine Herrschaften, so sieht Boheme nicht aus – aber anders. Überhaupt – suchen Sie sich mal erst in Berlin echte Bohemiens. Ach, du große Güte! Davon gibt's verdammt wenige.

Ja, in München! – Schöne, göttliche Münchener Tage, wann kehrt ihr zurück? – Da saßen sie dicht bei dicht gedrängt im Café Stefanie. Der wilde Ludwig Scharf und der wüste Leo Greiner, der freche Frank Wedekind und der tolle – – aber nein! wie darf ich den Namen nennen! – Na, die Münchner sind weit weg, die können mir nichts tun, und ich habe mich ja mit der Berliner Boheme zu befassen. Da werd' ich mich natürlich vorsehen.

Was in München das Café Stefanie, das ist in Berlin das Café des Westens – aber in kleinerem Maßstab. Da sitzen sie – die Bohemiens, und die, die sich dafür halten.

Was sie tun? Sie trinken schwarzen Kaffee, oder auch Absinth, rauchen Zigaretten, reden über Ästhetik und Weiber, stellen neue Lehren auf und paradoxe Behauptungen, schimpfen über den Staat und die Banausen, pumpen sich gegenseitig an und bleiben die Zeche schuldig.

Aber das sind die Harmlosen. Sie rangieren gleich hinter den Lebemännern im Kaiserkaffee mit den Smokings und weißen Westen, die sich auch so gern Bohemiens nennen lassen.

Die »echten« sitzen auch nachts im Café – lange, o sehr

lange – aber das ist nicht das einzige Zeichen ihrer Zigeunerschaft. Das sind katilinarische Existenzen, Dichter, Maler, Bildhauer, Architekten oder was noch immer – man muß doch für sein Nichtstun einen Namen haben.

Da ist einer – er soll zuerst drankommen, denn er ist ein guter Freund von mir – ein Dichter. Die Hände in den Hosentaschen, streicht er des Tags durch die Straßen; sein Anzug ist schäbig, sein Hut noch schäbiger und am schäbigsten sein Stock. Ein Judaskopf mit Kneifer. Der strohgelbe Vollbart ist ungepflegt und verdeckt fast das ganze tiefliegende Gesicht. Die dunklen Haare hängen in dicken borstigen Strähnen über die niedrige Stirn. Ein Hals ist fast gar nicht da, und die eingefallenen Schultern sind hochgezogen. Wer ihn nicht kennt, hält ihn für einen Bankkassierer, der eben wegen Mangel an Beweisen freigesprochen wurde. Wer ihn aber kennt, der geht ihm aus dem Wege, sonst wird er gestellt: »Sagen Sie mal«, sagt der Dichter dann nebenbei so leichthin, »lieber Freund, können Sie mir nicht einen Taler pumpen?« Gelingt der Pump, dann muß das Opfer unweigerlich mit in ein Lokal, den Taler kleinmachen. Aber damit nicht genug! Der unglückliche Dichtermensch, der sich für ein verkanntes Genie hält und entsetzliche Kalauer macht, liest dem armen Gegenüber seine neusten Schüttelreime vor. Dann läßt er den anderen trotz des Talers das Genossene zahlen und geht weiter auf Fang aus. Gehn wir mal mit!

Er schiebt – immer dicht an den Häusern entlang – die Friedrichstraße herauf, unbekümmert um den Zuruf eines Arbeiters: »Du, laß dir mal die Haare schneiden!«

Plötzlich aber wird er angesprochen: Er blickt auf. Vor ihm steht ein Mann mit mächtig wallendem Vollbart, in engem kurzen unten ausgefransten Paletot. Darf ich seinen Namen nennen? Ja, ich darf. Es ist Peter Hille. Eben schreibt er sich einen neuen Aphorismus in sein Notizbuch. »Du«, sagt er, »geht das: Die Lüge ist das einzige, was den Menschen vom Tier unterscheidet!?« – »Ja, Peter Hille«, erwidert der Dichter. »Du hast recht. Die Lüge ist das einzig Wahre! – Wo willst du denn hin?« – »Nach Hause!« – »Ja, aber dann mußt du doch anders gehn. Hier kommst du ja in die Chausseestraße. Du wohnst doch jetzt in Schlachtensee.« – »Herrgott, ist ja wahr. Ich meinte, ich wohne noch in der Kesselstraße.« – Die beiden deutschen Dichter gehn also selbander zum Potsdamer Bahnhof und entwickeln sich unterwegs gegenseitig ihre neuesten literarischen Pläne. »Ja, ja«, meint Peter Hille. »Nun werd' ich aber doch bald berühmt.« Dann verabschieden sie sich.

Aus dem Café Austra tritt eine merkwürdige Gestalt heraus. Das Gesicht ist von einem mächtigen schwarzen Schlapphut beschattet. Man sieht nur einen blonden Spitzbart darunter hervorragen. Die ganze Figur ist von einem Mephistomantel umhüllt, dessen unteres Ende genial über die Schulter geworfen ist. »Mensch«, ruft er aus, als er den Dichter kommen sieht. »Was machen Sie denn?« – »Schlechten Eindruck – und Sie?« – »Ich arbeite!« – »Na, nu hören Sie auf! Was denn?« – »Oh, viel. In Potsdam soll ich 'ne neue Kirche bauen, in Berlin ein neues Theater, in Rixdorf 'ne Schule und für Grabow einen neuen Straßenentwurf ausarbeiten. Außerdem soll meine Vaterstadt in Pommern abgerissen werden, und ich soll sie neu aufbauen. Hier sind die Pläne!« Damit zieht der beschäftigte Architekt eine Aktenmappe aus den abgründigen Tiefen seines Mantels und zeigt den Entwurf für das Berliner Theater. »Sehn Sie«, sagte er treuherzig, »damit mache ich mich kreditfähig. Sie können ja schweigen. Höchstens Zeitungsonkels dürfen Sie es sagen, die es in ihr Blatt bringen. Sonst darf es keiner wissen. Übrigens wissen Sie nicht jemand, der mir 20 000 Mark pumpt, daß ich anfangen kann? Ich muß zum Winter unbedingt Geld haben zum Heizen. Vorigen Winter hab' ich sämtliche Warnungstafeln vom Tempelhofer Feld in meinen Ofen gesteckt. Aber erstens die Schlepperei, zweitens der Gestank und drittens sind keine mehr da.«

Der Dichter geht sorgenvoll weiter – nach Hause. Er steigt

die vier Treppen des Hinterhauses hinauf und schließt auf. Die Wirtin kommt ihm geheimnisvoll entgegen: »Seien Sie hübsch leise. Ein Herr ist da, der nicht gestört sein will.« Der Mieter betritt seine Bude. Er geht zunächst an den Schreibtisch, findet, daß seine sämtlichen Briefschaften durchwühlt sind, an der Erde liegen Manuskripte, Bücher, Löschblätter, darunter eins, das nicht dahingehört. Vom Bett aus ertönt ein gedehntes Gähnen. »Mahlzeit, du! – Du nimmst es wohl nicht übel. Ich bin nämlich exmittiert, und möcht' inzwischen bei dir kampieren.« Ein Maler ist es, der den Freund solcherweise begrüßt. Er hat seine Kleider auf den Boden geworfen und sich im Bett des andern gemütlich eingerichtet. »Na ja«, sagt der, »wenn du dich benimmst. Hör' mal, meine neuesten Schüttelreime!« – »Um Gottes willen! Kerl! Ich hab' die Nacht von Montag auf Mittwoch durchgebummelt. Laß mich doch bloß schlafen.« – »Na ja, wirst schon dabei einschlafen.« Und nun ergießt sich eine Lawine scheußlicher Dichtkunst über den armen Obdachlosen. Dann überläßt er dem Freund die Bude und geht zu einer Tante Abendbrot schinden. Von da aus steigt er ins Café des Westens. Gleich links ist der Stammtisch mit den Berühmtheiten, die sich grade den Hamlet gegenseitig auslegen. Ein bartloser Herr mit der Beredsamkeit eines Oberlehrers doziert am sichersten. Eigentlich Bohemiens sind das hier nicht. Nur einer ist dabei, ein nervöser Herr in den Fünfzigern, ein bekannter Landschaftsmaler. Er hat einen feinen durchgeistigten Kopf und wunderbar schöne Hände, die unausgesetzt in der Luft herumtanzen. Vor ihm steht ein Flacon Chartreuse. Jede Bemerkung der andern begleitet er mit einem Bonmot. Für jeden prägt er in zwei Worten ein Etikett. Die andern reden, aber seine Persönlichkeit beherrscht die Stimmung.

Der Dichter geht grüßend am Stammtisch vorbei – zu seinen Freunden. Diese, fünf an der Zahl, haben eben ihre Portemonnaies auf die Tischplatte entleert, um zu konstatieren, was noch verzehrt werden kann, denn seit einigen

Tagen hat der Ober den Kredit gesperrt. Der Dichter wirft seine Kröten dazu.

Dann wendet er sich an einen elegischen Jüngling, einen Ästheten mit schwarzen Haaren, von denen ein breiter Büschel genial über die Stirn frisiert ist. Seine Sprache ist wohlgesetzt und ganz leise. Er rühmt Oscar Wilde und Stefan George und blickt dabei schwärmerisch auf die Schokoladenkekse vor ihm. Neben ihm sitzt ein junges Mädchen im Reformkleid, das sich sehr niedlich findet. Die Herren pflichten ihr voll Überzeugung bei. Ein Techniker sitzt dabei, der auch Gedichte macht. Er hat einen Band Lyrik veröffentlicht, »Tränen der Seele« heißt er. Darin reimt sich Kirchenglockenklang und wilder Liebesdrang. Er möchte gern mitreden, findet aber für das, was er sagen will, nie den rechten Ausdruck, und schließt jeden Satz mit »ich meine« – und einem unartikulierten Glucksen. Nachdem die Gesellschaft die Welträtsel gelöst hat, ergreift der Dichter das Wort. »Kinder«, sagt er, »aus all dem ergibt sich, daß wir endlich berühmt werden müssen. Die Franzosen haben ihren Murger* gefunden, die Bagdader ihren Scheerbart – ihr kennt doch: ›Tarub, die berühmte Köchin von Bagdad?‹ – Was die Künstler in Murgers ›Zigeunerleben‹ sind, und was bei Scheerbart der ›Bund der lauteren Brüder‹ ist, das sind wir auch. Ich werde über die Berliner Boheme schreiben.« –

»Um Gottes willen«, schreien da alle. »Du wirst doch nicht! Du wirst uns noch alle kompromittieren.«

»Das werde ich!« erwidert der Dichter pathetisch. Und er ging hin und tat es.

Erich Mühsam

Aus: Berliner Illustrierte Zeitung, 1903

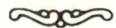

---

* Henri Murger (1822–61), frz. Schriftsteller, schrieb über die Pariser Boheme

An Julius Bab

L. B., mit gleicher Post geht das dickleibige Material ab. Hoffentlich kommt es noch zur rechten Zeit. Verwenden Sie daraus,
was Sie wollen, und in welcher Form Sie wollen. Als Honorar
verschaffen Sie mir das Manuskript von dem in den Aufzeich-
nungen erwähnten Lumpen wieder! Sollten Sie aber Bares
haben – tout mieux! Ich lebe nämlich mit J(ohannes) N(ohl),
der von keiner Seite Zuschüsse erhält, mit meinen 100 Mk. aus
einer Kasse. Natürlich ist der Dalles daher nach wie vor sehr
groß. Antwort also bitte: nach Zürich, Hauptpost.
Grüßen Sie die Gattin, die teure.

Lausanne   *Jener Erich Mühsam*
18/VIII. 1904

An Julius Bab   *Lausanne, 18/VIII. 1904*

Wenn ich Ihnen, lieber Bab, Material für Ihre Boheme-Studie
liefern soll, so müssen Sie mir zunächst gestatten, Ihnen einiges
Prinzipielle zu verraten, was ich mir so unter einem Bohemien
vorstelle. Zunächst mal das eine: es gibt keinen größeren Unfug,
als unter einem Bohemien einen Murgerschen Leichtfuß zu verstehen. Die Murgerschen »Helden« sind alles andre als
Zigeuner, wenn sich auch Symptome bei ihnen äußern, die auch
aus Zigeunertum resultieren könnten.
Ein Bohemien ist in erster Linie Skeptiker, ein Mensch, der
die Welt so fatalistisch wie nur denkbar ansieht, einer, der vom
Leben nichts erhofft, und der deshalb darauf los lebt mit der
erhabenen Wurschtigkeit, die ihn dem bourgeoisen Geschäfts-
trotter gegenüber als Ausnahmewesen, als komischen Kauz
erscheinen läßt. Aus diesem Daraufloslebcn mag dann wohl bei
diesem oder jenem der goldige Optimismus entstehn, der – wie
bei Peter Hille – erst recht die Fühlung mit der Umwelt aufhebt
und in tausend sternenbunten Illusionen entschwebt.

26

Bei den meisten aber entwickelt sich das Gefühl der Nichtzugehörigkeit zur Gesamtheit in umgekehrter Linie. Ich habe über diesen Gegenstand eine sehr lesenswerte Abhandlung geschrieben, die mir leider von einem Gauner namens Dr. Müller (per Adresse: Zucker, Berlin, N. W., Fennstraße 5 3/4) abgeschwindelt wurde, der mir vorspiegelte, er wolle den Artikel ins Ungarische übersetzen, der Budapester »Zukunft« schicken und mir ein Honorar von mindestens 50 Gulden dafür übermitteln. Er will es auch übersetzt und abgeschickt haben, – dann ging aber merkwürdigerweise das Original-Manuskript, das er mir zurückschicken wollte, auf der Post verloren, und die Rückübersetzung seiner ungarischen Kladde ins Deutsche, die er auch schon besorgt haben will, habe ich durch andre seltsame Umstände ebenfalls nicht bekommen – natürlich auch von dem ungarischen Blatt weder Empfangsbestätigung noch Honorar erhalten. Vielleicht bemühen Sie sich noch mal um die Arbeit, sie wird Sie sehr interessieren, und mich würden Sie über die Maßen erfreuen, wenn Sie mir wieder zum Besitz des Artikels verhülfen. Ich gebe Ihnen jede Vollmacht, gegen den Kerl vorzugehen.

Um aber auf das Thema zurückzukommen: Den meisten von denen, deren Temperament und deren skeptische Kritik sie außerhalb der uniformen Geister stellt, steigert sich die Abneigung gegen die Weise, aus denen sie hervorgegangen sind, mit dem Quadrat der Entfernungen. So kommt es, daß sich manche von ihnen – also wie ich! – vor aller Welt in das Lager der erbittertsten Gesellschaftsfeinde stellen und mit aller Macht gegen das Grundübel all der Widerwärtigkeiten im sozialen und individuellen Leben, den zentralisierten Staat, anzurennen suchen. Wir Anarchisten – ich erinnere daran, daß z. B. auch Przybyszewski, Flaum und etliche andre bekanntere Künstler mit ausgesprochener Zigeunernatur zeitweilig mitten im agitatorisch-anarchistischen Kampfe gestanden haben – sind meiner Überzeugung nach die bewußtesten unter den Bohemiens. Bei vielen andern äußert sich das Bohemetum in gewollten Abweichungen der Kleidung, Frisur usw. – auch dürften sexuelle Abnormitäten bei Bohemiens nicht selten auf die instinktive Sucht zurückzuführen sein, anders zu sein als die Mehrzahl der Menschen. Was allen wirklichen Bohemiens gemeinsam ist, das ist das Sich-als-Künstler-Empfinden. Es ist nicht nötig, daß man ausübender Künstler ist, um Bohemien zu sein; aber daß man – um mit Peter Altenberg zu reden – »Künstlermensch« ist, das ist allerdings Voraussetzung dazu. Niemand hat das schöner ausgeführt als Scheerbart in seinem »Tarub, die berühmte Köchin von Bagdad«. Ich glaube nicht, daß es in der ganzen Weltliteratur einen zweiten Romanhelden gibt, in dem der Bohemien, als Lebemann aus Verzweiflung, der aus heiligster Künstlersehnsucht Unfruchtbare, mit solcher Vollendung gezeichnet ist, wie in dem Dichter Safur (offenbar Scheerbarts Selbstportrait), dessen Jagen nach seiner Dichtervision, der Dschinne, das ergreifendste Symbol einer großen Sehnsucht darstellt, das je einem Dichter gelungen ist.

Sollten Sie aus der neueren deutschen Literatur weitere Bohemien-Bekenntnisse wissen wollen, so mache ich Sie auf das zweite Gedicht aus meiner »Wüste« aufmerksam: »Ich bin ein Pilger, der sein Ziel nicht kennt –«, in dem, glaube ich, vom Boheme-Theoretiker ebenfalls allerhand Anhaltspunkte gefunden werden können. Denn soviel ist ganz gewiß: Wer ein wirklicher Zigeuner ist, der weiß nicht, wohin sein Weg führt, – der setzt einen Fuß vor den andern, dieses Ziel ist immer der nächste Schritt, und auch den tut er blind ins Leben hinein.

Nun zu den Momentbildern.
Ich beginne mit mir selbst – und da muß ich zunächst bemerken, daß die Verzögerung dieser Daten-Zusammenstellung nur darauf zurückzuführen ist, daß ich eben erst wieder eine Periode abenteuerlichster Zigeunerei hinter mir habe – oder bin ich noch darin? –, die mir nicht die Zeit ließ, irgend etwas anderes zu tun, als mich über das Leben zu wundern, es zu genießen und es zu verwünschen.
Es ist sehr schade, daß ich Ihnen grade das Interessanteste von dem, was mir die letzten Monate brachten, nicht verraten kann, ohne befürchten zu müssen, daß mich die Publikation dieser Sündhaftigkeit die Einbuße meiner ohnehin nicht sehr üppigen Einnahmen kosten würde. Überlassen wir also die Aufdeckung

der Umstände, die mir eine Schweizerreise – mithin eine Italienreise – und ein Monatswechsel einbringen, einer späteren Gelegenheit.

Nur von der Italienreise einiges: Ich machte diese denkwürdige
Tour in Gemeinschaft mit meinem Freunde Johannes Nohl,
dem vollendetsten und seiner ganzen Natur nach selbstverständ-
lichsten Zigeuner-Typen, der mir in meinem Leben begegnet ist,
einem Berliner Professorensohn, mit dem zusammen ich seit zirka
einem Jahre alle für Sie in Betracht kommenden Aktionen aus-
führte, und dessen Namen von dem meinen zu trennen nicht
mehr angängig ist.

Wir hatten schon in Berlin in der Augsburgerstraße zusammen
gewohnt, und unsre extravaganten Amüsements endeten damit,
daß mein Freund im Harz, ich in Mecklenburg im Sanatorium
Unterkunft suchen mußten. In den 3 Monaten, in denen wir
unsre Nerven reparieren ließen, fanden wir, daß der Berliner
Boden etwas heiß für uns geworden sein mußte, und aus Rück-
sichten besonderer Art erkoren wir Lausanne zum ferneren
Schlachtfeld. Nohl traf im April, ich im Mai dieses Jahres dort
ein. In der ersten Zeit hatten wir beide reichlich Geld – und
traten dementsprechend derart fürstlich auf, daß wir sehr bald
Spitzel hinter uns merkten, die uns anscheinend bei Gelegenheit
einer Hochstapelei in flagranti ertappen wollten.

Das internationale Proletariat Lausannes – Franzosen, Deutsche, Schweizer, Italiener, Russen und Türken – vergötterte uns
wegen unsrer Freigebigkeit, denn die Kaschemmen und Her-
bergen waren unsre Stammlokale, und täglich erregten wir bei
den deutschen Studenten, der widerlichsten Gattung unter dem
Lausanner Publikum, und bei allen, die uns von unsrer Pension
her kannten, helles Entsetzen, wenn wir per Arm mit einer
Anzahl betrunkener italienischer Arbeiter über den Grand Pont
(die große Promenade Lausannes) daherzogen.

Nun kam der erste Juni nahe, wo wohl einige Gelder anliefen,
aber nicht entfernt soviel, wie wir zur Fortsetzung unsrer bishe-
rigen Lebenshaltung hier nötig gehabt hätten. Wir beschlossen
also, sobald die Gelder da wären, zu verschwinden – und zwar
nach Italien, dem Land unsrer Sehnsucht.

Ausgerüstet mit einem kleinen Rucksack, einem gepumpten, Bädeker für Italien und Goethes schwächstem Buch, der »italienischen Reise«, an dem Bädeker seine Schilderungsart gelernt zu haben scheint, fuhren wir nach Locarno, von da ging's zu Fuß den Lago Maggiore entlang, und von Cannobio aus per Dampfer nach Pallanza, wo wir 3 Tage blieben, während deren wir sehr, aber sehr üppig lebten. Am dritten Tage entdeckte ich, daß mein Portemonnaie nur noch 20 Franken erhielt – und bis Capri, wo Hanns Heinz Ewers, E(rnst) v(on) Wolzogen, und noch mehr Bekannte lebten, sollte die Reise gehn. Meinem Freunde zu beichten, wagte ich nicht, obgleich ich nicht zu fürchten brauchte, daß er die Reise deswegen abbrechen würde. Auch nahm ich an, daß er noch genug Geld für uns beide besitze. Immerhin schrieb ich an diverse Bekannte, sie möchten Geld schicken, wir sitzen in großer Not und gab als Bestimmungsort Mailand, ferma in posta, an. Dann fuhr ich allein nach Mailand weiter, da mein Freund von einer Horde Harmonikaspieler nicht loszueisen war.

Am nächsten Abend saß ich mit den letzten zwei Lire 50 traurig und einsam vor einem Mailänder Caféhaus, als plötzlich mein Freund neben mir stand und mich mit den Worten ansprach: »Daß ich dich endlich finde! Ich habe keine 5 Centesimi mehr.« Bei der Beratung, was nun zu tun sei, ging natürlich der Rest meines Geldes auch drauf, und wir gingen allen Bares bar in ein erstklassiges Hotel schlafen. Am nächsten Tag kam Hilfe. Zu den von mir Angepumpten gehörte ein Berliner Arzt, der zu meinem nicht geringen Erstaunen vom »Monte Verita«, einem vegetarischen Sanatorium bei Ascona am Lago Maggiore, 50 Lire schickte. Einige Tage zuvor waren wir durch das herrliche Ascona durchgegangen, das weiterhin noch eine große Rolle für uns spielen sollte.

Zwei Tage nach Eingang dieser Summe waren wir wieder blank, aber zum Glück bekamen wir beide durch die Hitze Schlaganfälle, die dann telegraphische Geldsendungen von der Verwandtschaft zur Folge hatten. Mehrere Freundessendungen trafen noch ein, ein größerer Vorschuß von einem Blatt, für das ich arbeite, und so halfen wir uns von Tag zu Tag weiter, ohne irgendwel-

Johannes Nohl und Erich Mühsam

chen Mangel zu leiden und bei köstlichem Amüsement. Nach 14 Tagen reisten wir mit 30 Lire nach Genua ab – und abends war diese Summe alle. Plötzlich war's nun wie verhext. Wir schrieben, depeschierten – alles vergeblich. Das Hotel, in dem wir die erste Nacht geschlafen hatten, gab uns keinen Kredit mehr, so wanderten wir also zum deutschen Generalkonsulat, das mehrere erfolglose Telegramme aufgab und uns dann in einer ekelhaften, dreckigen Herberge einquartierte. Dort rückten wir am nächsten Tage aus, hungerten dann den ganzen Tag, kampierten im Freien unter einer Kolonnadensäule und begaben uns dann wiederum zum Konsulat, das diesmal bedauerte, nichts für uns tun zu können. Was tun? – Wir bummelten durch die Straßen mit knurrendem Magen und einiger Depression. Wir badeten im Tyrrhenischen Meer und ernährten uns dabei mit Seewasser. Abends versprach ich meinem Freunde, ein gutes Abendbrot und Nachtquartier um jeden Preis zu beschaffen, widrigenfalls ich mich vor seinen Augen umbringen werde. Die Bedingung wurde akzeptiert, und nun ging ich um Leben oder Tod (weiß Gott, ich hätte schon der Exzentrizität wegen die Bedingung erfüllt!) auf mein Ziel los.

Ich hörte zwei Herren deutsch sprechen. Die redete ich an, erzählte ihnen, uns sei all unser Geld gestohlen worden (das hatten wir auch auf dem Konsulat angegeben), wir seien mittel-, nahrungs- und obdachlos; und bat um ihren Rat. Sie empfahlen uns an einen deutschen Gastwirt am Hafen, dem ich erklärte, es sei seine verfluchte Menschenpflicht, uns anständig zu essen und ein Schlaflager zu geben – und er tat es unter der Bedingung, daß wir am nächsten Tage bezahlten. Den nächsten Tag gingen wir wieder zum Konsulat, erklärten, es sei eine Schmach für das Vaterland, wenn zwei gebildete Deutsche im Ausland zechprellen oder verhungern müßten, was zur Folge hatte, daß wir dem Generalkonsul selbst vorgeführt wurden. Der hielt uns moralische Vorträge, warnte in meiner Abwesenheit meinen Freund vor mir, der ich ihm wohl das Geld werde gestohlen haben, und schickte dann einen Konsulatsbeamten mit Geldern an die beiden Hotels und die Herberge, ließ unsre Sachen auslösen und gab uns jedem 5 Lire. Dann gab er uns einen Empfehlungsbrief an den Vizekonsul in Lugano mit, ermahnte uns, nur ja in gute Hotels zu gehen und uns gut zu pflegen, da uns sonst die Hitze nicht bekommen würde, ließ uns, bewaffnet mit Brot, Wein, Käse, Wurst und Obst in die Bahn setzen – und so fuhren wir plötzlich, ehe wir uns besinnen konnten, was geschah, nach Lugano, wo wir dann auch sogleich, der Ermahnung des Genueser Generalkonsuls gemäß, im ersten Hotel abstiegen. Das Vizekonsulat in Lugano war nicht so üppig wie das Genueser, das wir praeterpropter 100 Lire gekostet hatten. Es gab uns nur 20 Lire auf den Weg, mit denen wir dann nach Locarno fuhren, unter Zurücklassung unserer Hotelschuld in Lugano und einer Anzahl Effekten. Von Locarno ging's zu Fuß nach Ascona zurück und von da auf den Monte Verità, wo ich zunächst bleiben konnte. Mein Freund fand Unterkunft bei einem Asconaer Schriftsteller, bei dem ich insofern gut empfohlen war, als ich einmal ein Buch von ihm verrissen hatte.

Jetzt mußten wir vegetarisch leben, kriegten nichts zu trinken und zu rauchen und mußten barfuß, barhaupt und in Leinenkitteln herumlaufen. Inzwischen ward wieder Geld beschafft, die Rechnung auf dem Monte Verità beglichen, und nun zogen wir selbander zu einer jungen deutschen Dame, der Lotte, die auf einem Bergabhang ein Grundstück selbst beackert und ein Häuschen hat, das aus 4 Wänden und einer Decke besteht, die das Gebäude in zwei Etagen teilt. Das Haus dient nur zur Aufnahme von Nahrungsmitteln. Gewohnt und geschlafen wird im Freien.

Dort waren wir bis zur vorigen Woche. Dann entschlossen wir uns plötzlich, uns für eine Weile zu trennen. Mein Freund bummelt nun wohl barfuß in der Gegend von Pallanza herum, während ich in Lausanne bin, um unser beider Habseligkeiten morgen von hier nach Zürich zu bringen. Dort treffen wir uns sehr bald wieder.

Soviel von mir. Wie ich in Berlin lebte, Schulden machte, und in Kabaretts Clown spielte, wissen Sie selbst. Anhaltspunkte finden Sie wohl noch in meinem Artikel »Berliner Boheme« – in der Berliner Illustrierten Zeitung, einer Nummer aus dem

August oder September vorigen Jahres, die ich nicht mehr habe.

Paul Scheerbart. *Seine Charakteristik ist, wie gesagt, die des Safur in seinem Köchinnen-Roman. Die Tarub, der* Bär, *ist natürlich seine Frau, die ihn so gut versteht, daß er unter ihrer Obhut trotz der Schofligkeit literarischer Besoldung lebt und gedeiht. Er kriegt zu Hause zu essen und zu trinken, was er nötig hat, daß er aber trotz dieser Regelmäßigkeit im Leben noch immer echter, tüchtiger Bohemien ist, merkt jeder, der einen Blick in seine Bücher, also in seine Seele tut, und vor allem der, der sich mal mit ihm unterhält. Scheerbart ist kein Zeitgenosse. Er ist ein Mensch, der in Ewigkeiten lebt und der nicht auf der Erde, sondern in wer weiß welchen andern kosmischen Welten wirkt. Sein Lebensmotiv ist: Abkehr vom Irdischen, Abkehr von dem, was die Menschen gemeinhin bewegt, Aufgehn des Ich im All – daher auch Abkehr von der Liebe und der Freundschaft, dem Allerirdischsten. Lesen Sie Scheerbarts Bücher, betrachten Sie seine Zeichnungen, und unterhalten Sie sich eine halbe Stunde mit ihm – und Sie wissen, daß er eine Boheme-Natur echtester Sorte ist, und wissen auch, warum es so ist – darum, weil alles, was er sagt, schreibt, tut und denkt, zueinander in der prachtvollsten Harmonie steht, zu allem aber, was die Leute um ihn herum sagen, schreiben, tun und denken, im grellsten Disakkord.*
Von erwähnenswerten Anekdoten möchte ich Sie an unsre gemeinschaftliche »Vaterland«-Gründung erinnern, deren Geschichte Sie ja kennen. Das »Vaterland« sollte ein Blatt werden, in dem wir durch systematische Lügenberichte eine Welt zeigen wollten, wie wir sie uns wünschen. Vor allem sollte sich das Blatt gegen den Militarismus wenden. Wir fanden denn ja auch wirklich einen Verleger dafür, mit dem wir völlig handelseins wurden. Leider kaufte dieser Verleger aber zwei Tage, bevor der Kontrakt unterschrieben werden sollte, der uns jedem ein Redakteurgehalt von monatlich 200 Mark versprach, zwei Annoncenblätter: »Das Casino« und »Die Kantine« – und er konnte doch, wo er diese beiden militärischen Zeitungen heraus-

brachte, nicht gleichzeitig unser antimilitaristisches Blatt verlegen! – Als die Nachricht kam, daß es mit der schönen gesi-
cherten Existenz nichts war, kugelten wir uns beide auf dem
Fußboden vor Lachen über diesen Witz des Schicksals. Nachher
aber las mir Scheerbart aus seinem »Rübezahl«, an dem er
damals grade arbeitete, eine Stelle vor, die so ergreifend war,
daß wir beide plötzlich wie auf Kommando anfingen zu weinen
wie die kleinen Kinder. – Augenblicklich bin ich bemüht, Scheerbart zur Übersiedlung nach Ascona zu bewegen. Wie es scheint,
wird meine Bemühung Erfolg haben. Dann gehe ich mit Nohl
natürlich auch wieder hin.

Peter Hille. Gott, was soll ich Ihnen von dem sagen? – Sie
finden alle seine Erlebnisse in seinen Aphorismen wieder, und
daß er sich nicht frisierte, keine reinen Kragen trug, sich auch
sonst nicht immer bürgerlich-wohlanständig aufführte, weiß jedes
Kind. Seine Eitelkeit war die, berühmt zu werden. Einmal
fragte er mich ganz naiv: »Glaubst du nicht auch, daß ich nun
bald berühmt werde?« Ich antwortete: »Aber, Peter Hille, du
bist doch schon berühmt!« – Das wollte er kaum glauben.
Immer wieder fragte er: »Wirklich? Glaubst du das wirklich?«
und konnte sich vor Freude darüber kaum lassen.
Einmal, als wir uns zusammen betrunken hatten, übernachtete er
bei mir auf dem Sofa. Morgens ward ich plötzlich durch seinen
Anruf geweckt. Er lag auf dem Sofa, und eins seiner nackten
Beinchen baumelte herunter und pendelte im Takt immer hin
und her. »Du, Mühsam«, sagte er mit Überzeugung, »ich finde,
du hast Weltgemüt.« Dann schlief er wieder ein. Als ich dann
wieder aufwachte, stand die Wirtin mit dem Kaffee im
Zimmer – beinah hätte sie ihn vor Schreck fallengelassen, als sie
des bärtigen Menschen ansichtig ward, der auf dem Sofa lag.
Der aber sagte mit seiner sanften Stimme erklärend: »Sehn Sie,
ich wohne nämlich in Schlachtensee«, was die Dame natürlich
sichtlich beruhigte.
Weitere Geschichten, die ich mit ihm erlebte, will ich hier nicht
erzählen. Außenstehende würden sie vielleicht nicht mit ihren
Begriffen von Ästhetik vereinbaren können. Richtig würdigen

kann die Vorgänge auch nur, wer den lieben Kerl in seiner Gesamtheit als Mensch kannte. Das Herausgreifen einzelner sehr komischer Begebenheiten könnte ihn aber vor Ihren Lesern profan erscheinen lassen – und das will ich nicht.

Ernst Roscius von Rhyn. *Der Bestverkannte unter den Berliner Bohemiens. Ein Mensch, der sich konstant selbst verulkt und der darum natürlich bei vielen als rechter Witzbold gilt. Einige komische Geschichten finden Sie in meinem Boheme-Artikel in der »B(erliner) Ill(ustrierten) Z(eitung). Am besten ist, sie besuchen ihn mal selbst, und lassen sich von ihm erzählen, wie er z. B. die Dauerbrandkoksöfen, die ihm ein wohlwollender Ingenieur zur Heizung in sein Atelier stellen ließ, täglich 5 Stunden lang »bejutachtete«. Gemeinschaftlich haben wir uns einmal dadurch zu Vermögen gebracht, daß er mir »Locken« herausschnitt und amerikanisch versteigerte. Die Damen rissen sich natürlich darum. Den Gewinn teilten wir uns.*

Friedrich v(on) Schennis. *Haben Sie mal seine Hände gesehen? Es sind die schönsten, die es geben kann. Er trägt Zwirnhandschuhe darüber, die aber die sauber gepflegten Nägel freilassen. Der geistreichste Selbstverächter, der mir je begegnete. Der schlagfertigste Kritiker und Dialektiker, den man sich denken kann. Es ist, als ob seine Nerven außerhalb seiner Hände vibrieren. Für jeden hat er sofort, wenn er ihn sieht, eine schlagende Charakteristik. Von meinen Gedichten sagte er: »Äh – äh – der Mühsam – das Sauschwein – kotzt mit Grazie.« Er liebt es, junge Leute aus dem Volk, dreckige Schlachtergesellen usw. in hochnoble Restaurants mitzunehmen. Er ist Aristokrat von oben bis unten, gleichviel mit wem er sich gemein macht, gleichviel, wieviel Chartreuse er schon intus hat.*

Margarete Beutler. *Ich weiß nicht recht, ob man sie zur Boheme rechnen soll. Der innere Zwang, sich von der Familie freizumachen und dann denkbarst frei daraufloszuleben, ging bei*

ihr ursprünglich mehr aus dem »Schrei nach dem Kinde« hervor, und aus einem starken Solidaritätsgefühl zu ihren »Schwestern«. Die kühnen Sprünge, die sie sich später leistete, sind, wie mir scheint, auf etwas noch weniger Zigeunerhaftes zurückzuführen: auf Theorie! – Immerhin ist sie eine Ausnahmeerscheinung, und wenn es mehr ist – eine starke Persönlichkeit. Anekdoten über sie werde ich nicht *erzählen. Sie tragen allesamt* zu *intimen Cha-rakter.*
Dann nennen Sie noch drei: Lentrodt *wie ich Ihnen schon schr(ieb), ein gebildeter Mensch... Wenn es Anekdoten von ihm geben sollte, so müßten sie notwendig langweilig sein.*

Dolorosa: *Bohemienne? – Ich weiß nur, daß sie masochistische Dichterin ist, und führe es darauf zurück, daß sich Liebe auf Hiebe reimt. Und*

Lublinski. *Aber! – Daß Sie den unter die Bohemiens zählen, ist ein Witz, über den er selbst lachen würde.*
Jetzt aber lache ich, weil ich mit diesem Brief fertig bin.

Adresse: Zürich, hauptpostlagernd   *Ihr Erich Mühsam*

FRANZ BLEI

Schriftstelleranekdote

»Borgen Sie mir sechshundert Mark«, sagte Erich Müh-sam.
»Wozu brauchen Sie so viel Geld?«
»Um meine Schulden zu bezahlen. Ich will endlich damit Schluß machen«, sagte Mühsam.

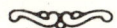

... So fehlen auch heute echte, innerlich gerechtfertigte Bohèmiens nicht. Zu ihnen muß man auch Erich Mühsam zählen, den Verfasser des schon erwähnten und noch näher zu betrachtenden Versbuches »Die Wüste«. Mühsam war bis vor kurzem in Berlin, und alle Besucher der einschlägigen Lokalitäten kennen ihn, denn er trug sich wohl am auffallendsten schäbig und verwildert unter den Berliner Zigeunern und – sehr viele der häufigeren Besucher werden wohl auch nicht sein, die er nicht angepumpt hat. Dieser bedrohlich aussehende Anarchist und krasse Egoist der Theorie war übrigens ein ungewöhnlich guter Kerl, ein aufopfernder Freund, der oft seinen Freunden von dem sauer erpumpten Geld mehr zuwandte als sich selbst, und der noch mehr als Geld für sie aufwandte. Wenn man ihn dann etwa mit leichter Ironie fragte, wie sich das mit seiner leidenschaftlich verfochtenen Theorie des krassen Egoismus vertrage, erhielt man wohl die zornige Antwort: »Ich habe bloß gesagt, jeder soll das tun, was ihm Vergnügen macht – und mir macht eben *das* Vergnügen!« –
Ja, immer wieder in den schwierigsten Angelegenheiten anderer seine Kraft einzusetzen, das machte diesem wilden Antichristen »Vergnügen« ...
... Die »Wüste« ist das Dokument eines Menschen, der mit zureichendem Grund Bohèmien ist, aus einer tiefen, mitunter zum leidenschaftlichen Haß gesteigerten Feindschaft nämlich gegen die bestehende Gesellschaft und ihre Institutionen.
Eine besonders weiche, liebevolle, gebewillige Seele – das ist der Urgrund; – und geschlagen und getreten und in eine Wüste von Haß und Ekel hineingejagt – das ist der Fortgang; – und nun eine grenzenlose Verachtung alles Lebenden, eine Verzweiflung, die immerfort in grelles Lachen umschlägt, Paroxysmen von Gram und Wut, aus denen man sich in die Oasen des Alkohols flüchtet – das ist die Vollendung des Bohèmiens nihilistischer Färbung, des Zi-

geuners aus Weltverzweiflung. – Dies wird zum Grundton, aber immer schwingt suchend, tastend der weiche Ton hoffender Sehnsucht, reiner Weltliebe wieder hinein und beide verschlingen sich:

»Ich bin ein Pilger, der sein Ziel nicht kennt« – das ist die Grundweise des Zigeunertums.

Mühsam haßt die guten Bürger draußen, aber über die Wertlosigkeit seiner Zechgenossen, zu denen ihn die äußre Situation zwingt, ist er sich nicht minder unklar – er zeichnet sie bissig genug:

Paar urnische Männlein, paar lesbische Weiber,

paar Reimer, paar Zoter, paar Schnüffler, paar Schreiber, –

Café, Zigaretten, Gefasel, Gegrein – –

in summa: ein Literaturverein.

...

Aus: Die Berliner Boheme

An Julius Bab

Lieber Bab, ich danke Ihnen schön. Das Boheme-Buch gefällt mir als guter Ansatz. Aber, wenn Sie wüßten, wieviel Leute ich schon angesch... habe, würden Sie mich schwerlich wieder mit solchen Engelsfittichen malen. Mindestens als Engel mit Pferdekopf. Meine Erbtanten sind raus – ein sehr kompromittierendes Buch. Gott sei Dank hat der Setzer auf dem Umschlag Ernst M. gedruckt. Naive Menschen werden nun hoffentlich denken, daß ein andrer gemeint ist.

Übrigens: Schlüters Bemerkung im A(rmen) T(eufel) gegen Sie ist Blödsinn. Die Angst vor den A's und -ismen ist nachgerade schlimmer wie diese Wortkombinationen selbst. S(iegfried) Jacobsohn tut mir leid. Ich habe ihm geschrieben. Ein Plagiator (J(acobsohn) nenne ich noch lange nicht so) ist mir immer noch lieber als ein Plagiat-Schnüffler. Übrigens war es ja Torheit, um elende Nickel Gold-Gräber zu spielen.

Zürich ist ein ekelhaftes Nest. Ich verstehe nicht, wie diese prachtvolle Landschaft so ein verruchtes Pack Menschen beherbergen kann. Der liebe Gott ist doch ein kläglicher Dilettant. Für Ihr Asozialisten-Werk empfehle ich Ihnen genaues Studium der Einzelfälle in Hinblick auf die jeweiligen ökonomischen Verhältnisse. Auch ein Kapitel »Eignet sich der Bohemien zum Finanzminister?« wäre lohnend. Und das nächste Mal vergessen Sie Ressner nicht, der 100 000 (hunderttausend) Mrk. in der Lotterie gewann, sie in 1-Mrk.-Stücke gewechselt in große Kupferkessel schmiß und so lange »aus dem Vollen« lebte, bis es alle war. Und wie können Sie Nohl übergehen? Der vollendetste Nihilist seit Jean Paul, den ich jetzt gierig lese. Die nächste Nummer des »N(euen) Magazin« kommt als Peter-Hille-Nummer raus, von mir besorgt. Die Harts können sich freuen!
Gruß der Gattin und Ihnen!

Absd. Mühsam   *Erich Mühsam der Herzensgütige.*
Zürich
Rütlistr. 30
16/XI. 1904

… ich verpflichtete mich, verschiedene Kandidaten des »Lieben Augustin« aufzusuchen und am nächsten Abend Bericht zu erstatten. So besuchte ich am folgenden Tage Freunde und Bekannte und eröffnete ihnen die erfreulichsten Aussichten auf neue Absatzgebiete ihrer Werke. Nur einen der von mir zu Keilenden lernte ich erst bei dieser Gelegenheit kennen. Das war Heinrich Zille.
Zille war noch gar nicht berühmt, aber wir Modernen liebten und schätzten ihn schon sehr, und Meyrink hatte auf seine Zusage ganz besonderen Wert gelegt. Ich fand ihn in seiner Charlottenburger Proletarierwohnung, seine derbe, freundliche Frau mit den Kindern beschäftigt, und sein

Erich Mühsam, gezeichnet von Heinrich Zille

»Milljöh« strömte eine behagliche Molligkeit aus, in der keine Spur Atelierluft war. Ich mußte eine Tasse Kaffee mittrinken, und Zille, der bis dahin in einem industriellen Betrieb als Lithograph gearbeitet hatte, erzählte, daß er infolge seiner Beteiligung an einem Streik arbeitslos geworden sei und nun sehen müsse, von der Kunst zu leben, was ihm durchaus unangenehm zu sein schien. Wir gingen dann zusammen in eine Kneipe, und am Abend konnte ich Meyrink Zilles Bereitwilligkeit zur Mitarbeit am »Lieben Augustin« mitteilen. Wenn ich mich recht erinnere, brachte die erste Nummer des von Gustav Meyrink geleiteten Blattes auf der ersten Seite das berühmt gewordene

Bild von Heinrich Zille, das das vor ihren Freundinnen re-
nommierende schwindsüchtige kleine Mädchen zeigte:
»Ätsch! Ich kann Blut in den Schnee spucken.«

Aus: Unpolitische Erinnerungen, 1927–29

Buschiade

Seht, nach beigebrachten Bräuchen
sitzen mit gewölbten Bäuchen
in des Zirkus Busch Rotunde
wieder die vom Landwirtsbunde.
Und es kräht durch die Arena:
Vaterland, du fährst nach Jena!
Ja, du fährst auf schiefer Bahn!
Ganz besonders kräht der Hahn.
Limburg-Stirum ihm zur Seite
zetert im Diskante: Pleite!
Und es singt denselben Reim
Oldenburg und Wangenheim. –
Nie war jemand so in Nöten;
aus dem letzten Loche flöten
alle Herrn vom Grundbesitze:
die Schwerine und Kanitze.
Um die Landwirtschaft zu retten,
klopft der Ortel seinen fetten
Bauch; – es glänzt die weiße Weste
und er ruft: »Mir scheint der beste
Ausweg aus der Hungerhölle
sind erhöhte Gerstenzölle!«
Hei, wie da der Raum erschallt
von des Basses Sturmgewalt! –
Aber Ortel redet weiter:
»Auch die Haferzölle«, schreit er,
»sind erheblich zu erhöhn!«

Wieder braust ein Beifallsföhn.
Bravo! ruft man. Heil! und Prost!
Und der ganze Zirkus tost!
Doch Herr Ortel unverdrossen
spricht den jubelnden Genossen
von den hohen Schutzzollreizen
noch für Roggen und für Weizen!
»Sonst geht Hopfen futsch und Malz!
Hoch Ostelbien! Gott erhalt's!« –
Lang wird hin- und hergeredet,
die Regierung angefehdet,
die die Landwirtschaft verrät
und auf Mittellinien geht.
Ach, die Wucherzölle Bülows
nennt man ruppig und gefühllos.
Wird's nicht baldigst anders schon,
ist der Schluß: Revolution! –
Sieh dich vor, o Land der Väter,
Lern' es früher oder später:
Mit den Junkern von der Rechten
ist's nicht leicht, den Bund zu flechten!
Mit Hurrah und Donnerwetter
tagen so die Landesretter,
ernst gefaßt auf den Ruin. –
Nachts »studiert« man dann Berlin.
Amor muß die Karten mischen
und den Unterschied verwischen,
der noch trennt so manchen Stand
in dem deutschen Vaterland.
Selbst die braunen Notstands-Lappen
tut man gern ans »Volk« berappen ...
Davon, wie dies Werk gedeiht,
schweigt des Sängers Höflichkeit.

Aus: Der Wahre Jacob, 1905

Jedenfalls betonte Mackay[*] bei jeder Unterhaltung, die zwischen uns selbstverständlich fast immer unsere Stellung zur staatlichen Gesellschaft betraf, den Egozentrismus seiner Weltanschauung. »Sie sind gar kein Anarchist«, sagte er dann in seiner etwas behinderten Sprechweise. »Sie sind Kommunist.«

Aus: Unpolitische Erinnerungen, 1927–29

Die Revolution

Ein Drama in fünf Akten
Ort der Handlung: Rußland   Zeit: Gegenwart

Erster Akt
Das Volk: Brot und Freiheit!
Väterchen: Es bleibt alles beim alten!

Zweiter Akt
Eine Bombe: Bumm!

Dritter Akt
Ein Kosakenleutnant: Gebt Feuer!

Vierter Akt
Eine Militärkapelle: Rußland, Rußland über alles –!

Fünfter Akt
Die Geister der Gefallenen:
Gerächt wird alles, was an uns verbrochen,
und neues Leben sprießt aus unsern Knochen.

Väterchens Stimme aus dem Hintergrund:
Es bleibt alles beim alten!

Das Stück wiederholt sich – aber n i c h t ad infinitum!

(E. M.)

Aus: Der Wahre Jacob, 1905

[*] John Henry Mackay, Schriftsteller, Individualanarchist

Ich habe im Jahre 1905 eine Schrift veröffentlicht, die den Titel führte »Ascona. Eine Broschüre« (Locarno, Verlag von Birger Carlsson). Darin habe ich eine ganze Reihe der merkwürdigen Siedler zu porträtieren, die Atmosphäre Asconas und den Zusammenhang von Natur und Menschen aufzuklären versucht. Da habe ich auch erzählt, wie nach und nach aus dem Refugium einiger Individual-Ethiker als Dependance ein ethisches Kollektiv-Etablissement hervorwuchs, die Heil- und Erholungsanstalt »Monte Verità«, für die ich, da man dort mit nichts als rohem Obst und ungekochtem Gemüse gefüttert wurde, den Namen »Salatorium« in Umlauf brachte.

Aus: Unpolitische Erinnerungen, 1927–29

Aus

Ascona

Berlin lag mir schon wieder derart im Magen, daß ich ehrlich froh war, als es mir auch im Rücken lag.
Jetzt sitze ich fern dieser Lasterhöhle am Lago Maggiore und denke in nicht gerade liebenswürdiger Erinnerung der literarischen Nachtcafés, in denen pomadetriefende impotente »Ästheten« bei Absinth und Opiumzigaretten ihre Georgien* feiern; der »Cabarets« (die Franzosen mögen mir die mißbräuchliche Bezeichnung einer schlechten Sache mit einem guten Namen verzeihen), in denen der fettleibigsten Tiergartenbourgeoisie in stilisierten Zoten »Berliner Humor« vorgesetzt wird; der Friedrichstraße, des einzigen Orts Berlins, aus dem ein Dichter Poesie schöpfen kann, sofern es ihn der Mühe nicht verdrießt, der Moral durch die Finger und den Huren, Luden und Strichjungen ins Herz zu sehen; und da ich zu den nicht alle werdenden gehöre, die noch immer auf den Tag hoffen, da die Massen

* Reminiszenz an Stefan George

sich ihrer Sklaverei wütend bewußt werden und in gesundem Haß gegen ihre Peiniger ohne Sentimentalität zum eignen Nutzen verfahren, so denke ich auch in stiller Wehmut der liebevollen Fürsorge, mit der Herr von Borries abgerichtete Spürhunde, die auf den Namen Spitzel hören, bewachend hinter mir herlaufen hieß.

Berlin! Jeder gute Deutsche muß »seine« Reichshauptstadt gesehen haben, muß aus der »schönsten Stadt der Welt« drei Schock Ansichtskarten an sämtliche Cousinen, Freundinnen und Nachbarinnen gesandt haben, muß einmal die Linden lang, zweimal die Siegesallee hin- und zurück- und dreimal um den Rolandbrunnen herumgegangen sein, muß 2 1/2 Stunden am Lustgarten gestanden haben, um allerhöchsten Augen das frische Taschentuch zu zeigen, das zum patriotischen Hurra in der Luft wedelt. Und muß noch vieles mehr.

Oder fragt einen Deutschen, der in Berlin war, ob er nicht im Reichstagsgebäude Eugen Richters* und Bebels Platz beschnuppert hat; ob er nicht im Apollotheater Lincke-schen Gassenhauern gelauscht und in Siegmund Lautenburgs Residenztheater sich an den ins Deutsche verflachten französischen Schweinereien geweidet hat. Fragt ihn, ob ihn nicht ein Autotaxameter an allen Sehenswürdigkeiten vorbeikutschiert hat, und ob er nicht mit derselben Begeisterung Begas' besoffenen Bismarck wie Schlüters großen Kurfürsten, den Menzelsaal in der Nationalgalerie, wie die Kanonenparade im Zeughaus, Hermann Tietz' Abteilung für Weißwaren und Unterwäsche, wie im neuen Kaiser-Friedrich-Museum den Saal der Gobelins von Raffael betrachtet hat. –

Gott vergebe mir die Sünde, daß ich eine Schrift über Ascona – diesen entzückendsten Fleck Erde, wo von den dunkeln Berggipfeln sehnsüchtige Schönheit sich im grünwelligen See spiegelt – mit einer Kritik meiner teuren Landsleute beginne. Aber tagtäglich, wenn von Locarno

* Führer der Freisinnigen Volkspartei

hertrottend, eine Kompanie übelster deutscher Reisephilister mit all ihrer Blödheit die herrlichen Gestade des Lago Maggiore entlanggafft, drängt sich mir der Vergleich auf mit den prächtigen Menschen, die hier ihre Heimat haben, mit diesen Grenzitalienern mit den dunkeln offenen Augen und der frohen Lebensselbstverständlichkeit, ein Vergleich aber auch mit den paar Ausnahmsdeutschen, die hier ihr absonderliches Leben fristen und derentwegen ich dieses weiße Papier mit Tinte schwarz färbe ...

Wenn etwas typisch ist für den Charakter einer Bevölkerung, so ist es ihre Arbeiterbewegung; und wer als vorwärtsdrängender Kritiker das kennengelernt hat, was in Deutschland unter dem Namen Arbeiter-»bewegung« stagniert, dessen Laune müßte eitel Zuckerwerk sein, wollte er dem deutschen Volkscharakter gegenüber liebenswürdig bleiben.

Ich für meine Person habe zu lange im Kampfe für die Befreiung der Arbeiterschaft und für den Sozialismus dem feindlich gegenübergestanden, was in Deutschland Arbeiterbewegung heißt, um dem Charakter der großen Volksmasse in Deutschland, der ganz und gar dem Charakter des Besitzmobs entspricht, die geringste Sympathie entgegenbringen zu können. Und wenn ich angesichts des wahlbeflissenen Proletariats, das das Seinige getan zu haben wähnt, wenn es 3 000 000 sozialdemokratische Stimmen ins behördlich sanktionierte Closet zerrt, nicht lache, bis ich mir den Bauch halte, wie es einige kluge Individualisten tun, sondern mit Zornesworten weiterkämpfe für die Arbeiter· und gegen ihre Führer, so mag das wohl das Rudiment eines atavistischen Nationalbewußtseins sein, das mich selbst für die Deutschen noch auf die Stunde revolutionärer Selbsterkenntnis hoffen läßt ...

... An dieser Stelle mag die Wiedergabe eines Liedes am Platze sein, das mir jüngst in einer verbrecherischen Stunde entfuhr und das den Vegetarier als Sammelbegriff vielleicht besser illustriert als eine weitschweifige Charakteristik.

Der Gesang der Vegetarier
Ein alkoholfreies Trinklied

(Melodie Immer langsam voran)

Wir essen Salat, ja wir essen Salat
  Und essen Gemüse früh und spat.
  Auch Früchte gehören zu unsrer Diät.
  Was sonst noch wächst, wird alles verschmäht.
  Wir essen Salat, ja wir essen Salat
  Und essen Gemüse früh und spat.

Wir sonnen den Leib, ja wir sonnen den Leib,
  Das ist unser einziger Zeitvertreib.
  Doch manchmal spaddeln wir auch im Teich,
  Das kräftigt den Körper und wäscht ihn zugleich
  Wir sonnen den Leib und wir baden den Leib,
  Das ist unser einziger Zeitvertreib.

Wir hassen das Fleisch, ja wir hassen das Fleisch
  Und die Milch und die Eier und lieben keusch.
  Die Leichenfresser sind dumm und roh,
  Das Schweinevieh – das ist ebenso.
  Wir hassen das Fleisch, ja wir hassen das Fleisch
  Und die Milch und die Eier und lieben keusch.

Wir trinken keinen Sprit, nein wir trinken keinen Sprit,
  Denn der wirkt verderblich auf das Gemüt.
  Gemüse und Früchte sind flüssig genug,
  Drum trinken wir nichts und sind doch sehr klug,
  Wir trinken keinen Sprit, nein wir trinken keinen Sprit,
  Denn der wirkt verderblich auf das Gemüt.

Wir rauchen nicht Taback, nein wir rauchen nicht Taback,
  Das tut das scheußliche Sündenpack.
  Wir setzen uns lieber auf das Gesäß
  Und leben gesund und naturgemäß.

Wir rauchen nicht Taback, nein wir rauchen nicht
Taback,
Das tut nur das scheußliche Sündenpack.

Wir essen Salat, ja wir essen Salat
Und essen Gemüse früh und spat.
Und schimpft ihr den Vegetarier einen Tropf,
So schmeißen wir euch eine Walnuß an den Kopf.
Wir essen Salat, ja wir essen Salat
Und essen Gemüse früh und spat.

… Wie ein wandelnder Protest gegen die alkoholenthalt-
same Tugendboldigkeit der Vegetarier spukt die Gestalt
eines Mannes durch Ascona, der meist ein wenig wankend,
mit unermüdlicher Geschäftigkeit von Kneipe zu Kneipe
trabt. Es ist ein baltischer Baron, ein Hüne von Figur, dem
sich die Merkmale des Gewohnheitstrinkers allmählich um
Nase und Beine zeichnen. Dieser Mann verdient, grade
weil er in die vegetarische Umgebung paßt, wie ein Kunst-
werk in den Berliner Tiergarten, eine ausführliche Betrachtung. Denn eine solche, wie von einem andern Planeten
hergeschneite Persönlichkeit verlockt zu so viel Vergleichen
mit den Sonderlingen, die hier Durchschnittsdeutsche
sind, daß ich mir die Unterlassung einer Gegenüberstel-
lung nicht würde verzeihen können.
Baron Alexander v. R.–L. ist stocktaub und versteht das,
was man ihm zu sagen hat, nur, wenn man es ihm mit einiger Kraftentfaltung ins Ohr brüllt. Um so komischer mutet
das »hör'n Se« an, das er seiner von unverfälscht kurländi-
schem Dialekt gefärbten Rede nach jedem dritten Wort
einschaltet.
Er hat eine bewegte Vergangenheit hinter sich. Jüngst gab
er mir eine kleine, mit viel Humor geschriebene Skizze zu
lesen, in der er seine tollen Kindheitsstreiche erzählt. Danach muß die Lust zu Abenteuern schon in seiner frühe-
sten Jugend in ihm gelegen haben. Als das verwöhnte, nur

manchmal wegen seiner gar zu wüsten Streiche verhauene Kind einer deutschrussischen Adelsfamilie wuchs er auf. Sein Hang zu Abenteuern ließ ihn Seemann werden. Er diente vom Schiffsjungen auf, wurde Matrose und befuhr von Riga aus die Ostseehäfen. Ich glaube, bis England kam er auf seinen Reisen. In dieser Zeit wurde er schwerhörig und mußte deswegen den Seemannsrock an den Nagel hängen. Jetzt wurde er Goldwäscher im Ural, in der Hoffnung, hierbei große Reichtümer zu erjagen. Diese Hoffnung betrog ihn, und jetzt sumpft er, hergelockt durch seinen vegetarischen Bruder, der hier auf seiner eigenen Scholle nach allen Regeln naturgemäßer Enthaltsamkeit lebt, in Ascona herum. Er ist jetzt 38 Jahre alt – ob's ihn hier lange, ob's ihn gar für immer hier halten wird? Ich kann's so wenig wissen wie er selbst oder sonst jemand.

Wie er zum Trinker geworden ist, läßt sich mit Sicherheit natürlich nicht nachweisen. Ich denke mir, daß ihm die Liebe zum Spiritus als echtem Kurländer schon im Blut liegt, in seiner Matrosenzeit konnte er ihr ungezügelt folgen, und als dann die Taubheit dazukam, war es nur selbstverständlich, daß ihm der Alkohol vernehmlicher Trost zusprechen konnte als die Menschen, die um ihn waren. Er ist aber gleichzeitig auch ein Opfer seiner beschränkten materiellen Verhältnisse. Sein Vater hielt ihn sehr knapp, 80 Rubel monatlich – das sind wenig über 200 Franken – ist herzlich wenig für einen Menschen mit solchen Bedürfnissen, wie sie R.s Herkunft und Erziehung großgezogen haben. Sich nach der Decke zu strecken ist seine Sache so wenig wie die jedes andern, der das Gehäuse landläufiger Lebensgewohnheiten gesprengt hat. So konnte er Schulden nicht vermeiden, über deren Bedrückung ihm nur die intensive Beschäftigung mit der Weinflasche hinwegzuhelfen vermochte. Natürlich bewirkte aber die hierdurch hervorgerufene Steigerung der Ausgaben eine ständige Erhöhung der Schulden, und die Rechnung potenzierte sich zum circulus viciosus.

Daß den lammfrommen Vegetariern solche Überlegungen

nicht aufkommen, wenn sie dem feuchtfröhlichen Baron begegnen, versteht sich von selbst. In tiefster Seele mit dem eigenen Lebenswandel zufrieden, dankerfüllt gegen ihr Schicksal, weil es sie an den Klippen solcher Verworfenheit gnädig vorbeigesteuert hat, schlagen sie die wasserblauen Augen zum Firmamente auf und strafen den Knecht des Alkohols mit Blicken abgründigster Verachtung. Es gibt ja auch nichts Erhebenderes, als die eigenen Vorzüge an den Schwächen eines Mitmenschen zu messen.

R. seinerseits, der zu den bestgearteten Charakteren gehört, die ich je angetroffen habe, ist gegen die Vegetarier von einem unbegrenzten Haß beseelt, der jedoch durch die alberne Verächtlichkeit, mit der er von ihnen betrachtet wird, nicht hervorgerufen ist, sondern nur verstärkt wird. Auch ist der Grund nicht etwa seine Intoleranz gegen das Temperenzlertum der Vegetarier. Das erscheint ihm einfach verrückt, mindestens total absurd. – »Wenn man nicht säuft«, fragte er mich einmal, »was soll man denn noch?« – Die Ursache seiner ingrimmigen Gesinnung ist vielmehr eine unendlich rührende. Er kann es den Vegetariern nicht verzeihen, daß sie seinem Bruder, von dem er ungeheure Stücke hält, ihre Ideen aufoktroyiert haben. Zum besseren Verständnis dieses Gefühls muß man sich vergegenwärtigen, wie stark Menschen von aristokratischer Abkunft das Familienehrgefühl im Blut sitzt. Sich selbst hält R. zur würdigen Repräsentation seines Namens verloren, deshalb möchte er seinen Bruder allen Glanz ausstrahlen sehen, der von dem Adelswappen der Familie ausgeht. Jetzt sieht er aber diesen Bruder, den er über alles liebt und verehrt, in einer Lebensweise aufgehen, die ihm über alle Maßen verächtlich erscheint. Daher sein tiefer Haß gegen die, die er der Verführung seines Bruders bezichtigt. Als er von mir erfuhr, daß ich diese Broschüre schreiben wolle, bat er mich, ich solle den Vegetariern »feste auf die Kapuze hauen«, aber seinem Bruder möchte ich nicht zu nahe treten: »Das ist ein guter Mensch. – Von mir können Sie ja schreiben, daß ich ein altes versoffenes Luder bin.«

Seine Leistungsfähigkeit im Trinken ist ungeheuerlich, und sie ist in letzter Zeit noch dadurch gesteigert, daß er sich in eine fesche Italienerfrau unglücklich verliebt hat. »Sie ist mir ins Herz gekrochen«, erzählte er, »und hat mir den Kürbel verdreht.« Schon morgens, wenn er mich trifft, sind seine ersten Worte: »Hören Sie, liebes, gutes Herr Müh-samchen, kommen Sie schmoren, hör'n Se!« und seine Freude ist riesengroß, wenn man mal mit ihm »schmoren« geht.

Seine Konstitution ist von einer fabelhaften Widerstands-kraft. Es kommt vor, daß er manchmal tagelang nicht das Geringste ißt, dazwischen aber ganz unglaubliche Mengen Alkohol vertilgt. Trifft man ihn dann nach so einer vier- bis fünftägigen Fastenzeit, so sieht er aus, als ob er eben einen ganzen Ochsen verzehrt habe. Ob die schmachtlap-pigen, immer nur um ihr bißchen Leiblichkeit angstvoll be-sorgten Vegetarier, die bei der geringsten Unregelmäßig-keit in der Magenversorgung umkippen, wirklich Grund haben, angesichts der imponierenden Vitalität dieses Rie-sen, mit ihrer naturgemäßen Überlegenheit aufzutrumpfen, möchte ich mindestens doch sehr in Frage stellen. Ich für meine Person blicke die kolossale Kraft, die eine Lebens-weise, wie sie R. übt, voraussetzt, viel eher mit Hochach-tung als mit Geringschätzung an, während ich nicht be-haupten kann, daß mir die Art, wie die Vegetarier sich zu Sklaven ihres Verdauungsapparates machen, den gering-sten Respekt abnötigt.

Jedenfalls gehört für mich dieser Mann mit seinem gesun-den und natürlichen Menschenverstand und mit dem tie-fen echten Leid hinter der roten Nase zu den sympathisch-sten Persönlichkeiten und angenehmsten Gesellschaftern, die ich in Ascona gefunden habe. Das will ich den männli-chen und weiblichen Tugendjungfern gegenüber, die sich mit so gewaltigem sittlichem Aufwand über ihn entrüsten, doch ausdrücklich betonen.

Aus

Die Gräfin

… Zum Freundeskreis der Gräfin Reventlow gehörten in
den letzten Jahren ihrer Münchener Zeit der Psychoanalytiker Dr. Otto Groß und der Nationalökonom Professor
Edgar Jaffé, der, wie schon erwähnt, später Finanzminister
der Eisnerschen Revolutionsregierung wurde. Groß wollte
der Gräfin helfen, indem er in seiner genialen und faszinie-
renden Art alle ihre Sorgen und Leiden als Wirkung seelischer Komplexe bewußt zu machen und dadurch aufzulö-
sen suchte, Jaffé bot ihr eine Stellung als Privatsekretärin
an. Sie schwankte zwischen den starken Eindrücken der
Psychoanalyse, die sie übrigens zugleich sehr lustig ironi-
sierte, und der Aussicht, eine feste Existenz zu erhalten, auf
der einen Seite, andererseits einem Angebot, in Paris als
Kassendame bei einer Kunstausstellung eine Stellung anzunehmen, die ihrem Erlebnisdrang einigermaßen entge-
genkam, hin und her. Sie entschloß sich endlich zu Paris.
In dieser Zeit – gegen Herbst 1910 – kam eine Freundin
von mir aus Ascona nach München zurück und berichtete
mir folgendes: Der Vater des Barons Rechenberg habe sich
nun ebenfalls in Ascona festgesetzt und möchte gern, daß
der Sohn heiraten solle. Das habe Rechenberg junior auf
die Idee gebracht, der geliebten Waschfrau, da er sie schon
nicht haben könnte, dadurch zu helfen, daß er deren Töch-
terchen zu seiner Erbin mache. Nach russischem Recht
würde aber sein väterliches Erbteil nach seinem Tode an
die Geschwister fallen, falls er unverheiratet stürbe. Sei er
aber verheiratet, so könne er selbst letztwillig verfügen.
Darum lasse mich Rechenberg fragen, ob ich nicht eine
Frau für ihn wisse, die mit ihm einen Scheinehevertrag ein-
gehen möchte. Sie würde, sobald er die Erbschaft antrete,
die Hälfte des Vermögens sofort ausgezahlt erhalten, dürfe
aber an die andere Hälfte keinerlei Ansprüche stellen, die
solle für das Kind der Waschfrau bleiben. Eine Verpflich-

tung aus der Ehe anderer Art käme selbstverständlich nicht in Frage.

Als ich den Vorschlag hörte, rief ich augenblicklich: »Die Gräfin!« Von der hatte ich mich am selben Vormittag verabschiedet, da sie am anderen Morgen nach Paris abreisen wollte. Ich stürzte sofort in ihre Wohnung und ließ ihr einen Zettel zurück, daß sie unbedingt noch zu mir kommen müsse. Abends kam sie.

»Sagen Sie mal, Gräfin«, sagte ich, »Sie sollen eine Baronin werden.« – »Sie sind wohl verrückt«, entgegnete sie und dann setzte ich ihr dir Geschichte auseinander.

»Wie heißt der Kerl?« fragte sie nach kurzer Überlegung und meinte dann: »Rechenberg ist ganz praktisch. Da brauche ich ja nicht einmal die Monogramme in den Taschentüchern umzusticken.« Sie beauftragte mich, die Rechtsverhältnisse nach den russischen Gesetzen zu ermitteln, mich mit dem Balten direkt in Verbindung zu setzen und alles zu tun, was die Sache fördern könne. Sie reiste ab, und ich machte mich ans Werk, froh, der wertvollsten Frau, die ich kannte, ein für allemal aus Elend und Bruch helfen, zugleich einem armen, italienischen Proletarierkind eine sorgenfreie Zukunft schaffen und dem gutmütigen Säufer das Herz erleichtern zu können.

Es mag genügen, zu wissen, daß die Eheschließung tatsächlich zustande kam. Die Gräfin schilderte mir in einem bezaubernden Briefe die Zeremonie in der Kirche zu Locarno; sie erschien im Strandkleid, der Gatte im Matrosendreß, und der Schwiegervater, der keine Ahnung hatte, daß das Ganze Komödie war, voll Glück, daß dem mißratenen Sohn sogar eine leibhaftige Gräfin beschieden sei, im Bratenrock und Zylinder. Als er später dahinterkam, was es mit der ganzen Heiraterei auf sich hatte, war es zu spät.

Dann erhielt ich – ich denke 1912 – eine Karte mit der Mitteilung, die Erbschaft sei fällig. »Hoffentlich gibt es keine Mißernte.« Na, es gab lange Prozessiererei und schließlich nicht die hunderttausend, doch aber an die vierzigtausend Franken, eine für die Gräfin märchenhafte Summe.

Was weiter geschah, hat die glückliche Erbin in ihrem kostbaren Roman »Der Geldkomplex« selber wenigstens angedeutet. In dem Briefe, der mir den Verlauf berichtete, beklagte sie sich nur über den eigenen Leichtsinn, der darin lag, daß sie zum ersten Male in ihrem Leben etwas bürgerlich vollkommen Korrektes getan hatte, nämlich das Geld einer Bank zu übergeben. Mit einer kleinen Summe fuhr sie nach Nizza. Von dort zitierte sie ein Alarmtelegramm zurück, und als sie in Locarno eintraf, hatte die Bank, eines der bedeutendsten Schweizer Institute, gerade falliert, war die Erschaft vollständig beim Teufel. »Es scheint kein Segen an dem Geld gehangen zu haben«, meinte sie in dem Brief an mich melancholisch, fand aber zugleich, daß die ganze Geschichte nur ihr ähnlich sehe.

Danach habe ich die Gräfin nur noch ein einziges Mal gesehen, als der Krieg schon im Gange war. Sie war durch die Heirat Russin und daher »Feindin« geworden. Nun kam sie bei mir an und klagte, daß ihr Junge, der damals sechzehn Jahre alt war, durchaus als Freiwilliger gehen wolle. »Er hält den Krieg für eine Indianergeschichte«, sagte sie todunglücklich. Zum Glück wurde ihr Bubi damals nicht genommen, und als er zwei Jahre später mußte, da hat die mutige Gräfin ihrer Mutterliebe die Krone aufgesetzt und ihn mit eigener Gefahr in Sicherheit gebracht. Wie das geschah, gehört aber nicht in meine Erinnerungen hinein, am wenigsten in die unpolitischen.

Im Sommer 1918 erreichte mich in Traunstein, wo ich interniert war, die Nachricht, daß Franziska zu Reventlow gestorben sei.

Aus: Unpolitische Erinnerungen, 1927/29

Die PSYCHOLOGIE DER ERBTANTE

von
E. Mühsam

Verlag
von
Caesar
Schmidt
Zürich
1905.

Aus

Die Psychologie der Erbtante[*]

*Eine Tantologie aus 25 Einzeldarstellungen
als Beitrag zur Lösung der Unsterblichkeitsfrage.*

Einleitung

Nicht der Drang, in das Heer literarischer Erzeugnisse
einen neuen Rekruten einzustellen, war die Anregung zu
diesem Buche, sondern das unabweisbare Bedürfnis, einen
Stein zu dem Bau zu fügen, an dessen Aufrichtung die Phi-
losophen und Theologen, die Dichter und Denker seit
Menschengedenken ihr Bestes gaben. Die Frage nach der
Unsterblichkeit der Dinge und Menschen, deren Beant-
wortung man getrost die Erkenntnis als solche nennen
dürfte, ist von so einschneidender Bedeutung für das wirtschaftliche, soziale, psychische und physische Leben des
Individuums und der Völker − handelt sie doch im letzten
Grunde von deren Sein oder Nichtsein −, daß ich glaubte,
meine partiellen Beobachtungen auf diesem Gebiete, welche
immerhin geeignet erscheinen, die Frage ihrer Lösung näher
zu bringen, der Menschheit nicht vorenthalten zu sollen.
Kein Geringerer als Gotthold Ephraim Lessing war es, der
in einem seiner tiefgründigen Epigramme einen bemer-
kenswerten Beitrag zum Nachweis der Unsterblichkeit lie-
ferte. Er singt von einem Jungfernstifte:

> Denkt, wie gesund die Luft, wie rein
> Sie um dies Jungfernstift muß sein;
> Seit Menschen sich besinnen,
> Starb keine Jungfer drinnen.

[*] Da es der Neffe leider verabsäumt hat, photographische Konterfeis seiner Erbtanten beizufügen, haben wir uns aus illustrationstechnischen
Gründen erlaubt, eine Anleihe bei seinem Zeitgenossen (und dito Meyer-
Gast) Edmund Edel (Karikaturist Bummel) zu tätigen: Erbtanten sind
ähnlich. Deshalb auch haben wir auf 13 von den 25 Damen der Gesellschaft verzichtet: Erbtanten gehen 12 auf ein Dutzend.

Aber weiß dieser Dichter nur den Insassen dieses einen Hauses die köstliche Eigenschaft der Unsterblichkeit nachzurühmen, so gehe ich einen gewaltigen Schritt weiter, indem ich im vorliegenden Buche den Nachweis liefere, daß es eine ganze Gattung von Menschen gibt, welche gefeit ist gegen Klappermanns Würgehand: *die Erbtanten.*

Das Problem ist zu wichtig, seine Erörterung zu ernsthaft, als daß ich mich damit aufhalten könnte, in langstieliger Polemik meine Erforschung denen begreiflich zu machen, die in Skepsis und Nörgelsucht befangen ihre Ohren vor allem Ungewöhnlichen, Umwälzenden mit Watte zustopfen. Knapp und schlagend wie die Behauptung: Die Erbtante ist unsterblich! sei meine Beweisführung. An 25 Beispielen mag die Welt ermessen, ob meine Wahrnehmung bedeutungsvoll, ob meine Rückschlüsse berechtigt sind.

Lang waren die Dispute, schwer die Erwägungen, in welcher Form und unter welcher Flagge meine epochemachende Entdeckung in die Welt hinaus sollte. Besonders der Titel des Buches bereitete mir viel Sorge und Kopfzerbrechen.

Psychologie oder Physiologie? – das war die Frage. Schon wollte ich mich für die letztere Bezeichnung entscheiden.

Denn ist nicht das Sterben und noch viel mehr das Nichtsterben ein physiologischer Vorgang? Jedoch die Erwägung, daß sich gerade bei der Erbtante des Nichtsterben viel eher als eine Charaktereigenschaft, als ein seelischer Defekt darstellt, behielt endlich die Oberhand, und die Aufzählung der 25 Beispielstanten gibt mir das Recht, mein Buch »Die Psychologie der Erbtante« zu nennen.

Eine weitere Schwierigkeit trat bei der Anordnung der Tanten in den Weg. Sicher wäre es gerecht gewesen, die Damen der Anziennität nach aufmarschieren zu lassen. Aber erstens war es mir trotz aller ungescheuten Bemühungen nicht möglich, das Alter der meisten derselben mit Sicherheit festzustellen, dann auch wäre es wenig höflich und nicht gerade rücksichtsvoll gewesen, alte, längst vergessene und begrabene Eifersüchteleien dadurch wieder aufzurühren, daß ich hier vor aller Öffentlichkeit den Mangel an Jugendlichkeit bei einer Tante noch mehr hervortreten lassen sollte als bei der andern. Die alphabetische Reihenfolge allein dürfte mich vor Anfeindungen von allen Seiten sichern und eine objektive Würdigung der 25 Tatbestände ermöglichen.

Ich denke mit der Herausgabe dieses Buches einem tiefempfundenen Bedürfnis unserer Zeit, endlich Licht zu werfen in das Mysterium des Erbtanten-Erdenwallens, Rechnung zu tragen; ich denke all denen, die immer von neuem auf das Erblassen dieser oder jener Tante hoffen und sich immer von neuem über das Fehlschlagen ihrer Hoffnungen wundern, ein für alle Male den Star gestochen und nachgewiesen zu haben, wie töricht und unbedacht jener junge Mann handelte, der einst in einem Lokalblatte annoncierte: 3 gewöhnliche Tanten gegen eine Erbtante einzutauschen.

Allen gewöhnlichen Taten aber glaube ich dadurch zu ihrem guten Recht verholfen zu haben, daß ich sie als den Erbtanten gleichberechtigte Mitglieder der menschlichen Gesellschaft öffentlich anerkenne, jener Damen, welche ihr Titel zu einer wandelnden Vorspiegelung falscher Tatsachen stempelt.

Tante Amalia

Sie war im Grunde ihres Herzens eine gute Frau. Außerdem hatte sie viel – manche sagten: sehr viel – Geld und war mindestens 25 Jahre älter, als sie jedem erzählte, der es wissen wollte. Konnte es da wundernehmen, daß Tante Amalia von ihren Neffen – deren hatte sie drei: Hans, Ferdinand und Eberhard – und von ihren Nichten – vier an der Zahl: Charlotte, Anni, Else und Paula – vergöttert wurde?

Zu ihrem Vermögen war Tante Amalia erst gekommen, als sie schon längst Witwe war. Ihr Mann, Onkel Theodor, war

ein braver Kürschner gewesen, der dadurch, daß er im Sommer Pelze wusch und gegen entsprechende Bezahlung in Verwahrung nahm und im Winter die elegante Welt mit neuen Wärmehüllen versah, sich und die trotz aller Bemühungen kinderlose Tante Amalia recht und schlecht ernährte. Zum letzten Weihnachten, das er erlebte, hatte er seiner teuren Ehehälfte ein Los einer Pferdelotterie geschenkt, und nachdem dies mit dem ersten Gewinn gezogen war und er noch die Freude gehabt hatte, den Verkauf des so in ihren Besitz geratenen Viergespanns für dreitausend Mark zu vermitteln, war er gestorben.

Tante Amalia aber nahm von dem Geld so viel ab, wie sie zu seinem Begräbnis und zum Ankauf eines Viertel-Loses der sächsischen Staatslotterie brauchte, und legte das übrige auf Zinsen in die Bank der Firma Truggold & Co., eingetr. G. m. b. H.

Das sächsische Los kam wieder heraus, und Tante Amalia kaufte sich ein neues. Dieses Mal ein halbes Los in der thüringischen Lotterie. Auch das ward gezogen, und so ging es weiter. Sie spielte schließlich 26 ganze Staatslose der Lotterien deutscher Vaterländer, und ihr unerhörtes Glück setzte sie schon bald in den Stand, sich zur Ruhe zu setzen, von den Zinsen ihres gewonnen Vermögens, die ihr die Firma Truggold & Co., eingetr. G.m.b.H. monatlich auszahlte, zu leben und von der Eigenschaft einer gewöhnlichen Tante in die einer Erbtante ihrer drei Neffen und vier Nichten aufzurücken.

Diese sieben Erben hatten inzwischen eine Versicherung auf Gegenseitigkeit geschlossen, indem sie sich untereinander verlobten. Hans verlobte sich mit Paula, Ferdinand mit Anni, und Eberhard mit Else. Die älteste Nichte, Charlotte, aber blieb unverlobt. Sie sollte ihren Anteil an Tante Amalias Erbschaft für sich allein haben, um selbst eine glückliche Erbtante ihrer Neffen und Nichten zu werden.

Eines Abends saßen die sieben Erbschaftsaktionäre beisammen, und Charlotte las aus der Zeitung vor – unter »Lokales«. Plötzlich schrie sie auf. Da stand etwas Furchtbares: Der Inhaber des Bankhauses Truggold & Co., eingetr. G.m.b.H., Moses Truggold, war unter Hinterlassung eines Defizits von 6 Millionen Mark und unter Mitnahme einer jungen Zirkusdame ausgerückt. Die »Compagnie« hatte den Konkurs angemeldet.

Die sieben Erben stürzten entsetzt zu Tante Amalia, damit diese noch retten sollte, was zu retten war. Sie kamen zu spät.

Tante Amalia war keine Erbtante mehr. Sie saß auf einem Stuhle, den Oberkörper vorgeneigt, und auf ihrem Schoß lag das Zeitungsblatt mit der traurigen Botschaft vom Zusammenbruch der Firma Truggold & Co., eingetr. G.m.b.H.

Als aber die Neffen und Nichten sie mit Fragen bestürmten, erhielten sie keine Antwort. Tante Amalia war tot. Der Schlag hatte sie gerührt.

Die Versicherung der sieben auf Gegenseitigkeit löste sich auf. Charlotte aber gab die Hoffnung auf, durch Erbschaft selbst zur Erbtante zu werden. Sie verlegte sich daher, wie einstens die Verewigte, aufs Lotteriespielen.

Tante Berthchen

Jeden Nachmittag um 3 Uhr nahm Tante Berthchen die grüne Gießkanne vom Nagel, hing sich ihren roten türkischen Schal über und ging auf den Kirchhof, dem sie seit nunmehr 23 Jahren der Bequemlichkeit halber gegenüberwohnte. Dort bog sie in die fünfte Gräberreihe ein und setzte sich auf die Bank, die beim sechzehnten Hügel stand, unter dem seit 24 Jahren ihr Gatte, der pensionierte Steuererheber Biefke, ruhte.

Nachdem Tante Berthchen sich ein Tränlein aus der gelben Runzel gewischt hatte, die ihr von der Grube, welche einst Augenbraue hieß, bis zum Mundwinkel führte, entnahm sie der rechten Tasche ihres grauschwarzen Kleiderrocks einen Strickstrumpf, der linken eine Tüte mit Schokoladenplätzchen, spannte bei Regenwetter den violettpunktierten Regenschirm auf, den sie hierzu täglich auf der Bank liegen ließ, und begann zu stricken, zu lutschen und zu denken.

Ja, Tante Berthchen dachte, dachte viel und tief und hörte nicht auf zu denken, bis ihr die Augen zufielen und bis dann um Punkt 6 Uhr der alte Kirchhofsaufseher kam und sie weckte.

Worüber aber Tante Berthchen so tief und viel nachdachte, das war wichtig genug. Sie hatte nämlich im Laufe ihrer Witwenjahre ein Kapital von beinahe 30 000 Mark gespart und hatte bis jetzt noch immer kein Testament gemacht, obgleich sie schon ganz genau wußte, was mit dem Gelde geschehen sollte. 20 000 Mark sollte ihr einziger naher Anverwandter, ihr Neffe Emil bekommen, dem, wenn sie testamentlos sterben würde, der ganze Nachlaß zufiele. Aber das übrige sollte eine Biefke-Stiftung werden, aus der alle Steuern gezahlt werden sollten, die die Kundschaft des verewigten Steuererhebers Biefke alljährlich zu entrichten hatte. Zwar lebten ja nur noch wenige von denen, die der Selige dereinst regelmäßig erleichterte. Aber einer war darunter, der hatte ein so großes Einkommen, daß er jedes

Jahr allein mehr als die 350 Mark an die Staatskasse ab-
führte, die ihr Stiftungskapital Zinsen tragen würde. Wenn
der tot wäre, dann würde es reichen, und Tante Berthchen
beschloß daher, kein Testament zu machen, ehe nicht der
Fabrikbesitzer Lehmeyer seine Augen zugemacht hätte.
Da jedoch Herr Lehmeyer erst 65 Jahre zählte und kräftig
und rüstig war, während Tante Berthchen selber 79 Jahre
zählte und vor Altersschwäche schon bedenklich mit den
Kinnbacken wackelte, so sagten die Leute, die von ihrem
Warten auf Herrn Lehmeyers Tod wußten, sie sei wunder-
lich. Ihr Neffe Emil aber schrieb in sein Tagebuch:
»Ich habe jetzt als Comis bei Eduard Bindemann ein Einkommen von 3000 Mark jährlich. Die brauche ich zum Leben. Wenn Tante Berthchen, wie sie beabsichtigt, mich in
ihrem Testament mit 20000 Mk. bedenkt, so werfen diese
700 Mk. Zinsen außerdem ab. Dann könnte ich ein klein
bißchen besser leben. Stirbt sie aber, ohne ein Testament
gemacht zu haben, und ich erhalte die ganzen 30000
Mark, so macht mich mein Chef zu seinem Kompagnon,

und ich bekomme die Hälfte des Geschäftseinkommens. Damit kann ich heiraten.«

So rechnete Emil. Und da er gern heiraten wollte, so lag ihm sehr daran zu verhüten, daß Tante Berthchen nicht etwa doch noch ein Testament machte.

Er kannte aber ihre Gewohnheiten, und auf diese Kenntnis baute er einen bösartigen Plan auf, zu dessen Ausführung er an einem regnerischen Herbsttage schritt.

Am frühen Morgen begab er sich an das Grab Onkel Biefkes, ergriff Tante Berthchens violett-punktierten Regenschirm, der wie immer an der Bank lehnte, und schlich mit dieser Beute davon.

Mittags setzte ein feiner Dauerregen ein, und als Tante Berthchen am Nachmittag kam, wischte sie sich das obligate Tränlein aus der gelben Runzel, entnahm der rechten Tasche ihres Rockes den Strickstrumpf, der linken die Schokoladenplätzchen und wollte dann ihren Schirm aufspannen. Da sie ihn nicht fand, fiel sie vor Schreck um.

Als man sie nach Haus gebracht hatte und zur Linken ihres Bettes der Pastor mit einem Gebetbuch, zur Rechten der Notar mit einem Protokoll saß, die sie schleunigst hatte rufen lassen, da dachte sie nur noch an ihr Testament. Aber sie hatte bei dem Schrecken über den gestohlenen Regenschirm einen Teil ihres Verstandes verloren, und als der Notar sie fragte, wer denn nun ihre Erbschaft antreten sollte, dachte sie nur daran, daß Emil nicht alles haben sollte, und hauchte nur: »Emil nicht!« – Mehr bekam sie trotz aller Mühe nicht heraus. Der Notar schrieb daher, daß Tante Berthchen ihren Neffen Emil enterbe, und da er nicht von ihr erfahren konnte, wer an seine Stelle treten sollte, und auch ihre Kräfte immer mehr abnahmen, ließ er sie darunter ihren Namen setzen, was ihr mit Hilfe des Pastors noch grade gelang.

Sie starb. Angesichts der Enterbung ihres einzigen Verwandten kam Vater Staat und strich wohlgefällig schmunzelnd die 30 000 Mark ein. Der böse Emil aber hatte das Nachsehen und den Regenschirm.

Tante Christine

Ich mußte es schon glauben, diesmal.

Mein Freund Ernst Frohgesinnt war mir unter Tränen um den Hals gefallen, um es mir zu erzählen. Und ich freute mich, daß ich es ihm glauben durfte. Er war ein lieber Kerl, dem man ein bißchen Glück schon gönnen konnte, und Tante Christine war ein so braves, gutes altes Fräuleinchen, daß ich, wenn überhaupt schon einer, ihr zuallererst zutrauen konnte, meine Skepsis den Erbtanten gegenüber zu erschüttern.

Also es war kein Zweifel mehr. Tante Christine hatte Ernst Frohgesinnt, ihren einzigen Neffen und nächsten Verwandten zum Universalerben ihres ganzen Vermögens von 45000 Mark eingesetzt; ja, sie war so gütig gewesen, um von der Vorfreude schon zu Lebzeiten etwas mitanzusehen, ihn ihr Testament lesen zu lassen.

Ernst war glückselig. Wir gingen den Abend zusammen in den Kaiserkeller und tranken ein Glas Wein nach dem andern auf das Wohl und das sanfte Ende Tante Christinens.

Und Ernst baute goldene Luftschlösser. Zunächst wollte er heiraten, sein kleines Lieschen, mit dem er schon drei Jahre verlobt war, dann wollte er seine Gedichte drucken lassen und dann eine Erholungsreise nach dem Süden machen, um seine kranken Lungen zu stärken. Wie er glühte vor Freude! Und wie die roten Flecken auf seinen Wangen sich über das ganze Gesicht ergossen, so daß es aussah, als ob der Wein sie einem ganz Gesunden aufgemalt hätte! ...

Am nächsten Tage besuchte ich Tante Christine. Ich hielt es für ratsam, als Freund ihres Neffen mich ab und zu bei ihr sehen zu lassen, und jetzt, wo ich von ihrem hochherzigen Testament wußte, drängte es mich ganz besonders, zu ihr zu gehen.

Ich hatte die alte Dame wirklich gern. Von allen Tanten, welche ich in meinem Leben kennenzulernen Gelegenheit hatte, war sie eine der sympathischsten. Sie hatte ein run-

des, freundliches Gesicht und kluge gute Augen, die freudig aufleuchteten, wenn sie von ihrem Neffen Ernst Frohgesinnt sprach. Auch ich nannte sie Tantchen, die kleine, bewegliche Person, die man gern haben mußte, wenn man sie einmal kennengelernt hatte.

Sie trug stets ein schwarzseidenes Kleid mit wertvollen Tüllspitzen und darüber eine elegante schwarze Schürze, aus deren Tasche ein klirrender Schlüsselbund heraushing. Das graue Haar krönte ein blitzsauberes Häubchen, und die goldnen lang herabhängenden Ohrringe vervollständigten das Bild eines der lieben Tantchen, welche den jungen Mädchen in den biederdeutschen Romanen mit erfreulichem Ausgange zum Schluß zu dem einzig geliebten, aber mit aller Tücke Marlittscher Phantasie von hundert Intrigen festgehaltenen Mann verhelfen.

Sie begrüßte mich lebhaft und herzlich, setzte mir auch ein

Glas Wein vor und eine Cigarre – sie war auf jeden Besuch stets vorbereitet – und plauderte dann lustig drauflos. Von ihrer Kindheit und von Ihrer Brautzeit; ja, verlobt war sie auch gewesen mit einem schönen jungen Steuermann – wie oft hatte ich die Geschichte schon gehört! –, aber der war bei einem Schiffbruch ertrunken, drei Wochen vor dem Tage, an dem sie heiraten sollten, und seitdem trug sie Witwenkleider und widmete ihr Leben ganz der Erinnerung an den Verstorbenen.

Jetzt war sie natürlich längst über den tiefen Gram hinaus, der sie Jahrzehnte weltscheu und einsam gemacht hatte; jetzt erzählte sie heiter und anschaulich kleine Episoden aus ihren Glückstagen, und ich konnte ihr immer wieder zuhören: ihr ganzer Roman paßte so genau zu ihrer Erscheinung und ihrem Wesen, daß es nie ermüdete, wenn sie ihn erzählte.

Und dann kam sie auf Ernst zu sprechen. Ja, der hätte noch so etwas von ihrem Bräutigam – im Charakter und im Benehmen. Nur schade, daß seine Gesundheit schwach sei! Na, nach ihrem Tode würde er ja keine Sorgen mehr zu haben brauchen um das tägliche Brot, dann könne er sich hegen und pflegen. Daß sie ihm ja, wenn sie wollte, schon jetzt helfen konnte, darauf kam sie nicht, aber sie leuchtete ordentlich auf in dem stolzen Gefühl, daß sie es sei, die den armen Jungen einmal aus seiner ständigen Misere befreien würde. Jetzt habe sie ihr Testament vom Notar beglaubigen lassen, und nun könne sie getrost sterben. – – Es kam anders.

Eines Tages hatte Ernst Frohgesinnt einen Blutsturz, und eine Woche später war er tot. Tante Christine überlebte ihn nicht lange. Der Schmerz um den teuren Neffen warf sie nieder, nachdem sie vorher ihr Testament dahin geändert hatte, daß ihre Hinterlassenschaft zu einem Teile dem Tierschutzverein, zum anderen einer Bühnengenossenschaft zufiel. – Denn Tante Christine hatte sehr fürs Theater geschwärmt.

Viel war es ja nicht, was ich von Tante Friederike erben sollte. Immerhin aber war es das ganze Witwengeld von dem sie ihren zwar bescheidenen, aber doch auskömmlichen Unterhalt bestritt. So konnte für mich daraus jedenfalls eine angenehme Schweizreise oder einige Monate üppigen Lebens ersprießen.

Was aber die Hauptsache war: die Erbschaft war mir sicher – absolut sicher. Ich war ihr einziger näherer Verwandter, dazu der einzige, der sich in ihrer Witwen-Einsamkeit um sie bekümmerte, und der einzige, der jeden Sonnabendnachmittag bei gutem und bösem Wetter in ihrem traulichen Wohnzimmerchen neben ihr saß, um ihre neuesten Musenkinder aus der Taufe zu heben.

Tante Friederike dichtete nämlich. Welche Tante, zumal wenn sie eine Erbtante ist, hätte keine Schwächen? Im Hinblick auf ihr Ende, das bei ihrer kränklichen Konstitution unmöglich lange mehr auf sich warten lassen konnte, ließ ich denn ihre Lyrik allwöchentlich unverdrossen über mich ergehen.

Die ersten Ergüsse, die ich von ihr vernahm – kurz nach dem Tode ihres Gatten, der sie übrigens zu Lebzeiten häufig geprügelt haben soll und der dann an den Folgen eines Bierabends zugrunde ging –, behandelten fast alle ihr junges Witwenleid, dessen Schmerz ihr ganz besonders nachts fühlbar zu sein schien.

Ich möchte nicht versäumen, um aus ihrer Kunst auf Tante Friederike selbst einen Rückschluß möglich zu machen, hier eine Probe aus jener Zeit folgen zu lassen:

> Streich' ich des Tags durch meine Klause,
> Dann suchen meine Blicke dich.
> Und warst du sonst schon meistens nicht zu Hause,
> Jetzt ist's mir vollends fürchterlich.
> Und geh' ich abends dann um zehne
> Alleine und betrübt zu Bette,

Dann seufz' ich unter mancher Träne:
O Heinrich, wenn ich dich doch hätte!

Ich mußte ihr genau meine Meinung sagen, was ich von
ihren Gedichten hielt, und fand sie natürlich pflichtschul-
digst sämtlich wunderbar tief und schön. Einmal riet ich
ihr, sich doch auch einmal auf dem Gebiet zu versuchen,
das die modernen Lyrikerinnen neuerdings mit soviel Begeisterung kultivierten: auf dem Gebiete der Erotik.
»Siehst du, so was will das Publikum heutzutage lesen«,
sagte ich zu ihr, »und einer jungen Frau, wie du bist, Tante
Friederike, kann das doch unmöglich schwerfallen.«
Als ich das nächste Mal zu ihr kam, las sie mir folgendes
Poem vor:

> »O, wie ist doch mein Herz zerrissen
> So mitternachts.
> Ich such' dich vergebens in meinen Kissen,
> Ja, ja, ich dacht's.

Ich arme Witwe, vergehe vor Harme
Nach dir, mein Schatz.
O fänd' ich endlich in meinem Arme
Für dich Ersatz.«

Sie war ganz hin, als sie es gelesen hatte, und ich bin überzeugt, daß es ehrlich gemeint war. Aber diese Art zu dichten griff sie zu sehr an, und bald starb sie.

Bei der Testamentseröffnung stellte es sich heraus, daß sie
tatsächlich mich zum Erben ihres ganzen Vermächtnisses
eingesetzt hatte. Aber wer jetzt etwa glaubt, die Lehre von
der Unsterblichkeit der Erbtante sei damit ad absurdum
geführt, der irrt.

Tante Friederike hatte nämlich eine Bedingung gestellt.
Ich sollte, damit die Nachwelt doch noch etwas von ihrer
künstlerischen Tätigkeit erführe, ihre gesamte literarische
Hinterlassenschaft, die sich in drei Kommoden und einem
Kleiderschrank befand, in Druck geben.

Ich tat nach ihrem Willen, und dabei ging nicht bloß die
ganze Erbschaft darauf, sondern ich mußte auch noch aus
meiner Tasche 123 Mark 75 Pf. zulegen. Dichtende Frauen
sind mir seitdem ein Greuel.

Tante Gerta

Ich habe dich Gerte getauft, weil du so schlank bist,
Und weil mich Gott mit dir züchtigen will,
Und weil eine Sehnsucht in deinem Gang ist,
Wie in schmächtigen Pappeln im April.

Richard Dehmel

Man konnte Tante Gerta, obgleich sie bereits hoch in den
achtunddreißigern war und gegen den Mann als Ge-
schlechtswesen eine unüberwindliche Idiosynkrasie hegte,
nicht eigentlich eine alte Jungfer nennen. Denn der Deh-
melsche Vers, den ich mir als Motto über dieses Kapitel zu
setzen erlaubt habe, paßt genau auf sie. Sie war schlank
und lang, und eine Sehnsucht lag in ihren Augen, obgleich

sie einen Kneifer darüber trug, und in ihrem Gang, obgleich sie große Schritte machte. Außerdem war sie durchaus nicht prüde – im Gegenteil, man durfte in ihrer Gegenwart über Dinge sprechen, die andre Damen schamentrüstet aus dem Zimmer gejagt hätten.

Tante Gerta war ein sogenanntes »modernes Weib«. Sie war Frauenrechtlerin, dichtete, las die gewagtesten Bücher – außerdem aber auch die besten, und hatte die Eigentümlichkeit, alles das in Kunst und Literatur zu bevorzugen, was möglichst grotesk und eigenartig war. Dabei hatte sie eine ungeheure Vorliebe für schöne Frauenaktbilder und -statuen. Auf ihrem Schreibtisch standen Abgüsse der Venus von Milo und der mannnigfachsten klassischen Skulpturen. An den Wänden hingen Zeichnungen von Beardsley und Behmer, ferner Photographien schöner nackter Frauen. Tante Gertas gelesenste Bücher waren die von Oscar Wilde, Platen, Scheerbart – auch alte klassische Schriften, wie Platons Apologie usw.

Sie kleidete sich einfach und geschmackvoll, trug kein Korsett, aber weiße Wäsche, Stehkragen und Manschetten. Ihre Handschrift war überaus kräftig und von der eines Mannes nicht zu unterscheiden. Auch hatte sie eine schöne Waffensammlung. Ein Revolver lag stets auf ihrem Nachttisch.

Tante Gerta war reich; aber sie knauserte auch nicht mit ihren Ausgaben. Sah sie irgendwo ein gutes Buch, ein schönes Bild, das ihr Interesse erregte, so kaufte sie es. Ihr Verkehr mit den Verwandten war konventionell, herzlicher nur mit einem etwas jüngeren Neffen, Ludwig, er ihre Interessen teilte, aber mehr für männliche Kultur empfand, obwohl oder da er selbst ein ganz weiches Gesicht und ausgesprochen weibliche Eigenschaften hatte. Er war bei Tante Gerta und ihrer Gesellschafterin, Fräulein Hagedorn, häufig zu Gast.

Fräulein Hagedorn war die einzige Freundin Tante Gertas. Sie war stets in ihrer Begleitung. Sie war klein und zierlich, korpulent, hatte schwarzes, kurzes, gelocktes Haar, einen

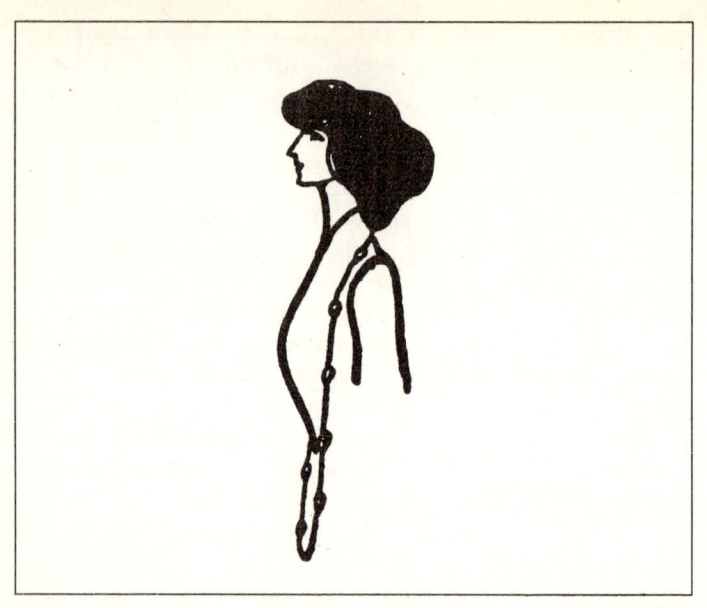

scharfgeschnittenen Mund und kluge, große braune Augen. Sie kleidete sich stets so wie Tante Gerta, so daß die beiden von Fremden oft für Schwestern gehalten wurden.

Eines Tages gab es in der ganzen Stadt eine große Aufregung. Während Fräulein Hagedorn auf einige Tage verreist war, hörte man aus Tante Gertas Wohnung einen Schuß fallen. Man erbrach die Tür, und die Tante lag entseelt, den rauchenden Revolver in der Hand, am Boden. Man fand nur einen Brief vor »An die Herren Reporter«. Darin stand lakonisch: »Schreiben Sie nur: unglückliche Liebe!« Aha, sagten die Leute, Neffe Ludwig! – Denn daß die beiden miteinander was hatten, war den lieben Nachbarn ja lange klar.

Zur Testamentseröffnung war Neffe Ludwig gar nicht erschienen. Na ja, meinten die Leute, wenn einem seine Sache so sicher ist – –

In dem Testament wurde Fräulein Hagedorn als alleinige

Erbin des gesamten Nachlasses Tante Gertas bestimmt. Als sie das hörte, fiel sie schluchzend auf einen Fauteuil und schrie: O, mein guter, guter Gert! – Darüber wunderten sich alle sehr.

Als man aber dem Neffen Ludwig die letzte Bestimmung Tante Gertas erzählte, blieb er zu aller Überraschung ganz ruhig und sagte nur: »›Im Anfang war das Geschlecht, nichts außer ihm, alles in ihm‹, sagt Przybyczewski.«

Die Leute schüttelten den Kopf, denn sie fanden, daß im Falle Tante Gertas das Gegenteil zu Tage trat. Doch fanden sie die Geistesverwirrung bei einem enterbten Neffen einer reichen Erbtante begreiflich.

Tante Henriette

Daß unter 25 Erbtanten auch eine Malerin ist, versteht sich von selbst. Die Malerin, die ich meine, ist Tante Henriette. Ihre Tätigkeit bestand ausschließlich im Malen und Schlafen. Häufig tat sie beides zugleich. Sie malte nicht nur Landschaften, männliche Akte, Blumen und andre Porträts, sondern sie malte sich auch selbst. Anders ist wenigstens ihre eigentümliche Gesichtsfarbe nicht zu erklären. Ihr Antlitz, aus dem sie Runzeln, die sich frech eindrängen wollten, geschickt fortretouchierte, schillerte in allen möglichen Farben. Vornehmlich konnte man Lila beobachten. Auch ihr Kleid war lila. Sie sagte, Lila sei ihre Leibfarbe. Ob das stimmte, hatte ich zu prüfen keine Gelegenheit.

Wie gesagt, Tante Henriette beschäftigte sich, wenn sie grade nicht malte, mit Schlafen. Ob sie ging, saß, stand oder lag – sie schlief immer. Und ihre Bilder erweckten in jedem Unparteiischen ohne weiteres den Anschein, als seien sie im Schlaf gemalt.

Ich beobachtete sie mal, als sie beim Malen einschlief. Ihr Pinsel lag fest auf der Leinwand, und da sie im Schlaf auf ihrem Stuhl immer hin und her schwankte, wie ein Blümlein, das der Wind bewegt, so machte der Pinsel diese Bewegung auf der Leinwand konstant mit und ließ breite Lila-Linien in horizontalen Kurven entstehen. Denn sie malte natürlich auch nur in Lila. Als Tante Henriette aufwachte, sah sie, daß ihr Bild fertig war, und sie erklärte mir die Lila-Streifen als kosmische Wanderungen. Sie hatte nämlich mal Scheerbarts »Wilde Jagd« gelesen, in der 10 000 unzufriedene Wurmgeister die merkwürdigsten kosmischen Wanderungen unternehmen – und Tante Henriette stellte sich eben kosmische Wanderungen lila vor. Denn sie konnte Scheerbart natürlich nicht verstehen, der ja für alte Tanten nicht schreibt.

Aber Tante Henriette tat, als ob sie ihn verstände, und zitierte ihn immerzu. So malte sie den kosmischen Wanderungen einen Hintergrund – auch lila. Denn sie fand, daß ihre Bilder anständig aussehen müßten, und bei Scheerbart steht doch: »Ja – ja – das Anständige muß auch seinen Hintergrund haben – sonst wird es gewöhnlich!« – Na, man weiß ja: wenn Malerinnen etwas auslegen – das ist furchtbar.

Kurzum: Deswegen kam ich um Tante Henriettens Erbschaft. Denn sie entrüstete sich mal mit ihren Auslegungen zu diesem Gedicht:

> Liebe Tante Henriette!
> Schlaf getrost in deinem Bette,
> Schlaf auch an der Staffelei.
> Mal von Grönland bis Manila
> Himmel, Meer und Berge lila –
> Aber Scheerbart nicht dabei!
>
> Nicht für Tanten sind die Welten,
> Malbeflissnen, schlafbeseelten –
> Die verstehn den Kosmos nie!
> Was ihr malt, verehrte Tanten,
> Ist in tausendlei Varianten
> Doch nur Weiberlethargie.

Auf dies Gedicht hin enterbte mich natürlich Tante Henriette. Ich freundete mich nun schnell mit Paul Scheerbart an, weil ich glaubte, er, dessen »Wilde Jagd« die gute Tante doch unausgesetzt im Schlaf verfolgte, würde an meine Stelle kommen. Aber weit gefehlt! Tante Henriette vermachte ihr Vermögen einem Herrn Bürger. Dieser war das Opfer einer Verwechslung. Denn Tante Henriette war es im Schlafe eingefallen, daß auch mal ein gewisser Bürger eine wilde Jagd geschrieben hatte, und so machte sie einen Lokomotivführer Bürger aus Rixdorf zu ihrem Universalerben. Sie sah eben alles lila.

Tante Julchen

Tante Julchen hatte mich sehr in ihr Herz geschlossen. Sie war die einzige aus der Verwandtschaft, die an meine literarischen Fähigkeiten glaubte und die nicht weniger stolz war, eine dichtenden Neffen zu besitzen.

Schon als ich Tertianer war, nahm sie sich meiner liebevoll an, ließ sich von mir die Gedichte vorlesen, in denen ich meine Lehrer schlecht machte, und schenkte mir hier und da zwanzig Pfennige, für die ich mir erst Schokolade, später Zigaretten kaufte – und an meinem fünfzehnten Geburtstage mich zum erstenmal rasieren ließ.

Als ich dann größer wurde und sie mich durch die Zuwendung eines Nickels tödlich beleidigt hätte, pumpte ich sie häufig um größere Summen an, freilich meist mit dem Erfolg, daß sie mir bedauernd klar machte, ihr Geld liege irgendwo fest, und es sei ihr zur Zeit leider ganz unmöglich, auch nur über eine übrige Mark zu verfügen. Zweimal aber gab sie mir doch mit großer Feierlichkeit je 1 Mark 50 Pfennige. Das hat sich mir fest ins Gedächtnis eingeprägt.

Einmal, als ich sie wieder mit etwa zwölf neuen Gedichten überschüttet hatte und sie ganz hingerissen davon dasaß, schlug ich ihr vor, meine Werke auf ihre Kosten drucken zu lassen. Da sah sie mich blinzelnd von der Seite an und meinte: »Wenn ich mal tot bin, mein Junge. Dann sollst du hunderttausend Mark erben, und dann sollst du auch deine Gedichte drucken lassen.«

Ich war natürlich hochbeglückt, zumal, als sie in meiner Gegenwart diese letztwillige Bestimmung schriftlich niederlegte.

Ich hatte jetzt eine Erbtante, auf die hin ich Schulden über Schulden machte und die ich in begeisterten Hymnen ansang.

Tante Julchens Tod ließ lange auf sich warten. Aber endlich stellte sich doch die Altersschwäche bei ihr ein, und als sie fühlte, daß es mit ihr zu Ende ging, ließ sie mich an ihr Lager rufen.

Sie war schon sehr schwach, als sie meinen Kopf zwischen ihre dünnen Händchen nahm. Ihre Lippen bewegten sich, als wollte sie mir etwas Wichtiges sagen. Doch als sie es gar nicht herausbringen konnte, was sie auf dem Herzen hatte, zeigte sich mit schwachem Lächeln nach ihrem Waschtische und stammelte »Schublade«. Dann schloß sie die Augen und hauchte ihre Seele aus.

Ich begab mich eilends an den Waschtisch und zog das Schubfach heraus, in dem ich einen Scheck auf die mir vermachten Hunderttausend Mark zu finden hoffte. Statt dessen lag aber darin ein Brief, der folgenden Wortlaut hatte und mit zitternder Hand geschrieben war:

»Mein lieber Neffe! Ich danke Dir herzlich für all die Genüsse, die Du mir durch Deine Kunst bereitet hast. Leider ist es mir nicht möglich, deine Gedichte aus meinem Vermögen drucken zu lassen. Ich denke, Du wirst schon von selbst ein bedeutender Mann werden. Alles, was ich habe, liegt in meinem Geldschrank. Es sind 70 Mark. Nimm sie und laß mich dafür begraben. Das Papier aber, das ich ausschrieb als Testament und in dem ich Dich mit hunderttausend Mark bedacht habe, hebe auf als stete Erinnerung daran, daß Du einmal eine Tante hattest, die zwar kein Geld, aber ein gutes Herz und den guten Willen hatte, Dich so reich zu machen. Ich küsse Dich in Liebe. Deine Tante Julchen.«

Tante Julchen hat zu meinem Mißtrauen gegen die Erbtanten viel beigetragen.

Tante Kunigunde

Zwischen dem studiosus juris Eugen Schmälzel und seiner Tante Kunigunde gab es einmal dieses Gespräch:

Tante Kunigunde: So kann es unmöglich weitergehen, lieber Eugen. Diesmal will ich dir noch das Strafmandat bezahlen, weil du nun einmal der Sohn meines Brüderchens bist. Aber es ist das letzte Mal. Merk dir's!

Eugen: Aber, Tantchen, du hast doch auch gar keinen Humor. Sag doch selbst, war der Witz nicht famos und die fünf Mark wert, die Laterne auszudrehen, als grad die Kleine drunter stand und den Brief vom Liebsten las?

Tante Kunigunde: Nein, offen gestanden, der Witz gefällt mir gar nicht. Wer weiß, wie lange sich das Mädchen auf diesen Brief gefreut hatte, und endlich, wo sie ihn nun lesen durfte, zerstörst du ihr die schöne Stimmung.

Eugen: Ach was, Stimmung! Wie kann man nur so philiströs denken! Stimmungen haben Menschen, denen der Humor fehlt. Und du solltest doch zuallererst Humor haben.

Tante Kunigunde: Wieso ich?

Eugen: Na, ich meine man, wegen deinem ulkigen Namen.

Tante Kunigunde: Eugen, ich verbitte mir –

Eugen: Da sehen wir ja wieder, wie dir aller Witz fehlt!

Tante Kunigunde (nach einiger Überlegung): Du hast recht, lieber Neffe. Ich heiße Kunigunde, und ich will diesem Namen Ehre machen. Wenn ich einmal sterbe, dann will ich in meinem Testament den besten Witz machen, der je einer Erbtante beigekommen ist.

Eugen: O ja, Tantchen. Wieviel lieber will ich das Universal-Erbe antreten, wenn es mir in recht humoristischer Weise kredenzt wird. Mir wird sein, als ob du selbst, wenn ich das erste Glas auf deine sanfte Ruhe leeren werde, dazu Prost! sagen würdest.

Tante Kunigunde: Nun geh, mein Junge! – Laß mich allein. Ich will mein Testament aufsetzen.

Eugen (sie umarmend): Tante! Du bist göttlich! Mit dir
   hat sich der liebe Gott einen entzückenden Witz gelei-
   stet. (Ab.)
Tante Kunigunde: Na, warte −

Eindreiviertel Jahr später ging Tante Kunigunde heim.
Neffe Eugen zog spornstreichs zum Gericht zur
Testamentseröffnung. Er glaubte, die witzige Tante würde
ihm die 100 000 Mark der Erbschaft in blanken Talern
auszahlen lassen oder sie habe ihren letzten Willen in fünf-
füßigen Jamben niedergelegt.
Tante Kunigundes Witz war aber ein boshafter. Eugen
Schmälzel ward enterbt. Ob das nicht ein köstlicher Witz
sei? Aus einer Stimmung werde er ja nicht gerissen, da hu-
moristisch angehauchte Leute ja nicht an Stimmungen zu
leiden pflegen. Statt seiner solle das gesamte Vermögen zur
Gründung eines neuen Witzblatts »Tante Kunigunde«

Verwendung finden. Eugen solle Redakteur werden mit 1200 Mark Gehalt.*

Eugen verzichtete aber auf diesen Posten. Ihm war der Humor vergangen.

Tante Miriam

Ich bin den Geschwistern Florian und Adele Listig aufrichtig dankbar, daß sie Tante Miriams Absicht, ihren leiblichen Neffen Max, Florians und Adelens Vetter, zum Erben ihres gesamten Eigentums zu machen, hintertrieben. Hätten sie es nämlich nicht getan, so wäre meine Lehre widerlegt gewesen.

Max war ein guter Junge, und er liebte seine Tante ehrlich. Ein Unglück war, daß er nicht am gleichen Ort wohnte, sondern eine Tagereise davon. Würde er wie Florian und Adele in derselben Stadt, ja in derselben Straße gewohnt haben wie sie, dann würde er nicht um die schöne Erbschaft gekommen sein, auf deren Drittel er so bestimmt gerechnet hatte.

Daß Florian und Adele ihre Tante Miriam liebten, konnte man nicht behaupten. Immerhin aber besuchten sie sie häufig, erkundigten sich nach ihrem Wohlergehen und taten auch sonst alles, was erbschleicherische Neffen und Nichten dem Besitz einer Erbtante zuliebe zu tun pflegen.

Tante Miriam aber hatte ein offenes Auge – das andre hatte sie sich mal mit einer Stricknadel ausgestoßen –, und so wußte sie zwischen ihren Bruderkindern Florian und Adele und ihrem Schwestersohn Max wohl zu unterscheiden.

Darum verfügte sie in ihrem letzten Willen, daß Max ihr Universalerbe sein solle, sofern er, der gut katholisch war, am Tage ihres Begräbnisses bereits zu ihrem –mosaischen – Glauben übergetreten sei.

Sie starb – urplötzlich an einem Schreck, den ihr Florian und Adele in mörderischer Absicht eines Tages einjagten,

* im Jahr (D. V.)

indem sie mit einem im Chor gesprochenen »hep, hep« zu ihr ins Zimmer traten.

Noch ehe Tante Miriams Leiche einen Sarg erhalten hatte, gingen die Bösen ans Gericht und ließen erbschaftslüstern das Testament öffnen. Da hatten sie nun die Bescherung. – Ätsch!

Daß, wo sie nichts bekamen, auch ihr bevorzugter Vetter Max leer ausgehen mußte, war für die beiden klar. Aber wie ihn darum betrügen?

Den Tod der Tante verheimlichen konnten sie nicht, den würde er sicher gleich von andrer Seite erfahren. Von der Bestimmung nichts schreiben, ging auch nicht an. Denn sie wußten, daß Tante Miriam oft in Max' Gegenwart davon gesprochen hatte, daß sie dem Erben für das Begräbnis Bedingungen stellen würde. Er würde also fragen.

Da kam Florian auf einen gescheiten Gedanken. Er schrieb Max einen verwandtschaftlich gehaltenen Beileids- und

Glückwunschbrief, in dem er Tante Miriams Verfügung mitteilte, aber dahin änderte, daß der Übertritt zum Judentum nicht bis zum, sondern am Tage des Begräbnisses zu erfolgen habe. Als Tag des Begräbnisses, schrieb er, sei der nächste Sonnabend, früh 8 Uhr festgesetzt.

Donnerstag abend erhielt Max das Schreiben. »Aha«, dachte er, »ihr meint, bis morgen um 8 Uhr ist das nicht zu machen. Wo steht denn: vor dem Begräbnis? Am Tage des Begräbnisses heißt doch: bis zum Abend!« Er kaufte sich also zwei Trauerflore, band einen um seinen Cylinder, den andern um den linken Ärmel und fuhr zur Trauerfeier.

Sonnabend früh fand die Beerdigung pünktlich statt, und sie war sehr feierlich.

»Nun«, fragte nachher Florian seinen Vetter, »alles erledigt?«

»Noch nicht«, erwiderte dieser mit schmerzlich-bewegter Stimme. »Ich werde jetzt zum Rabbiner gehen.«

Wenn er aber geglaubt hatte, Florian und Adele würden protestieren, so irrte er.

Sie gaben ihm freundlich darin recht, daß der Begräbnistag bis zum Abend dauere, und wünschten ihm viel Vergnügen zur Beschneidung.

»Ich habe sie doch verkannt«, murmelte Max, als er zur nächsten Synagoge eilte. – – –

»Wo haißt?« kreischte der Rabbiner Israel Hersch, als ihm Max sein Anliegen vorgetragen hatte, »an Schabbes beschneiden? – Sind Se meschugge? Sind Se betorre? – Alle meine Ssores in Ihren Hals, wenn ich Se soll beschneiden an Schabbes ßu Gesund! – Kommen Se wieder, wenn nich is Jontef!« –

Florian und Adele Listig saßen schmierig lächelnd am Fenster, als Max betrübt daran vorbeischlich.

Der aber verklagte seine Onkelkinder wegen Vorspiegelung falscher Tatsachen, was ihm ein tüchtiges Stück Geld für Gerichtskosten wegschwemmte, denn die beiden, die allerdings zu einem Verweis verurteilt wurden, hatten nichts, und die Bedingung der Tante war nun einmal nicht erfüllt. – –

Max verzichtete daher auf allen Tantenglauben und wurde antisemitischer Reichstagsabgeordneter.

Tante X

X ist ein Buchstabe, der vornehmlich in der Mathematik eine Rolle spielt. Dort stellt er meistens eine unbekannte Größe dar, die aus den gegebenen Begleiterscheinungen erst gesucht und bestimmt werden muß.

Ganz ähnlich verhält es sich mit Tante X., deren Geschichte ich als Beweis dafür erzählen will, daß es auch im Menschenleben solche mathematischen Existenzen gibt, die erst gesucht werden müssen und in denen man sich recht empfindlich verrechnen kann.

Ehe ich anfange, von Tante X. zu berichten, muß ich einiges über ihre Nichte Clärchen Meiser vorausschicken.

Diese war ein süßes junges Mädchen von siebzehneinhalb Jahren. Sie hatte prächtiges, silberblondes Flechtenhaar, himmelblaue, schwärmerische Augen, ein allerliebstes Stupsnäschen, und wenn sie erst die große Erbschaft angetreten hätte, wollte sie sich dazu ein violettes Empirekleid machen lassen, so einen richtigen Reformhänger mit weiten halblangen Ärmeln und mit gelbseidenem, eingelegtem Mieder. Sie stellte sich das einfach entzückend vor, und ich glaubte fest, daß es ihr reizend gestanden hätte.

Na, und erst Karl – Karl Bohnsack! Der würde doch einfach kopfstehen, wenn er sie in solchem Kleid sähe. Clärchen war nämlich mit Karl Bohnsack verlobt – schon seit einem ganzen Jahre; und wenn sie erst die große Erbschaft bekommen würde, dann wollten sie heiraten. Sie konnten die Zeit dazu natürlich kaum erwarten.

Es war auch unangenehm so. Kam Karl abends zu ihr, danns steckten die Leute morgens, wenn er wieder ging, die Köpfe zusammen, und ging sie etwa mal zu ihm, dann war

das Getratsch in beiden Häusern, hier, weil sich so ein junges Ding nicht schämte, zu einem jungen Mann ins Schlafzimmer zu gehen, dort, weil sie »schon wieder« nachts
nicht zu Hause war. Die dummen Nachbarn wußten sich
selbst eben so wenig vorzuwerfen, daß sie sich berufen
glaubten, über ein paar junge Menschenkinder, die sich
lieb hatten, moralische Verdammungen auszustoßen.
Wenn nur die Erbschaft erst da wäre! Das war Clärchens
und Karls ganze Sehnsucht. Und kommen mußte sie ja
eines Tages.
Als Clärchen vier Jahre alt gewesen, war ihr Vater gestorben, und als sie fünf war, starb auch die Mutter. Da war
eine alte Tante gekommen mit langen goldenen Ohrgehän-
gen und einem schwarzen Sammetkleid, die hatte Clärchen
auf den Schoß genommen und geküßt und hatte ihr gesagt:
»Siehst du, mein Kind, wenn ich einmal sterbe, dann sollst
du auch etwas davon haben – dann will ich dir mein gan-

zes Vermögen hinterlassen.« Nach der Beerdigung war sie wieder abgereist. Die Nachbarsleute aber hatten Clärchen zu sich genommen und sie großgezogen, weil sie gehört hatten, was die alte Tante zu dem Kind gesagt hatte. Wenn sie aber Clärchen fragten, wer die Tante war und wie sie hieß, dann erhielten sie als einzige Antwort »Tante«. So hatten sie die Eltern genannt, und Näheres wußte Clärchen auch nicht über sie.

Jetzt war Clärchen ja ein erwachsenes Mädchen und sagte sich, daß so eine alte Dame doch unmöglich ewig leben könne, und harrte mit ihrem Karl gläubig der Stunde, wo die Todesnachricht und die Erbschaft eintreffen würde.

Die Nachricht kam aber nicht, und über dem Harren und Warten riß den beiden Liebenden zuletzt die Geduld. Sie wollten Erkundigungen einziehen über die Erbtante. Aber das war schwierig. Verwandte hatte Clärchen gar nicht, und erst ein gewiegter Advokat stellte nach langer Mühe fest, daß Clärchens Mutter eine Tante gehabt habe, welche vor einigen Jahren nach Amerika ausgewandert war und die mit ihrem Familiennamen Piepenmeier hieß. Der Vorname war nicht mehr festzustellen.

Jetzt gab Clärchen alles dran, um die rätselhafte Erbtante ausfindig zu machen.

Sie hetzte sämtliche Privatdetektive Amerikas auf sämtliche Piepenmeiers Amerikas, was den Erfolg hatte, daß 24 Tanten Piepenmeier dingfest gemacht wurden. Aber die gesuchte – Tante X – war nicht dabei.

Da geschah etwas, was in Clärchen eine große Umwälzung hervorrief und sie veranlaßte, darauf zu dringen, daß Karl sie sofort heiraten sollte. Aber woraufhin? Er hatte kein Geld, und sie hatte noch kein Geld. Wovon sollte er da eine bald dreiköpfige Familie ernähren? – So zog sich die Hochzeit hin, bis das Malheur da war und das unverehelichte Clärchen eines Tages einem kleinen Karl die Brust gab.

Und wie sie das unschuldige Kindchen nun weinend betrachtete und hin und her dachte: Was nun? – da kam

plötzlich der Telegraphenbote und überbrachte eine Depe-
sche aus Amerika, in der stand, er Detektiv Schnüffler
habe Tante X aufgefunden und sei mit ihr unterwegs nach
Deutschland.

Nach vier Wochen kam sie an. Aber o Schreck! Als sie sah,
daß sie mittlerweile Urgroßtante geworden war, entrüstete
sie sich sittlich und enterbte auf der Stelle ihr einzige
Nichte, indem sie ihre Hinterlassenschaft einem Jung-
frauenkloster vermachte.

Die freudige Erwartung des erbtantlichen Vermögens aber
und die Vaterfreude hatten inzwischen Karl zu einer epo-
chemachenden Erfindung begeistert, die ihm soviel ein-
brachte, daß er bald sein Clärchen heimführen konnte und
ihr auch bei Frau Löscher ein violettes Empirekleid machen ließ mit gelbseidenem eingelegtem Mieder und weiten, halblangen Ärmeln.

Ich persönlich habe aber jetzt ermittelt, wie Tante Piepenmeier mit dem Vornamen hieß, und um der Geschichte
von Tante X auch nach dieser Seite hin einen erfreulichen
Abschluß zu geben, teile ich es hierdurch der Wahrheit
entsprechend mit: Sie hieß – Xenia.

Tante Yvette

Tante Yvette war, wie ja schon der Name besagt, Balletteuse gewesen. Ja, wie man an den zahlreichen Bildern sah,
die in ihren Stuben hingen und wie sie selbst gern erzählte
– war sie als Balletteuse sehr schön gewesen. Und das ging
auch daraus hevor, daß sie reich war, so reich, daß wir sie
mit Vergnügen als unsere Erbtante betrachteten.

Merkwürdig, wie sich so eine Balletteuse verändern kann!
Wie ich sie kannte, hätte Tante Yvette nicht mehr öffentlich tanzen können. Ihre Taille hatte im Laufe der Zeit
einen Umfang angenommen, daß sie einem Bierkutscher
zu gehören schien, mit dem sie übrigens auch bezüglich
ihrer Sympathie für geistige Getränke Ähnlichkeit hatte.

Wenn man zu ihr kam und sie die Asthmaanfälle, die sich

regelmäßig nach den Empfangsbegrüßungen und Küssen – Tante Yvette küßte noch immer mit großer Inbrunst – einstellten, überstanden hatte, setzte sie ihrem Gast zunächst irgendeinen kräftigen Schnaps vor. Dann rückte sie ihre Armbänder so, daß die prächtigen Steine ihrem Visavis recht frech in die Augen leuchteten, fletschte ihre falschen Zähne und erzählte dann mit viel Lebhaftigkeit dies und das. Manchmal hatte ich den Eindruck, wenn es recht packend war, was sie da von ihren Kolleginnen – natürlich nie von sich selbst – mitzuteilen wußte, als ob ihre blauen glasigen Augen mir ermunternd zuwinkten, und ab und zu sprang auch wohl mal ein Haken ganz unabsichtlich auf, der die himmelblaue Bluse über dem wabblig-fleischigen, weit ins Gemach ragenden Busen zuhielt. Aber die Reize der fünf Dezennien alten Jungfrau waren nicht dazu angetan, mich zu verlocken.

Ich Esel! Heute bin ich fest überzeugt davon: Hätte ich damals der Tante Yvette den Gefallen getan, ich wäre nicht der arme Teufel, der auf der steten Flucht vor seinen Gläubigern immer nur pausiert, um neue Schulden zu machen.

Ich habe nur einen Trost. Auch von Tante Yvettes übrigen Neffen ist keiner darauf eingegangen. So ist wenigstens mein Glaube an die Unsterblichkeit der Erbtante unerschüttert geblieben.

Also, um kurz zu Ende zu erzählen. Als ich eines Abends wieder zu ihr kam, saß sie eng an einen jovial aussehenden Herrn gelehnt in einer Ecke ihres Plüschsofas.

Sie fuhr ihm mit ihrer kleinen dicken Kaulquabbenhand fortwährend tätschelnd über das rote Gesicht und stellte ihn mir als »einen alten Freund und Kollegen«, Herrn Gustav Heuforker vor.

»Sieh ihn dir nur recht genau an«, meinte sie mit süßlichem Lächeln. Und dann schalkhaft: »Ja, ja, mein Jüngelchen. Herr Heuforker ist dein Onkel. Wir haben uns verlobt.«

Herr Gustav Heuforker ist längst Witwer, geht aber, wie ich höre, wieder auf Freiersfüßen. – Und den Kerl muß ich Onkel nennen!

Tante Zerlinde

Mit Tante Zerlinde ging der letzte Rest meines Glaubens an Erbtanten-Sterblichkeit dahin. Seit ihrem Heimgang bin ich mürrisch, skeptisch, verdrießlich und ungläubig. Sie war die letzte hohe Säule, die noch meine Ehrfurcht vor dem Namen »Erbtante« stützte. Und auch diese Säule stürzte und begrub eines hoffnungsvollen Jünglings, der ich damals war, glühendste Illusion in ihrem Fall.

Als ich sieben Jahre alt war, hatte ich Tante Zerlinde in naiver Zutunlichkeit einmal auf 26 geschätzt, und da ich damit ungefähr 30 Jahre zu niedrig griff, so war ich seither der erklärte Liebling der braven Jungfrau. Sie schlug mir keine Bitte aus, sie nahm mich in Schutz, wenn ich von den

Eltern Prügel bekam, sie gab mir sogar einmal – von meinen Angehörigen wollte es keiner glauben, als ich es nachher erzählte – 20 Pfennige, daß ich mir dafür Schokolade
kaufte, kurz: sie verwöhnte mich in jeder Hinsicht.
Als ich größer wurde und einmal den Versuch machte, sie
energisch anzupumpen, da gestand sie mir unter Tränen
der Rührung, daß sie mir jetzt zwar nichts geben könne –
denn sie sei sparsam und halte ihr Geld zusammen, daß sie
mich aber zum alleinigen Erben ihres ganzen Geldes eingesetzt habe. Und auf mein Bitten zeigte sie mir das Testament. Es lautete:
»Weil er meine Liebe und Treue nicht anerkannte und
mich nicht mit der Achtung und Ehrfurcht behandelte, die
ich als Anverwandte beanspruchen durfte, soll mein ganzer
Verwandtenkreis, ausgenommen allein mein einziger Neffe
Erich von mir enterbt sein. Dieser war mir ein Trost und
meines Herzens Kirche, weshalb ich mein ganzes Hab und
Gut hiermit ihm zur freien Benutzung vermache.«

Daß hinter meinem Vornamen Erich kein Komma steht, ist kein Druckfehler. Tante Zerlinde hatte es vielmehr unterlassen, eines dort hinzusetzen, und daß ich dies in der Freude des in Aussicht stehenden Kapitals übersah, wurde, wie wir gleich sehen, für meine ganze Zukunft überaus verhängnisvoll.

Ich war im allgemeinen ein sehr vorsichtiger junger Mann. Daher dachte ich gleich an Feuersbrünste, Wassernöte und drgl., die das wertvolle Schriftstück vernichten könnten, und erreichte denn auch durch lebhafte Vorstellungen von Tante Zerlinde das Versprechen, sie werde das Testament tags und nachts bei sich tragen und nie und nimmer bis zu ihrem Ende aus der Hand geben. Und so steckte sie das Papier sogleich in den Schlitz ihrer Taille, die ihre jungfräuliche Wohlbeleibtheit umkleidete.

Es vergingen Wochen und Monate. Eines Tages eröffnete mir Tante Zerlinde, daß sie eine Reise machen wolle, und forderte mich auf mitzukommen. Ich erklärte mich hierzu bereit, überzeugte mich, daß die brave Dame das Testament bei sich hatte, und bald saßen wir im D-Zug.

Ich will mich bei der Fahrt nicht lange aufhalten, weil diese an sich mit der Unsterblichkeit der Erbtante nichts zu tun hat, und nur das Wesentliche davon erwähnen, daß nämlich unser Zug gegen einen andern anfuhr und daß Tante Zerlinde hierbei breitgequetscht wurde, während ich mich durch einen kühnen Sprung aus dem Fenster rettete, nachdem ich mich durch einen kühnen Griff in Tante Zerlindes Busen in den Besitz des Testaments gesetzt hatte.

Was aber war natürlich, als daß das bejahrte Fräulein, dem nie eine Männerfaust so nahe gekommen war, bei meinem Zugreifen in keuscher Aufwallung aufschrie und entsetzt mit der Hand den angegriffenen Teil ihrer Jungfräulichkeit zu schützten suchte. Daß sie dabei einen Zipfel ihres Testaments erfaßte und abriß, war mein persönliches Pech. Denn als ich sie bitten wollte, die Ecke wieder herauszugeben, lag ich bereits mit verrenkten Gliedern neben den Schienen, und Tante Zerlinde war eine Leiche. Beim Hinsehen gewahrte ich nur noch, wie der Testamentszipfel, der durch die Kraft des Anpralls Feuer gefangen hatte, in ihrer Hand verlohte.

Der Teil des Testaments aber, den ich der unglücklichen Tante in ihrer Sterbestunde entrissen hatte, enthielt nur noch folgende Worte:

> »Weil er meine Liebe und Treue nicht aner
> und der Achtung und Ehrfurcht be
> durfte soll mein
> einziger Neffe Erich von mir enterbt sein. Die
> Herzens Kirche, weshalb ich mein ganzes Hab und Gut
> freien Benutzung vermache.«

Als mir meine Knochen wieder einigermaßen eingerenkt waren, ging ich mit diesem Fetzen ans Gericht. Dort aber glaubte man mir nicht, daß sich der »er« auf den abgerissenen Verwandtenkreis bezog und daß vor dem einzigen Neffen Erich ein »ausgenommen« stand. Denn sonst hätte hinter dem Erich unbedingt ein Komma stehen müssen. Was half's! Die Verwaltung der »Jesu-Herzens-Kirche« kam und strich das ganze Vermögen der guten Tante Zerlinde ein, obgleich zwischen »Herzens« und »Kirche« kein Bindestrich stand.

Den Rest meines eignen Vermögens verlor ich in zahllosen Prozessen gegen die erbschleicherische Kirche zugleich mit dem Rest meiner einst so großen Sympathie für die Erbtanten.

Und sogar die Interpunktionszeichen habe ich seitdem auf dem Strich.

Nekrolog

> So ruht denn sanft! – und Friede eurer Asche! –
> Ihr Teuren! Werde euch die Erde leicht!
> Wir trugen Sorge, daß euch nicht die rasche
> Vergessenheit in eurem Grab erreicht.

Ein jeder müht sich, ob er nicht erhasche
Ein Stück Erinnern, wenn das Leben weicht. –
Ihr mögt beruhigt unterm Erdreich modern:
An euch wird ewig das Gedenken lodern.

Einst priesen wir euch als Beerbungs-Tanten
Und harrten eures Todes hochbeglückt.
Doch wenn ihr starbt, und wir dann entbrannten
In Jubel, überschwenglich und entzückt,
Dann nahte die Enttäuschung. Wir erkannten,
Daß allzufrühes Hoffen nicht erquickt, –
Und uns blieb nichts, als einzig die Erkenntnis:
Erbtanten sind ein Trugbild der Verblendnis.

Und dies Erkennen war uns ein Erlebnis
Und eines neuen Schaffens tiefer Grund,
Wovon dies Buch jetzt vorliegt als Ergebnis:
Geliebte Tanten, prüft denn den Befund!
Von eurem Leben, Sterben und Begräbnis
Tun wir darin der späten Nachwelt kund.
Und wart ihr auch ein Trugschluß unbeerblich –
Wir machten euch, so macht uns auch unsterblich!

Aus

Die Hochstapler

Lustspiel in vier Aufzügen

(Aus dem ersten Aufzug)

Werner: Hier sind die Gedichte, Herr Steilhart. Bitte
stecken Sie sie gleich weg, damit Papa nichts merkt.
(Krust gießt Wein ein, serviert oben Wein und Bröt-
chen und ist während der folgenden Unterhaltung meist

oben bei den Gästen beschäftigt. Frida ist noch im Garderobezimmer.)

Steilhart: Schön, schön! Aber sagen Sie mir bloß, lieber Werner – warum verstecken Sie in aller Welt Ihre Verse mit solcher Angst vor Ihren Alten? Die werden es doch nicht für ein Verbrechen halten, daß Sie dichten?

Werner: Dann kennen Sie aber meine Eltern noch immer schlecht. Als das erste Mal ein Gedicht von mir gedruckt wurde – vor zwei Monaten in der »Deutschen Dichtung«, da hatte ich grade eine schlechte Zensur gehabt. Ich glaubte nun, Papa würde sich freuen, auf dem andern Gebiet meinen Erfolg zu sehn, und ließ das Blatt auf seinem Schreibtisch liegen. Da hätten Sie mal hören sollen: Mittags kam er zu Tisch mit der Zeitung in der Hand und reichte sie Mama hinüber: Da sieh, was der Junge für Dinge treibt! Kein Wunder, daß er in der Schule nicht weiterkommt! Mit 17 Jahren noch in der Untersekunda! Aber natürlich – wenn man solche Dummheiten im Kopf hat, Gedichte schreibt, statt seine Schulaufgaben zu machen – na, und in dieser Weise weiter. Ich weiß die ganzen Reden schon auswendig.

Steilhart: Ja, ja – ich kenne die Tonart; war ja oft genug dabei. Sie werden über diese unangenehmen Jahre ja hinwegkommen, Werner. Verlieren Sie nur den Mut nicht. – Und daß ich mal mit Ihren Alten redete, hätte ja keinen Zweck. Mich halten solche Praktiker wohl für kompetent, um in Geldsachen Rat zu geben, aber nicht, um in Erziehungsdingen dreinzureden. Die Wahrheit, daß verschiedene Menschen verschieden empfinden und verschieden behandelt werden müssen, ist ihnen nun mal nicht beizubringen. Ich hab' oft genug mal angeklopft in Ihrem Interesse.

Werner: Ach, daß Sie da sind und sich mit mir abgeben, ist wirklich mein einziger Trost. Auch meine Mitschüler verstehen mich nicht. Die unten sitzen, sind entweder so dumm, daß sie nicht weiter können, oder so kindisch, daß sie nur darüber nachdenken, wie man seine Lehrer ärgern kann. Und die oben sitzen, sind ganz unerträglich. Von früh bis spät immer nur der Gedanke an die Schularbeiten, an das Quartalszeugnis und an die Zukunft. Aus solchen Leuten kann ja gar nichts andres werden als Oberlehrer oder Postbeamte. Am besten sind noch die Faulen, die der tägliche Tretbetrieb anekelt und die es deshalb darauf ankommen lassen, daß sie nichts wissen. Die ärgern die Lehrer aus Langerweile – das mache ich auch mit, gebe sogar oft genug den Ton an. Aber zu höheren Beschäftigungen läßt sich doch fast keiner anregen.

Steilhart: Diese Beobachtungen habe ich seinerzeit auch gemacht. Wenn ich bedenke, was alles aus meinen Mitschülern geworden ist! – Ich gelte ja selbst bei all diesen Assessoren und Vikaren, Ärzten und Kaufleuten für verkommen. Warum? Weil ich keinen festen Beruf habe, weil ich von einer völlig unzureichenden Rente lebe, die ich durch Anleihen, Rennwetten, Börsenspekulationen und allerhand Tricks auf eine höhere Basis hebe; – und weil ich mit meinen 28 Jahren noch nicht imstande bin, mit sicheren Einkünften zu rechnen. – In meinen Augen sind sie die Verkommenen. Denn sie alle haben, um zeitlebens unter Garantie sich satt essen zu können, mit ihrer inneren Entwicklung abgeschlossen. Sie schuften sich von früh bis spät mechanisch ab, um sich den anderen Tag für den nächstfolgenden wieder mechanisch abschuften zu können. Bei mir soll aber die eigentliche innere Entwicklung erst anfangen. Und dazu will ich Reichtümer erraffen, die es mir ermöglichen, zeitlebens ohne Zwangsarbeit gut zu leben.

Werner: Erraffen – sagen Sie?

Steilhart: Ja, natürlich! – Zum Geldeinheimsen ist jedes Mittel recht.

Werner: Aber doch nur ehrliche Mittel?

Steilhart: Ehrlich! Das ist auch so ein Wort, das von allen Seiten verschieden aussieht. Es gibt zwei lateinische Redensarten, deren Anwendung Ihnen unehrlich vorkommen wird, aber jeder kluge Mensch handelt danach: – die eine heißt »mundus vult decipi«[*], die andere »non olet«[**]. Die Grenze, wo nun die Befolgung dieser Maximen aufhört ehrlich und anfängt unehrlich zu sein, ist aber von den Gesetzgebern und den Moralisten überall sehr willkürlich und in den veschiedenen Ländern sehr verschieden gezogen worden.

Werner: Nein, nein, Herr Steilhart! Da gehe ich nicht mehr mit Ihnen! Wenn Sie so denken, müssen Sie ja schließlich jeden Diebstahl und jeden Betrug gutheißen.

Steilhart: Na, lassen wir's heute. – Ich sehe schon, wenn ich Ihnen weiter antworten wollte, könnten wir uns noch veruneinigen. Ich habe so in Moraldingen meine eignen Ansichten, – und wenn Sie nicht späterhin auch mal zu einer Revision Ihrer Eltern-Moral kommen sollten, würde es mir Ihrer inneren Entwicklung wegen in der Seele leid tun... Kommen Sie jetzt wieder hinauf; – Ihre Mutter wird es übelnehmen, daß wir uns so lange hier unten aufhalten.

Werner: Und über die Gedichte sagen Sie mir morgen Bescheid –?...

(Aus dem dritten Aufzug)

Leibig: Ich versichere Sie noch mal: Sie sind e großartiger Mann. Die Anlage ist p.F. – Auf Ehrenwort!

Steilhart: Na ja doch – gewiß. Aber sagen Sie Leibigleben, werden die Leute auch dichthalten? Ich meine nicht bloß die Weiber dort, – die haben ja keinen Schimmer, was das alles bedeutet; – aber die Arbeiter, die die Petroleumfässer eingebuddelt und die Leitung angelegt haben? – Werden die nicht aus der Schule plaudern?

Leibig: Kein Wort! – Mein Wort! Ich garantiere Ihnen – keine Silbe! – Ich hab' ihnen doch gegeben – jedem fünf Franken bares Geld – und hab' versprochen, sie

* Die Welt will betrogen sein.
** Geld stinkt nicht.

sollen haben noch fünf Franken jeder. – Die Leute
schweigen wie Gold.

...

Leibig: Großartig! Großartig! – Ihnen gesagt!

Steilhart: Aber, das eine lassen Sie sich gesagt sein, lieber
Leibig. Bis jetzt ist alles gut gegangen. Ich weiß wohl,
das ist Ihnen zu danken. Aber Sie wissen, worum es sich
handelt. Im Laufe von drei Wochen – dann werde ich
abreisen – müssen Sie für drei und eine halbe Million
Aktien untergebracht haben! – Verstehn Sie!

Leibig: – hab' ich doch versprochen!

Steilhart: Warten Sie! Sie wissen, Sie bekommen zehn
Prozent: Das sind dreimalhundertfünfzigtausend Mark
– für Ihre Mühe. Damit sind Sie in der Lage, in Zukunft Ihre Finger von solchen Schweinereien zu lassen;
nun hören Sie genau zu, Leibig: Geht irgend etwas bei
der Geschichte schief, d. h. schaffen Sie das gewünschte
Geld nicht rechtzeitig zur Stelle, oder sorgen Sie nicht
dafür, daß in der Nacht, nachdem ich Ihnen dazu Wei-
sung gegeben habe, von diskreten Leuten die ganze un-
terirdische Anlage mit Ausnahme dieses Bassins, besei-
tigt ist, so erhalten Sie nicht nur keinen Pfennig,
sondern Sie können hundert gegen eins wetten, daß Sie
als Auftraggeber der ganzen Arbeit auch noch für etliche Jahre ins Zuchthaus fliegen.

Leibig: Gott soll schützen! – Verlassen Se sich auf mich!
– Ich geb' Ihnen die Versicherung, es wird alles gehn
nach Wunsch.

Steilhart: Das wollen wir hoffen. – Bedenken Sie wohl:
Die ganze Geschichte geht bis jetzt unter Ihrem Namen.
– Sie sind vorbestraft und haben von mir, dem unbe-
scholtenen Ernst Steilhart, nichts Schriftliches in der
Hand. – Ich bin aber nach allen Seiten hin gedeckt,
und wenn etwas ans Licht kommt, gehöre ich in aller
Augen zu den Gefoppten. – Verstehn Sie?

Leibig: Ob ich Sie verstehe! – E Angst hab' ich vor
Ihnen! – Se sind e großartiger Mann! –

Steilhart: Vor dem Ingenieur, meinen Sie, ist bestimmt nichts zu fürchten?

Leibig: Alle Ssores in meinen Hals, wenn der Mann redt' ein Wort. – Ich hab' ihm gegeben drei Mille und hab' ihm gesagt: Hier is e Petroleumquelle – auf mein Wort: So e Petroleum is noch nich dagewesen; – werd' ich geben noch zwanzig Mille, wenn Se möchten untersucht haben die Quelle. – Nui – hab' ich ihm gezeigt die Stellen, wo liegen die Fässer, daß er möcht' bohren und untersuchen. Hat er gebohrt und untersucht, wo ich gezeigt hab; und – nui: Der Mann weiß doch, was er tut. – Zwanzig Mille is doch wert e Gutachten!

Steilhart: Sie meinen also, die Herren werden keinen Argwohn mehr schöpfen können, wenn sie jetzt heraufkommen?

Leibig: Ober werden se schöpfen Argwohn; – nix werden se schöpfen wie Petroleum! Ich garantiere Ihnen – verlassen Se sich!

...

Kraut: Sehen Sie also. – Wieviel schöner und zufriedener können Sie leben, wenn Sie wie ich, selbst pflanzen, was Sie zur Nahrung brauchen, und frei herumschweifen in Wald und Flur, die Nachtigallen singen hören und – – –

Leibig: Hören Se auf – hören Se auf! Gott soll mich schützen! – So e Geseire! – Ganz plimerant is mir geworden ßu Mut!

Kraut: Da kommt eben so ein Opfer der Genußsucht den Berg herauf. Sehen Sie nur, wie er wieder schwankt, dieser Knecht des Alkohols!

Krust: Alle Wetter ja, was ist denn das wieder für ein Unikum? (Gegor v. Göllnitz kommt von unten links herauf. Große stattliche Figur, weißer runder Strohhut. Weiße Hose und Sweater. Rotes Gesicht, dicke Trinker-Nase, blonde, kurze Haare und kleiner Schnurrbart. Etwas schwankender Gang. Kurländischer Dialekt).

Göllnitz: Scheußelich, hör'n Se – der Weg hier rauf! –

Muß mir doch mal ansehn. Hier soll ja Petroleum aus der Erde spucken.

Krust: Na ja, sehn Sie sich mal den Betrieb an; da spuckt es schon.

Göllnitz: (sieht Krust von oben bis unten an) Wie sehn Sie denn aus, hör'n Se! Zum Koppkegelschießen! Mit gelbem Cylinder und Mädchenstiebeln – scheußlich, hör'n Se!

Leibig: Soll doch Gott schützen, was sich hier tut! So was hab' ich noch nich erlebt – auf mein Wort!

Krust: Wollen Sie sich denn nicht die Quelle da drüben ansehn?

Göllnitz: (zu Leibig, laut lachend) Na, Sie sehn ja auch putzig aus! Was murksen Sie hier denn rum?

Leibig: Auch e Frage! – Haste so was gesehn?!

Kraut: Er ist völlig taub.

Krust: (schreiend) So? Sie sind taub?

Göllnitz: Staub? Ja, und Sonne. Man brät kaputt, hör'n Se! – Kommen Se, wir wollen schmoren gehn!

Krust: Das ist ja eine ganz fidele Nummer.

Leibig: Man weiß schon gar nich mehr, wer is meschugge: der oder der oder jenner – oder ich selbst – Gott soll mich gar bewahren! (Steilhart und Salding kommen den Weg eben zurück.)

Steilhart: So, du – was wir heut zuwege gebracht haben, macht uns so schnell keiner nach.

Salding: Ja, drei Millionen haben wir jetzt sicher. – Gut, daß wir die Leute los sind. Der Cronheim fällt mir doch allmählich unerträglich auf die Nerven. – Ach, sieh doch mal das an! (Zeigt auf die vier unten.)

Steilhart: Das ist ja eine tolle Gruppe. Du komm – die müssen wir belauschen. Setzen wir uns vor das Haus. Sag mal, wer ist denn der Große da?

Salding: Ein adliger Russe. Er ist Gewohnheitssäufer und stocktaub.

Steilhart: Das sind ja angenehme Eigenschaften. Wie kommt denn der hierher?

Salding: Ach, das ist ein ziemlich trauriges Kapitel. (Sie setzen sich vor das Häuschen.) Er war zu vertrauensselig und ließ sich von seinen besten Freunden um sein ganzes Geld beschwindeln. Aus Gram darüber und über seine Taubheit fing er an zu saufen; und um ihm das abzugewöhnen, schickten seine Verwandten ihn hierher zu den Vegetariern, damit er sich an denen ein Beispiel nähme.

Steilhart: Natürlich schert er sich den Teufel um deren Lebensweise?

Salding: Du siehst ja!

Göllnitz: (der inzwischen unverwandt nach der Petroleumquelle hinübergeblickt hat) So'n Schwindel, hör'n Se – 'ne Petroleumquelle! – Man wird noch anfangen müssen, Petroleum zu saufen.

Krust: Na bitte, langen Sie zu!

Göllnitz: Wie meinen Sie?

Krust: (ihm ins Ohr schreiend) Sie möchten nur zulangen – vielleicht ist's Schnaps, was da rauskommt!

Göllnitz: Wie? Schnaps? – Ist ja nicht möglich, hör'n Se. – Ich denk', es ist Petroleum! – Schwindel ist es, hör'n Se.

Leibig: Schwindel? – – So e Frechheit! Nu, gewiß is's Petroleum! Werd 's sein nich Petroleum! – Was reden Se for e Stuß! E Millionenwert hat's. Ich werd' handeln die Aktien an der Börse – ich, Simon Leibig.

Göllnitz: Ei, was, kommen Se schmoren, hör'n Se. Nur ein Gläschen.

Krust: Na, ein Gläschen könnt' eigentlich nicht schaden. Gibt's denn hier oben ne Destille?

Kraut: Lassen Sie sich nicht umgarnen! – Hören Sie meine Stimme! Trinken Sie nicht mit diesem Verworfenen. Der Alkohol ist ein Teufel, der Leib und Seele verdirbt. Tun Sie es nicht, bitte, tun Sie es nicht, junger Mann. – Sehn Sie doch diesen Menschen an, wohin ihn der Alkohol gebracht hat. Zehn Liter Wein trinkt er täglich – ja, noch mehr! – Lassen Sie sich nicht verführen!

Krust: Na, hören Sie mal, für zehn Liter täglich sieht doch der Kerl recht stämmig aus.

Kraut: Aber ich bitte Sie! Setzen Sie Ihre Gesundheit nicht aufs Spiel. Glauben Sie mir: es geht auch ohne Alkohol.

Krust: Schön – aber mit geht's angenehmer…

KARL KRAUS

Kabarettiers waren auch Ludwig Scharf, Erich Mühsam, Friedell. Solcher Künstler Gesellschaft zog mich ins Kabarett.

Aus: Nachtlicht in Die Fackel, 1906

An Karl Kraus   *(Innsbruck,) 2/V. 1906*

Lieber Herr Kraus, ich bin eben in Innsbruck gelandet und grüße Sie bestens. Ich hatte im Speisewagen folgendes Gespräch: Ein General *(auf mich zutretend): Sie sind gewiß ein Künstler, hahaha! Das hab' ich Ihnen gleich angesehn. Ich: Merkwürdig! Und ich hab' in Ihnen sofort den Offizier erkannt.*

Prost! Ihr Erich Mühsam

An Karl Kraus

… Noch eine Bitte: ich hatte von der letzten Nummer der »Fackel« nur ein Probeexemplar und das ist mir gestohlen worden. Wollen Sie mir ein paar Belegexemplare herschicken? (Die Nummer mit meinem Boheme-Artikel.) Mit meinem Tripper bin ich entschieden auf dem Wege der Besserung. Eine

*schwere Pollution, die sich gestern bei einem sexuellen Exzess
Bahn brach, ist ohne Folgen geblieben. Mit diesem Wunsche
auch für Sie. Ihr*
Ascona 6/V. 1906   *E. M.*

An Karl Kraus

*Lieber Kraus und Konsorten, schönsten Dank für das Glück-
wunschtelegramm. Wie ich die Sache bezahlen soll, weiß der
liebe Himmel, immerhin hoffe ich noch einen Weg zu finden, der
mir das Absitzen von 50 Tagen erspart. Übrigens habe ich Berufung eingelegt. – In wenigen Tagen fahre ich wieder nach
Ascona ab, halte mich aber unterwegs noch kurze Zeit in München auf, um dem Verleger Piper meine Gedichte zu möglichst
hohem Preise anzudrehn. Ist die neue »Fackel« heraus? Ich bin
gespannt. Was macht das Tierchen, und alles übrige? Eben
habe ich Wedekind brieflich um ein Rendezvous gebeten. Viele
herzliche Grüße allen.*

Berlin W. 50   *Ihr Mühsam*
postlagernd
Marburgerstraße
29/V. 1906

                                          Absd.
                                          Mühsam, München
An Karl Kraus   *Türkenstr. 87, Hof II.*

*Lieber Kraus, das Dasein ist unerträglich beschissen. Ich erwarte
zitternd täglich Ihren Bescheid wegen des »Sexus auf Abwegen«.
Mir geht es dreckiger als je, und ich weiß nicht mehr, an wen
ich mich wenden soll ...*

28/VI. 1906   *... Ihr Mühsam*

101

An Karl Kraus

Lieber Kraus, vielen Dank für alles: Bild (etwas verwaschen, aber ganz gut), Zeitungsausschnitte (famos) und Karten. Sind Sie schon unterwegs? Wo? Mir gehts nach wie vor schlechter als je, wozu schon etwas gehört. Das vom Stammtisch erhaltene Geld mußte sofort zum Essenwirt wandern, der jetzt wieder drauf und dran ist, den Kredit zu sperren (wir sind 2 Leute) – und nirgends Aussicht, nirgends der geringste Schimmer von Hoffnung.

Beim »Simpl« sitze ich dick im Vorschuß, bei Ihnen noch dicker. An Arbeiten kann ich jetzt gar nicht denken, dazu fehlt mir bei der Nervosität, in die mich die ekelhafte Lage versetzt, alle Sammlung. Das Porto für diese Karte aufzutreiben, kostete mich viel Mühe. Ehe ich nicht 2-300 Mark habe, ist keine Hoffnung auf Änderung der Situation, und sie bekommen nicht die leiseste Andeutung. Meinen Gedichtband bekam ich von Laupen zurück, meine Brandbriefe waren durchweg resultatlos. Wenns noch lange so währt, muß der Lago Maggiore herhalten; das ist noch besser, als an der Überreizung der Nerven gehirnweich zu werden.

Der Kleinen kann ich vorerst nicht schreiben, dazu fehlt die gute Laune.

Reisen Sie recht vergnügt und schmeißen Sie diese Karte in den Sund, wo es am tiefsten ist. Jetzt schreibe ich Ihnen erst wieder, wenn ich weniger verzweifelt bin. Grüßen Sie alle. Ihr

E. M.

An Karl Kraus

Lieber Kraus,

wie Sie sehn, hab ich's zuwege gebracht, nach Paris zu kommen. Ich traf vor 3 Tagen mit 10 Fr. Bargeld ein und lebe nun dürftig vom Pump. Wann milcht die »Fackel« wieder? Sie

*kriegen, sobald Ihre Sommerferien verraucht sind, einen schönen
Beitrag. Grüßen Sie alle herzlich von Ihrem*

Paris (Montparnasse)   *Mühsam*
Boul. 'd. Raspail 203
Hohl de la Haute Loire. 10/IX. 1907

An Karl Kraus

Lieber Kraus,

*mein Leichtsinn hat mich wieder weiter verschlagen. Ich sitze an
der äußersten Westspitze des europäischen Festlands und sehne
mich zurück nach Paris. Denn hier wird's schon ekelhaft kalt,
und ich leide infolge unentwegter Hummer, Krabben, Fisch- und
Muschelspeisen (was andres gibt's nicht) an schrecklichen Magen-
verstimmungen. Aber ich bin ohne Pfennig, völlig, gänzlich,
restlos pleite. Bitte, helfen Sie wieder einmal durch ein rettendes
Telegramm. Gefällt Ihnen der Artikel »Ehre«? Ich hoffe, Sie
können ihn brauchen. Jedenfalls ist er ganz lustig.
Verzeihen Sie die schlechte, klecksige Schrift. Ich muß mich in
dieser gottverlassenen Gegend (die übrigens wundervoll ist) mit
einem schlecht funktionierenden Füllfederhalter begnügen.
Grüßen Sie, was sich grüßen läßt.
Wann erscheint die »F.« wieder?*

Camaret-sur-mer.   *Herzlich Ihr*
(Finistire) Hotel de la Marine   *Mühsam*
25/IX. 1907
*Sollten Sie den Artikel nicht nehmen, so pumpen Sie bitte, bitte,
irgendwen um 30, 40, 50 Fr. für mich an.*

An Karl Kraus

Lieber Kraus,

ich dachte immer, eines Tages durch die Übersendung der
»Fackel« wieder Nachricht von Ihnen zu kriegen, und schob
daher meine Absicht, Ihnen zu schreiben, immer wieder hinaus.
Nun weiß ich gar nicht mehr, was los ist. Ist die »F.« eingegangen? Sind die Sommerferien noch nicht abgelaufen? Sind Sie
etwa noch krank?
Bitte, schreiben Sie mir doch. Wenn ich es selten tue, so liegt es
daran, daß es mir schauderhaft dreckig geht, dreckiger als je
zuvor. Paris ist herrlich, ganz unsagbar herrlich, aber ohne Geld
an den Stätten all der Lebenspracht vorbeilaufen zu müssen, das
ist ekelhafter, als sich sagen läßt. Ich habe in diesem Jahre
wahnsinniges Pech gehabt. Rien ne va plus.
... Jetzt tut's mir fast leid, daß ich damals das unverschämte
Angebot Henrys, mir 500 Kr. monatlich zu geben (also 100
weniger, als ich bei Valle bekommen hatte) nicht angenommen
habe. Ich forderte 900 Kr., bekam darauf aber gar keine Antwort mehr.
Nun sitze ich also hier, total trocken, abgerissen, innerlich und
äußerlich reduziert, hungernd, dürstend, arbeitsunfähig und ver-
jammert. Auch Nohl ist hier, und wir entbehren gemeinsam.
Lieber Kraus, ich schicke Ihnen beifolgend 3 Novellen. Ich halte
sie für druckenswert, aber Sie werden begreifen, daß die deutschen Blätter und Blättchen Sachen von so peinlichen Sexualauf-
fassungen ablehnen. Ich habe sie übrigens bisher nur sehr
wenigen vorgelegt.
Nun liegt mir natürlich dran, möglichst bald, möglichst viel
Geld zu kriegen. Unter möglichst viel verstehe ich
50–60 Franken. Finden Sie die Sachen oder etwas davon für
die »Fackel« geeignet? Dann bitte ich Sie um telegraphische
Überweisung von etwas Geld; nur etwas.
Falls Sie's nicht brauchen können, so pumpen Sie bitte
irgendwen für mich an, nur etwas, nur etwas. Tatsächlich hun-
gere ich elend, verdinge mich ab und zuweilen als Modell (werde
dabei natürlich auch beschissen), und bringe das Porto für diesen

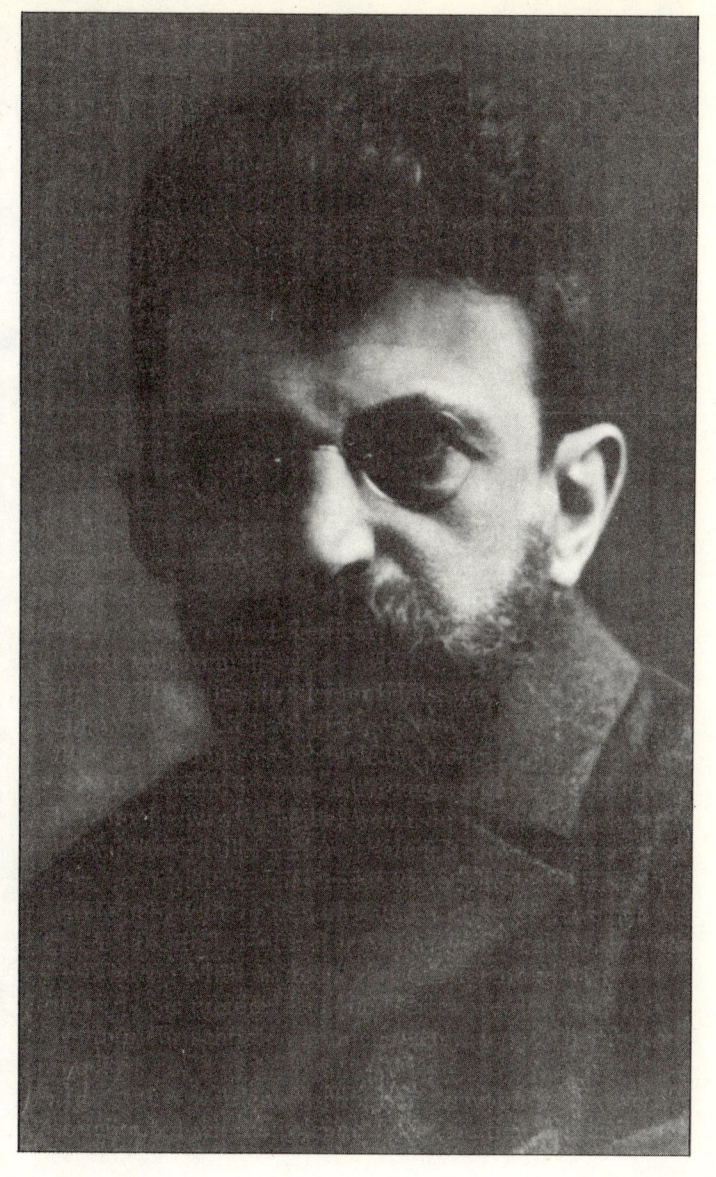

Brief und die Manuskripte nur unter Verzicht auf die einmalige tägliche Mahlzeit zustande.

60 Franken wären sehr *erwünscht, 25 Franken sind nötig, um mir für diesen Monat das Essen zu ermöglichen. Können und wollen Sie etwas tun? – Ich bitte Sie sehr darum. –*

Und, falls seit dem Sommer noch Fackeln herausgekommen sein sollten, so schicken Sie sie mir bitte her.

Viele Grüße Ihnen, Hauer, Janikowsky, Muhr, Seitz und allen von Ihrem

Paris 18/XI. 1907   *Mühsam*
Boulevard Raspail 203

Bauchweh

Die Därme wälzen sich im Kampfe;
es zuckt der Leib im Magenkrampfe:
die Welt ist schlecht – die Welt ist schlecht.
Daß sie der Herr im Zorn zerstampfe!
Daß sie verpuffe und verdampfe! –
So wär' es recht! – So wär' es recht!

Angst ist das Leben und Beschwerde;
der Mensch, er sitzt am Schmerzensherde
im Weltenbauch – im Weltenbauch.
In qualzerrissener Gebärde
krümmt sich der Bauch der Welt, der Erde –
und meiner auch. – Und meiner auch.

1907

Im Frühjahr 1908 war ich wieder in Berlin. Damals formulierte ich den Unterschied: Paris lebt – Berlin funktioniert.

Aus: Unpolitische Erinnerungen, 1927–29

Vom Wirken des Künstlers

Ein Gespräch bei Königsberger Klops

Nichts bietet eine solidere Grundlage für streitbare Unterhaltungen als ein gut bereitetes Mittagessen. Die heterogensten Gedankengänge wachsen aus einem gemeinsamen Boden heraus, und die gleichzeitige Betätigung gern bewegter Muskeln balanziert wohlwollend die seelischen Emotionen der Streitenden.

Die Diskussion, die die folgenden Betrachtungen erweckte, fand bei Königsberger Klops statt. Schon bei der Suppe hatte mein Bruder, der ein wissenschaftlich ernst fundierter Arzt ist, ironisch bemerkt, daß ich in meiner übeln Gewohnheit zu dichten doch eigentlich eine recht verfehlte Lebenstendenz verfolge.

Meine Schwägerin ist eine zu vortreffliche Wirtin, als daß nicht mein Vergnügen an den knusprigen Semmelbröckchen, die in der Suppe schwammen, den Verdruß über die lieblose Äußerung meines Bruders bei weitem überwogen hätte. So erklärte ich einfach, während ich mir die Reste der sämigen Brühe vom Schnurrbart wischte (Suppe essen ist für einen bärtigen Mann stets eine Tragödie), daß ich außer der geringen finanziellen Ausbeute nichts wüßte, was mich diese Gewohnheit als eine üble erkennen ließe, zumal ich Grund zu der Annahme hätte – hierbei schlug ich mir mit der Serviette vor die Brust –, daß meine Produktion für die deutsche Literatur von beträchtlichem Wert sei.

Die Klöpse wurden aufgetragen. Diesem Umstande allein hat es mein Bruder zu danken, daß ich die höhnische Physiognomie, die er bei meinen stolzen Worten aufsetzte, nicht mit dem Vortrag eines meiner neuesten Gedichte beantwortete. Aber seine Miene nahm einen heitern und friedlichen Ausdruck an, als er sich drei dicke Klöpse auf den Teller geladen hatte und sie nun in der köstlichsten Kapernsauce baden ließ. Auch mir floß mit der Kapernsauce eine versöhnliche Stimmung über das Gemüt, und es gelang mir, ein freundliches Lächeln zu bewahren, als mein Bruder halb feierlich, wegen der Mission, die er mit seiner Rede erfüllte, halb schmunzelnd, wegen des bräunlichen Duftes, den die Königsberger Klöpse ausströmten, folgendes sagte: »Lieber Erich! Deine Gedichte in allen Ehren. Davon verstehe ich nichts. Aber ich bin überzeugt, daß Goethe gegen dich ein eitler Stümper war.« (Ich schüttelte bescheiden den Kopf.) »Aber sag mir doch bloß einmal: Was hat eure ganze Dichterei überhaupt für einen Wert? Wem nützt ihr damit? Wo helft ihr mit euern schönsten Versen der Menschheit einen kleinsten Schritt weiter? Ihr Künstler seid doch wahrhaftig die zwecklosesten Leute, die auf der weiten Welt herumlaufen!«

Ich hätte es jetzt, wenn ich ein gewandter Feuilletonist wäre, so furchtbar leicht, meinen Bruder abzuschlachten. Ich brauchte nur aus unserer Unterhaltung einen literarischen Dialog zu machen. In so einem Dialog redet der, der ihn nachher der Welt übermittelt, immer äußerst geistreiche Gedanken. Er fertigt den andern so schlagend ab, daß der sogleich seine Weltanschauung revidiert oder doch wenigstens sich in tiefen, beinah reumütigen Gedanken eine Zigarre anzündet. In der Wirklichkeit gibt es aber gar keine literarischen Dialoge, wo Tugend und Recht siegt. Im Gegenteil: da behält immer am Ende der recht, der unrecht hat, und der, der recht hat, kommt sich wie ein zerknirschtes Rindvieh vor. Das liegt daran, daß eine unrichtige Ansicht immer System hat, eine richtige nie. Was richtig ist, weiß man, und was man nicht weiß, begründet man. In diesem Falle hatte mein Bruder die Gründe, und daher bildet er sich noch heute ein, daß er recht hat.

Ich war aber überhaupt im Nachteil gegen ihn. Denn erstens ist er mit meiner Schwägerin verheiratet; daher konnte er sein Interesse zwischen dem Wirken des Künstlers und dem Königsberger Klops, der für ihn nichts Neues war, viel leichter teilen als ich, dessen Hingabe aufs heftigste von der Kapernsauce in Anspruch genommen war. Außerdem schmeichelte mir bis zur Kritiklosigkeit die raffinierte Formulierung seiner Betrachtung; denn mit dem »ihr« konnte er doch immer nur mich und Goethe meinen; und schließlich hatte er sich doch schon so lange mit dem Ärger gegen die Künstler zugunsten seiner Wissenschaftlichkeit getragen, daß er längst ein System konstruiert hatte, das nun auf mich herab explodierte.

Nein – nein! Kein literarischer Dialog soll mir zum Siege verhelfen. Ich will wahrhaft und getreulich berichten, wie ich und Goethe und alle Dichtung und alle Kunst bei Königsberger Klops zerschmettert und widerlegt wurde.

Meine Gabel zerquetschte gerade den fünften Fleischkloß, als ich mich zu der entrüsteten Erwiderung aufraffte: »Na hör mal, Zweck einer Sache kann doch in ihr selbst liegen. So ist es bei der Poesie und bei jeder Kunst. Damit soll der Menschheit nicht genützt werden? – Ach, du lieber Himmel! Wo wäre die Menschheit, wenn es keine Künstler gäbe!«

Mein Bruder zerspießte eine Kartoffel, daß der Teller klirrte.

»So?« rief er. »Meinst du, ohne Shakespeare und Goethe und dich und Beethoven und Böcklin und wie ihr alle heißt« – (ich war schon wieder halb ausgesöhnt) – »meinst du, ohne euch hätten wir kein Telefon und keine Zigarren und führen nicht im Automobil und im lenkbaren Luftballon?«

»Wann wärst du denn im Lenkballon gefahren?« – Ich war schon zufrieden, in meiner ausweichenden Antwort wenigstens eine brauchbare Übersetzung für *»le dirigeable«* gefunden zu haben. Aber mein Bruder hatte offenbar keinen Sinn für die Sprachbereicherung. Er schimpfte: »Ei was! – Das ist doch kein Einwand! Die Wissenschaft schreitet mit riesigen Sätzen vorwärts. Täglich werden neue Verfahren entdeckt, um Krankheiten aus der Welt zu schaffen. Das nenne ich Wirken! Das heißt der Menschheit dienen und nützen! – Aber was wißt ihr davon? – Kennt du den Namen Wassermann?« rief er plötzlich, wobei er triumphierend eine Kaper von der Gabel sog.

Endlich dachte ich. Läßt er erst mal einen gelten, dann komme ich ihm überhaupt bei. Leider habe ich aber von Jakob Wassermann nicht alles gelesen und mußte befürchten, in meiner eigenen Arena geworfen zu werden. Schüchtern stammelte ich daher etwas von Renate Fuchs und einem nie geküßten Mund. Die Juden von Zorndorf wollte ich erst bei Gelegenheit lesen. Mein Bruder legte die Gabel aus der Hand. Es war das erstemal während des Essens, so daß ich Schreckliches kommen sah. Dann meinte er gedehnt: »Wie? – Was? – Nie geküßte Juden? – Renate von Zorndorf? – Bist du rappelig? – Ach, du redest wohl von einem Dichter? –« Ich nickte.

»Mensch! Ich spreche vom Geheimrat Professor Doktor Wassermann, einem unserer berühmtesten Therapeutiker, der zuerst die Serumtherapie bei Lues angewandt hat. Von dem hast du nie etwas gehört?«

»Nein«, sagte ich melancholisch, während ich mir einen Löffel Kapernsauce über den siebenten Klops träufelte.

»Da sieht man's«, donnerte er. »Während die physiologische Wissenschaft die ungeheuersten Umwälzungen in allen sozialen, hygienischen und humanitären Verhältnissen herbeiführt, lauft ihr« (er meinte offenbar wieder Goethe, Shakespeare, Beethoven, Böcklin und mich) »lauft ihr an einen dreckigen Bach und laßt euch vom Mond zu euern kolossalen Schöpfungen inspirieren. Und habt ihr nachher glücklich sechs Leute gefunden, die sich das Zeug mit himmelnden Augen anhören, meint ihr, ihr wäret wer weiß was für Nummern! Redet von Kultur! Beweihräuchert euch gegenseitig, ich weiß nicht wie! – Sieh dir doch die Zeitungen an: über jeden obskuren Maler oder Dichter oder Musiker oder Schauspieler, der 60 Jahre alt wird oder stirbt oder seit 25 Jahren die Welt mit seinem Genie beglückt, spalten- lange Lobarien; aber von Professor Wassermann hat kein Mensch eine Ahnung!«

Wir waren inzwischen beide dabei angelangt, daß wir die Kapernsauce mit einem Stückchen Brot austunkten, und ich beschloß nun, zum Angriff überzugehen.

»Na!« sagte ich also. Damit fange ich immer an, wenn ich etwas Gewichtiges zu sagen gedenke: »Hast du denn, wenn du zum Beispiel ins Theater gehst und den Othello siehst, oder du hörst in der Philharmonie die Neunte Symphonie von Beethoven, oder du stehst im Kaiser-Friedrich-Mu- seum vor ›Jakobs Kampf mit dem Engel‹ von Rembrandt, oder du liest Goethes ›Füllest wieder Busch und Tal‹ – hast du dann nie eine innere Erhebung, fühlst du dich dann nie größer und freier und beglückt – –«

»Hör bloß auf«, unterbrach mich mein Bruder. »Du siehst, ich esse Königsberger Klops« (er fing aber schon mit dem Kompott an), »da kannst du nicht von mir verlangen, daß ich elegische Deklamationen anhören soll. Aber, damit du weißt, wie ich über die Kunst denke, will ich dir doch ein Zugeständnis machen. Ich sehe mir zwar im Theater nicht den ›Othello‹ an, sondern höchstens mal im Hernfeld- Theater ›die Clabriaspartie‹. Aber das gebe ich dir ohne weiteres zu, daß mich die Kunst immerhin mal amüsieren kann.«

»Aber die ernsthafte Kunst!« rief ich.

»Natürlich. Warum nicht auch die ernsthafte Kunst? – Aber mehr als Amüsement kann ich der auch nicht abge- winnen. Und das ist ja auch gewiß etwas Gutes.«

Ich schob den letzten Löffel Preiselbeeren in den Mund und sagte: »Aber amüsieren kannst du dich doch auch ohne Kunst.«

»Allerdings«, gab mein Bruder zu. »Es macht mir auch gar keinen Unterschied, ob ich ›die Clabriaspartie‹ vorgespielt kriege oder die Neunte Symphonie, oder ob ich vom Fenster aus zusehe, wie sich draußen zwei Hunde beißen. Das Vergnügen dabei ist nur graduell unterschieden. Es werden allenfalls verschiedene Muskeln davon tangiert.«

»Du bist ein Barbar!« stöhnte ich.

»Möglich«, meinte er gemütsruhig. »Das ändert aber gar nichts an der Tatsache, daß die bei Lues angewandte Serumtherapeutik ein kulturell unendlich wertvolleres Ereignis ist, als alle Werke deiner berühmtesten Künstler zusammengenommen.«

Ich fühlte: dagegen war nicht aufzukommen. Ich kippte daher nur noch schnell den Kaffee herunter, ließ mir von meinem Bruder eine Zigarre auf den Weg mitgeben, reichte meiner Schwägerin trübselig die Hand und schlug mich davon.

Unterwegs hielt ich Selbstgespräche, in denen ich energisch meinen Bruder apostrophierte. Wir wirken aber doch! erklärte ich ihm bei mir. Na ja – auf dich wirken wir nicht. Aber liegt das an uns? (Es war mir schon ganz geläufig geworden, mich mit Goethe und den übrigen als »wir« zu fühlen.) Ich behaupte, die Welt wäre öde, stumpfsinnig, roh, perfid – nein, noch öder, stumpfsinniger, roher und perfider, als sie jetzt schon ist, gäbe es keine Kunst und keine Künstler. Hunderttausenden, Hundertmillionen geben wir Trost und Erhebung und Heilung und Hoffnung. Ist das gar nichts? Hä? – Und wenn du dabei nichts für dich herausholst, dann geht uns das so wenig an wie die Serumtherapie bei Lues. Schließlich ist ja auch noch nicht jeder Mensch luetisch.

Ich war froh, meinen Bruder dergestalt doch noch widerlegt zu haben. Dann wandte sich meine Betrachtung in innigem Behagen der Erinnerung an die Königsberger Klöpse zu, und meine Seele schwamm in Kapernsauce. Ausgesöhnt mit der Welt und zufrieden mit mir, ging ich ins Caféhaus und dichtete meine Ballade »Meta und der Finkenschafter«.

Meta und der Finkenschafter*

Herr Kunze stand als Hausverwalter
in Lohn bei einem Häuserwirt,
und seine Tochter in dem Alter,
wo so ein Mädchen liebend wird.

Er war ein Witmann, sie war Waise,
seitdem Frau Kunze jüngst entschlief;
sie teilten sich ihr Amt, wenn leise
des Nachts des Hauses Klingel rief.

Doch nach und nach ergab Herr Kunze
sein Witwerherz dem Alkohol
und überließ die Pförtnerfunze
der Tochter samt des Hauses Wohl.

Er schlief so fest als wie ein Igel;
doch Meta, denn so hieß das Kind,
schob treu besorgt des Tores Riegel
für Herrschaft sowie Hausgesind.

Erst fünfzehn und noch unerfahren
erwuchs sie neben dem Portal.
Herr Kunze meint: in ihren Jahren
hat's Zeit noch, sie erfährt's schon mal.

Und sie erfuhr's nur wenig später,
und, wie so oft, auf schlimme Art.
Die Mütter sterben, und die Väter
versaufen Pflicht und Gegenwart.

Es wohnte dort in Aftermiete
im Bodenstübchen ein Student,
ein Finkenschafter, Halbsemite,
rothaarig, mit Kritiktalent.

* Mitglied der nichtkorporierten »Freien Studentenschaft«

Der hatte einmal schon beim Scheuern
das gute Mädchen angegrinst.
Doch deucht ihn, nächstens zu erneuern
die Freundlichkeiten, sei Gewinst.

Nun hatt' er freilich zu dem Schlosse
den Schlüssel, so wie jedermann
als zahlungsfähiger Hausgenosse
ein solches Möbel fordern kann.

Doch einst in seines Nachttischs Lade
vergaß er ihn mit Vorbedacht,
trank mit den Finken Limonade
und redete die halbe Nacht.

Er sprach von den sozialen Pflichten,
verwarf den Zweikampf voller Hohn,
und ihm begeistert beizupflichten,
versäumte kein Kommiliton.

Dann trennt man sich mit Händedrücken,
auch unser Studio ging nach Haus,
und unterwegs sann er die Tücken,
die ihn beseelten, einzeln aus.

Dann riß er an des Hauses Glocke
um fünf Minuten nach halb drei,
und Meta kam im Unterrocke,
zu sehn, wer es so spät noch sei.

»Verzeihn Sie«, so begann der Bube,
»die Störung, teuerste Mamsell.
Denn ich vergaß in meiner Stube
versehentlich den Hausschlüssell.«

Und während er die Zähne fletschte
aus falscher Liebenswürdigkeit,

nahm er den rechten Arm und quetschte
ihn um den Leib der jungen Maid.

Zwar wehrte sie sich erst des Bösen,
doch zog er ein Fünfmarkstück vor,
begann ihr vorn das Hemd zu lösen
und küßte sie aufs linke Ohr.

Nun könnte man mit Recht erwarten,
er trüg sie in sein Kabinett.
Spielt dort sein Spiel mit offnen Karten,
ein ehrlich Liebesspiel im Bett.

Dann hätte sie mit fünfzehn Jahren
geliebt, und das ist nicht zu jung,
und tät ihm ewiglich bewahren
die dankbarste Erinnerung.

Jedoch der rote Finkenschafter
zog sie im Hausflur nackend aus
und riß aus einem Brennholz-Klafter,
der dalag, einen Scheit heraus.

Den ließ er lichterloh entflammen,
und selbst entblößt – so gut wie ganz –
vollführt er mit dem Kind zusammen
um diese Fackel einen Tanz.

Dann rief er aus: »Ist dieser Fetisch
nicht edler als die Sinneslust?
Mein Kind, o bleibe stets ästhetisch!« –
Und griff ihr an die weiße Brust.

Und ohne ihr Gefühl zu kennen,
löscht er die Glut, die er entfacht,
ließ nur den Scheit zu Ende brennen
und wünscht ihr trocken gute Nacht.

Doch Meta blieb zurück und weinte,
und staunte dessen, was sie sah;
sie wußte nichts, wiewohl sie meinte,
daß nicht genug mit ihr geschah.

Dann nahm sie ihre paar Gewänder
und ging zu Bett, doch schlief sie nicht.
Sie dachte nur an ihren Schänder
und an sein rotes Bocksgesicht.

Besudelt blieb ihr ganzes Leben,
vergiftet war ihr reiner Sinn,
sie wollt sich nur ästhetisch geben
und wurde Frauenrechtlerin.

Nur einmal hatte sie für Liebe
fünf kümmerliche Mark erwischt,
doch waren dabei ihre Triebe
mit dem Scheit Holze aufgezischt.

O kommt mir nicht mit euerm keuschen
ästhetisch lüsternen Gegrein.
Ein liebes Mädchen zu enttäuschen
vermag in Wahrheit nur ein Schwein.

1908

JOACHIM RINGELNATZ

Bei Kathi Kobus

Am nächsten Abend eilte ich nach Geschäftsschluß wieder
dorthin*. Lockend und verheißend winkte die rote Lampe
vorm Eingang ... Ein schmaler Gang führte nach dem

* In die Simplicissimus-Künstlerkneipe

Hinterzimmer. Es gelang mir so weit vorzudringen, daß ich dieses übersehen konnte. Künstler, Studenten, Mädchen, elegante Herrschaften. Das saß eng gepreßt um weißgedeckte Tische. Auf einem dieser Tische stand ein schmächtiger Mann mit wildem Vollbart, stechenden Augen und feinen Händen. Der trug ein Gedicht vor: »War einmal ein Revoluzzer«. Ich fragte einen neben ihm stehenden Studenten, wer der Vortragende sei. »Das wissen Sie nicht? Sie sollten sich schämen!« Ich schämte mich wirklich.

Aus: Mein Leben bis zum Kriege

Der Revoluzzer

Der deutschen Sozialdemokratie gewidmet

War einmal ein Revoluzzer,
im Zivilstand Lampenputzer;
ging im Revoluzzerschritt
mit den Revoluzzern mit.

Und er schrie: »Ich revolüzze!«
Und die Revoluzzermütze
schob er auf das linke Ohr,
kam sich höchst gefährlich vor.

Doch die Revoluzzer schritten
mitten in der Straßen Mitten,
wo er sonsten unverdrutzt
alle Gaslaternen putzt.

Sie vom Boden zu entfernen,
rupfte man die Gaslaternen
aus dem Straßenpflaster aus,
zwecks des Barrikadenbaus.

Aber unser Revoluzzer
schrie: »Ich bin der Lampenputzer
dieses guten Leuchtelichts.
Bitte, bitte, tut ihm nichts!

Wenn wir ihn' das Licht ausdrehen,
kann kein Bürger nichts mehr sehen.
Laßt die Lampen stehn, ich bitt! –
Denn sonst spiel ich nicht mehr mit!«

Doch die Revoluzzer lachten,
und die Gaslaternen krachten,
und der Lampenputzer schlich
fort und weinte bitterlich.

Dann ist er zu Haus geblieben
und hat dort ein Buch geschrieben:
nämlich, wie man revoluzzt
und dabei doch Lampen putzt.

Aus: Der Krater, 1907

Aus

Die Gäste der Kathi Kobus

… Die Energie, mit der die robuste Wirtin sich in ihren Räumen Respekt zu verschaffen wußte, war erstaunlich. Alkoholische Exzesse duldete sie nicht. Gab es Krach, dann ging sie ganz persönlich dazwischen und wies die Übeltäter hinaus, griff auch selber mit ihren kräftigen Armen zu, wenn jemand widerspenstig war. Ich sah mit eigenen Augen, wie sie gleichzeitig zwei spektakelnde Studenten hinausschmiß: mit jeder Faust im Hemdkragen eines der Sünder, stieß sie die beiden fortwährend gegeneinander

und drängte sie dabei vorwärts, bis sie vor der Tür angelangt waren. Kathi Kobus duzte alle ihre Gäste, und ein
Brief, der mir einmal auf eine meiner Fahrten nachgesandt
wurde, begann: »Sehr geehrter Herr Mühsam! Du bist mir
noch über vierzig Mark schuldig ...« Am Schluß hieß es
dann: »Mit herzlichen Grüßen hochachtungsvoll Deine
Kathi Kobus«, und ein Postskriptum lautete: »Kommst du
net bald wieder, Erich?« Als ich dann wiederkam und
Kathi zur Rede stellte, was sie mir denn für unangenehme
Mahnbriefe nachjage, meinte sie freundlich: »Scho recht.
Daß d' grad wieder da bist«, holte das Hauptbuch vor und
strich meine ganze Zechschuld durch. »Aber vortragen
mußt halt!« sagte sie dann.

Aus: Unpolitische Erinnerungen, 1927–29

Aus

Die Freivermählten

Polemisches Schauspiel in drei Aufzügen

*Dem Hidalla-Dichter Frank Wedekind
in Verehrung zugeeignet*

(Aus dem III. Aufzug)

Walter: Ich fürchte, es war schlecht von mir, Ihnen das
alles zu erzählen.

Rack: Da brauchen Sie nichts zu besorgen. Ihre Freundin
scheint mir nicht von Sentimentalitäten angekränkelt zu
sein. Sie wird es nicht übelnehmen, daß ich von Ihrem
Verhältnis weiß.

Walter: Wo sie doch aber eine verheiratete Frau ist –

Rack: Macht das einen Unterschied? Mein Lieber, die
Eheschließung zwischen aufgeklärten Menschen bedeutet nichts weiter als die Signatur: Laßt uns zufrieden! –

Sollte ich mich jemals zum Heiraten entschließen, so ge-
schähe es nur, um einer Frau, die ich für wertvoll hielte,
die Möglichkeit zu geben, frei von Polizeischikanen so
zu leben, wie es ihr paßt.

Walter: Mir sind diese Auffassungen natürlich ganz neu,
aber ich finde sie so bestechend, daß ich beinahe Angst
davor habe, sie zu übernehmen.

Rack: Ich habe mit guter Absicht bisher immer eine
Erörterung dieses Themas mit Ihnen vermieden. Sie
sagten mir einmal, daß Sie noch nie eine Frau berührt
hätten. Da dachte ich, es sei besser, Sie würden von
Ihrem Kinderstubenwahn durch die Praxis kuriert als
durch plumpe Überredung. Eine gesunde sexuelle Aufklärung erfolgt weder durch elterliche Belehrungen,
noch durch pädagogische Schulbankkniffe, sondern
durch das andere Geschlecht.

Walter: Ich bin seit gestern ein ganz neuer Mensch.

Rack: Sie haben allerdings ein beneidenswertes Glück,
gleich an eine so feine, gescheite und erfahrene Frau zu
kommen.

Walter: Ob aber nicht Herr Vogel, wenn er es erführe, in
große Wut geriete?

Rack: Sehen Sie doch keine Gespenster. Vogel kenne ich.
Der ist bei all seiner Gemütlichkeit kein Philister. Daß
er seine jetzige Frau seinerzeit geheiratet hat, war ein
Akt der Courtoisie. Er kannte sie noch gar nicht, aber
um sie gegen die Bedrohungen ihrer empörten Familie
zu schützen, mußte man ihrem Kinde einen legitimen
Vater geben.

Walter: Aber nun lebt er doch schon so lange mit ihr zusammen. Wer weiß, ob er nicht eifersüchtig ist oder
doch feste, sittliche Anforderungen an sie stellt?

Rack: Bestimmt nicht. Der Mann hat sehr vernünftige
Ansichten. Ich habe früher oft mit ihm über Liebe,
Treue und Moral, und was in das Gebiet gehört, gesprochen. Der teilt meine Meinung vollständig, daß eroti-
sche Dinge gar nicht vom Standpunkt der Sittlichkeit

aus beurteilt werden können. Unsittlich kann nur sein, was die Sozietät gefährdet, niemals was zwei Menschen untereinander treiben. Die Puritaner – und dazu rechne ich alle Leute, die überhaupt eine feste Sexualmoral verfechten – überschätzen die geschlechtlichen Äußerungen einer Beziehung ganz maßlos. Die physische Intimität ist wirklich nur ein beinahe gleichgültiger Ausdruck von Liebe, und es sind recht undifferenzierte Menschen, die sich die Treue mit dem Monopol der körperlichen Gemeinschaft sichern wollen.

Walter: Es ist ganz merkwürdig, wie mich Ihre Worte beruhigen. Ich habe jetzt ein ähnliches Gefühl der Befreiung wie damals, als mir die Zweifel über Gott ganz plötzlich fielen, und als ich einsah, daß ich mir die Frage nach der Existenz Gottes nur immer falsch gestellt hatte; daß es sich nicht darum handelt, ob der Kindergott existiert oder nicht, sondern darum, welche Einflüsse und Gefühle mit Gott zu bezeichnen sind. – Damals konnte ich auf einmal Dinge malen, die ich früher niemals fertiggebracht hätte.

Rack: Und jetzt meinen Sie, werden Ihre neuen Erkenntnisse auch gute Wirkungen auf Ihre Kunst ausüben?

Walter: Das glaube ich sicher. Vielleicht gelingt es mir nun auch, wo mein Erleben durch meine Liebe und durch mein neues Schauen so erweitert ist, die Vorwürfe zu widerlegen, die immer gegen meine Arbeiten erhoben werden.

Rack: Was für Vorwürfe?

Walter: Ich kann zeichnen oder malen, was ich will, immer heißt es, es sei alles von Eduard Munch beeinflußt.

Rack: Das ist das Schicksal aller Jüngeren. Haben Sie über irgend etwas, was ich veröffentlicht habe, schon einmal eine Kritik gelesen, die nicht behauptet, ich sei ein Epigone von Wladimir Frank? Sehen Sie, hier habe ich die Korrekturen von einem neuen Stück. »Die Freivermählten« heißt es. – Ich muß gleich damit zur Drukkerei. (Sieht nach der Uhr.) Verdammt, es ist schon ½11! Ein polemisches Schauspiel, in dem die Probleme freie Liebe, freie Ehe, Treue und Eifersucht untersucht werden. Keinem Kritiker wird es einfallen, die scharfen Unterschiede zu bemerken, die mich in Denktechnik und Diktion und besonders in der prinzipiellen Stellung zum Weltgeschehen von Wladimir Frank trennen. Der Umstand allein, daß er Themata behandelt hat, die ganz äußerlich meinen Problemen ähnlich sehen und daß er 15 Jahre älter ist als ich, wird ihnen allen genügen, mein Stück als sklavisch beeinflußt und gänzlich uneigen beiseite zu legen. Wäre ich nicht ein so begeisterter Verehrer der Kunst Wladimir Franks, mich könnte die Wut packen. Und besonders widerlich ist mir die Überzeugung, daß er, dessen Können ich hoch über meines werte, wäre er zufällig der jüngere, genauso als mein Epigone verschrieen würde wie ich nun als seiner. –

Nein, daß man Ihre Bilder nicht als originell gelten läßt, das nehmen Sie nicht tragisch! Das Vergleichen mit verwandten Temperamenten ist eine Bequemlichkeit der Kritiker. Es schafft ihnen einleuchtende Gründe zur Ablehnung eines Werkes. Die eigenen neuen Werte eines Künstlers zu finden ist schwierig und kann Blamagen eintragen. – Aber ich muß schleunigst mit den Korrekturen fort. –

Walter: Darf ich Sie begleiten?

Rack: Tun Sie mir einen Gefallen. Ich erwarte Besuch. Frau Sellmann wollte heute vormittag zu mir kommen. Möchten Sie hier bleiben und sie bis zu meiner Rückkunft festhalten?

Walter: Aber gewiß, sehr gern, Herr Rack.

Rack: Suchen Sie sich inzwischen ein Buch aus dem Bord heraus und lesen Sie, was Sie interessiert. In einer halben Stunde bin ich wieder da. – Adieu, solange.

Walter: Auf Wiedersehen. (Rack ab.)

(Walter geht ans Bücherbord, greift verschiedene Bücher

nacheinander heraus und stellt sie wieder an ihren Platz. Endlich behält er ein Buch in der Hand. Liest):

»Camillo Rack. Der Sumpf. Neue Gedichte.« (Blättert auf und liest:)

>>Resignation«
Alles habe ich gekostet:
Liebe, Kampf und süßen Wein –
Doch nun ist mein Beil verrostet
Und haut nirgends mehr darein.
Und am Boden liegt zerschlagen
Meines guten Trunks Pokal;
Und der Liebsten Augen sagen:
Lieber Freund, es war einmal …
Dank euch, freundliche Symbole:
Ihr gebart mir dies Gedicht.
– Aber zu der Schießpistole
Greife ich noch lange nicht.

(Walter sieht nachdenklich auf die Zeilen und stellt das Buch zurück …)

1909

Mein Herr und Schöpfer, groß und klug!
Weh, du begingst ein schwer Versehn!
Bist du allmächtig nicht genug,
das Rad der Zeit zurückzudrehn?

Ein Mißverständnis dein Geheiß,
ein Götterwahn verhängnisvoll,
daß ich in diesem Daseinskreis
mit aller Welt spazieren soll.

In deinem Festspiel Säkulum,
wo nichts die Szenenfolge stört,

läuft eine Spottfigur herum,
die in ein andres Stück gehört.

Wo ist der Bühne Ausgangstür?
Das Leben stößt mich her und hin.
Was kann ich armer Mensch dafür,
daß ich ein Irrtum Gottes bin?

Aus: Wolken, 1909–13

Lumpenlied

Kein Schlips am Hals, kein Geld im Sack.
Wir sind ein schäbiges Lumpenpack,
auf das der Bürger speit.
Der Bürger blank von Stiebellack,
mit Ordenszacken auf dem Frack,
der Bürger mit dem Chapeau claque,
fromm und voll Redlichkeit.

Der Bürger speit und hat auch recht.
Er hat Geschmeide gold und echt. –
Wir haben Schnaps im Bauch.
Wer Schnaps im Bauch hat, ist bezecht,
und wer bezecht ist, der erfrecht
zu Dingen sich, die jener schlecht
und niedrig findet auch.

Der Bürger kann gesittet sein,
er lernte Bibel und Latein. –
Wir lernen nur den Neid.
Wer Porter trinkt und Schampus-Wein,
lustwandelt fein im Sonnenschein,
der bürstet sich, wenn unserein
ihn anrührt mit dem Kleid.

Wo hat der Bürger alles her:
den Geldsack und das Schießgewehr?
Er stiehlt es grad wie wir.
Bloß macht man uns das Stehlen schwer.
Doch er kriegt mehr als sein Begehr.
Er schröpft dazu die Taschen leer
von allem Arbeitstier.

Oh, wär' ich doch ein reicher Mann,
der ohne Mühe stehlen kann,
gepriesen und geehrt.
Träf ich euch auf der Straße dann,
ihr Strohkumpane, Fritz, Johann,
ihr Lumpenvolk, ich spie euch an. –
Das seid ihr Hunde wert!

Aus: Wolken, 1909–13

OSKAR MARIA GRAF

Wir traten in der Sendlinger Straße in ein Wirtshaus, das
»Gambrinus« hieß, tappten durch einen dunklen Durch-
gang an eine Türe. Der Buchbinder ging voraus und öffnete. Ich folgte ein wenig zitternd. Wir befanden uns in
einem rauchigen, schmutzigen Saal, der kalt und ungemüt-
lich aussah. Zirka fünfundzwanzig Leute saßen um die Tische, tranken Bier, sprachen allerhand und rauchten. Wir
wurden kaum beachtet. Der Schweizer ging an einen Tisch,
redete mit einem bebrillten, zottelhaarigen Mann und
stellte mich ihm vor. Schließlich, als der Mann mich anlä-
chelte und mir die Hand drückte, lächelte ich auch. Etliche
Männer, die gerade da saßen, musterten mich, und dann
setzten wir uns hin. An einem Tisch fiel öfters das Wort
»Expropriation« oder »Generalstreik«. Dann stand ein
Mann mit birnenförmigem Gesicht auf, und es wurde ruhi-

ger. Der Mann dankte uns allen, daß wir so zahlreich erschienen seien, und setzte sich wieder. Eine Pause entstand.

Ich war noch immer unklar und gespannter als vorher, denn ich erwartete das richtig Anarchistische erst.

Ja, sagte ich mir, schlau, schlau sind sie. Ganz harmlos sitzen sie im Wirtssaal, und auf einmal werden sie irgendeine Bodenluke aufmachen, und – nichts wie hinunter in den finsteren Verschwörerkeller. Indessen, nichts davon ereignete sich.

»Sprichst du was, Mühsam?« sagte ein Arbeiter zu dem Mann, dem ich vorhin vorgestellt worden war. Andere wieder redeten gleichgültig über dies und das. Man diskutierte über die Sozialdemokratie, über die Polizeispitzel, erzählte Verhaftungsgeschichten, und dann redete Mühsam kurz über die Ziele des »Sozialistischen Bundes«.

Aus: Wir sind Gefangene

ERNST NIEKISCH*

Unvergeßlich bleibt mir ein Bild, das mir eines Tages in der Prannerstraße vor Augen kam. Zwei Männer gingen an mir vorbei, die meine Aufmerksamkeit auf sich zogen. Der eine war hager und etwa zwei Meter groß. Lang wallten tiefschwarze Haare über seinem Nacken, ein merkwürdiges altmodisches rundes Hütchen saß auf dem Kopf. Dieser Kopf war groß, das Gesicht blaß und lang, es war von einem großen, tiefschwarzen Vollbart umrahmt. Ein verschossener uralter Havelock hing an seiner dürren Gestalt.

Neben ihm ging beweglich und zapplig ein kleiner schmächtiger Mann mit rötlichem Spitzbart, ebenso altvä-

* Mitglied der SPD, führend beteiligt an der ersten Räterepublik, Vorsitzender des Münchner Zentralrates

terlich und schlecht angezogen wie sein Begleiter. Die beiden Männer waren Gustav Landauer und Erich Mühsam.

Landauers Freund Erich Mühsam gehörte zu den bekanntesten Gestalten Schwabings. Er hatte geistreiche Gedichte gemacht, gab eine anarchistische Zeitschrift heraus und amüsierte durch seine witzigen Bonmots die Gesellschaften, die sich an den Stammtischen verschiedener Literatencafés zusammenfanden. Seine Reden peitschten auf.
Wunderbar war die Opferwilligkeit, die er an den Tag legte. Er hatte eine Vorliebe für Vorbestrafte, hielt sie nicht für schlecht, sondern nur für Opfer der Gesellschaft. Nie hatte er Geld, aber er verschenkte das letzte, was er besaß. Das jüdische Volk bringt zuweilen moralische Persönlichkeiten von höchstem Range hervor. Dem Typus solcher Persönlichkeiten gehörten sowohl Landauer wie Mühsam an.

Aus: Gewagtes Leben

HEINRICH MANN

Hitler im »Stefanie«

Das Literaturcafé mußte es sein. Er hat, ein träges Untalent, seine Leiblichkeit gescheuert an den Intellektuellen, die er beneidete, haßte, die er nachher umbrachte.
Keine Fremden: eben die Gäste derselben Tische, zwischen denen hindurch er nach dem Telephone gestolpert war, zu unsicher, um sich bei ihnen niederzulassen, die tötete er. Ein noch gräßlicherer Anblick verfolgt mich nicht als das Bild des toten Erich Mühsam – Stammgast im Stefanie.

Aus: Ein Zeitalter wird besichtigt

Mein Gefängnis

Auf dem Meere tanzt die Welle
nach der Freiheit Windmusik.
Raum zum Tanz hat meine Zelle
siebzehn Meter im Kubik.

Aus den blauen Himmeln zittert
Sehnsucht, die die Herzen stillt.
Meine Luke ist vergittert
und ihr dickes Glas gerillt.

Liebe tupft mit bleichen leisen
Fingern an ein Bett ihr Mal.
Meine Pforte ist aus Eisen,
meine Pritsche hart und schmal.

Tausend Rätsel, tausend Fragen
machen manchen Menschen dumm.
Ich hab eine nur zu tragen:
Warum sitz ich hier? Warum?

Hinterm Auge wohnt die Träne,
und sie weint zu ihrer Zeit.
Eingesperrt sind meine Pläne
namens der Gerechtigkeit.

Wie ein Flaggstock sind Entwürfe,
den ein Wind vom Dache warf.
Denn man meint oft, daß man dürfe,
was man schließlich doch nicht darf.

Aus: Wolken, 1909–13

Wer fragt nach mir, wenn ich gestorben bin?
Der trübe Tag nahm meine Jugend hin.

Der Abend kam zu früh. Der Regen rann.
Das Glück glitt mir vorbei – mir fremdem Mann.

Mein armes Herz ist seiner Leiden satt.
Bald kommt die Nacht, die keine Sterne hat.

Aus: Wolken, 1909–13

An Maximilian Harden   *München 4/XII. 1910*
Sehr verehrter Herr Harden,   *Akademiestr. 9*

*es ist mir Bedürfnis, Ihnen noch einmal für die Liebenswürdigkeit
zu danken, die Sie meinen Protest und meine Gedichte drucken
ließ. Es zeigen sich schon jetzt für mich sehr erfreuliche Folgen:
Redaktionen und Verleger beginnen mich zu suchen, und der
Bann, der das letzte Jahr über meinem Schaffen lag, scheint ge-
brochen.*
Vielen herzlichen Dank!
Ich begrüße Sie in vorzüglicher Hochachtung.
Ihr ergebener   *Erich Mühsam*

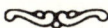

Humor

Ich übersandte einmal einem bekannten deutschen Witz-
blatt folgenden Beitrag:

Auch ein Grund

A. Warum kommen Sie denn gar nicht mehr in den
»Schwan« an unseren Stammtisch? –

B. Meine Olle erlaubt's nicht.
– Darauf erhielt ich folgenden handschriftlichen Brief:
»Sehr geehrter Herr!
Den uns freundlichst eingesandten Scherz müssen wir
Ihnen zu unserem Bedauern zurückgeben, da er sich für
unser Blatt nicht eignet. Wir würden uns jedoch sehr
freuen, wenn Sie uns bald wieder einen Beitrag aus Ihrer
geschätzten Feder zukommen ließen.

Mit vorzüglicher Hochachtung!
Die Redaktion*

Kain, 1911

An die Leser des »Kain«

Diese Zeitschrift ist ganz ohne Kapital gegründet worden,
nicht aus prinzipiellen Gründen, sondern weil kein Kapital
da war.

1911

So wird es aussehen, wenn eure lotterhafte Geschäftspolitik
den Krieg nicht zu verhindern gewußt hat, wenn ihr in
eurer sträflichen Angst vor dem Vorwurf der Vaterlandslo-
sigkeit euch zu keinen kräftigeren Entschlüssen aufraffen
könnt, aber zu leeren, phrasenklingenden Resolutionen, in
denen ihr den Krieg, wie weiland Homer, »männermör-

---

* Mühsams Hoffnungen auf ein Ende des Zeitschriftenboykotts erfüllten
sich nur wenig. Mit der Gründung seiner Einmannzeitschrift forderte er
kühn und ohne Kapital die Bourgeoisie in die Schranken. – Hier glossiert
er Gepflogenheiten bürgerlicher Blätter.

dend« nennt und erwartet, daß insbesondere die deutsche Arbeiterklasse jedes Mittel anwendet, um einen Weltkrieg zu verhindern, von dem einzig möglichen Mittel aber wollt ihr nichts wissen.

*

... Der Unterschied ist nur der, daß ehemals der Arbeiter als Sklave nur einem einzigen Herrn gehörte; jetzt gehört er dem ganzen Stande der Herren, den man das Unternehmertum nennt.

Kain, 1911

Politisches Variété

Politik ist die Kunst, Staatsgeschäfte zu besorgen. Kunst nicht im Sinne der werteschaffenden Kultur, sondern im Sinne der Artistik: denn in der Politik handelt es sich um Jonglieren, Balanzieren, Seiltanzen, Sprüngemachen. Politik also ist das Kunststück, Staatsgeschäfte zu besorgen.
Die Berufsartisten dieser Spezies der Leichtathletik nennt man Diplomaten. Ihre Fertigkeit ist Begriffsverrenkung, Rechtsverdrehung, Verschwindenlassen offenkundiger Tatsachen und Herbeizaubern von Irrealitäten. Wer es im Durcheinanderwerfen scheinlogischer Seifenblasen zu besonderer Geschicklichkeit gebracht hat, wird von den Staatsbürgern als Staatsmann hoch gepriesen und erhält von seiner Direktion edelsteingeschmückte Orden.
Die Stars der Diplomatie scheinen seit geraumer Zeit ausgestorben zu sein. Die das Handwerk heutzutage betreiben, beweisen in ihren Vorführungen soviel Ungeschick, daß das zahlende Publikum ihnen nachgerade hinter die Schliche kommt. Man fängt an, die Hexerei zu bezweifeln, da den Hexenmeistern die Geschwindigkeit abhanden gekom-

men ist. Dilettanten drängen sich an den Zauberkasten, den Zuschauern gefällt die Gaukelei nicht mehr, sie wollen mitspielen und zeigen, wie man die Sache besser machen kann. Der geheimnisvolle Staatskarren hat die Gardinen zu weit zurückgeschoben. Die Zauberutensilien sind erkannt worden. Hinz und Kunz wollen selber zu jonglieren versuchen. Man mußte den Wagen rot lackieren und aufs Firmenschild »Demokratie« malen.

Hinz und Kunz haben ihren Willen erreicht. Die Staatskunst ist auf die Dörfer gegangen. Die Markte und Flecken wählen ihre Faxenmacher selbst und sehen befriedigt zu, wie die Auserwählten ihre teuren Porzellanteller auf der Nase balanzieren, fallen lassen und entzweischmeißen. Hinter der Bühne ist man bemüht, die Scherben zu kitten, damit das Variété weiter spielen kann.

Ein wenig Kritik hat das pro tempore zahlende Publikum allmählich gelernt. Darauf ist es aber noch nicht gekommen, daß die Teller und Glaskugeln, mit denen im politischen Bumstheater gearbeitet wird, seine Rechte und Interessen sind, daß der Gaul, auf dem die Diplomatie hohe Schule reitet, sein Buckel, und das Seil, auf dem Politik getanzt wird, sein Lebensnerv ist. Es schaut gemächlich zu, wie die Staatsartisten der verschiedenen Länder um seine Knochen würfeln, und findet gar nichts dabei, daß zur Austragung ihrer Katzbalgereien sein Blut gezapft wird.

Der politische Hokuspokus ist ein verdammt gefährliches Handwerk, nicht für die, die es treiben, sondern für die, mit denen es getrieben wird: und das Objekt der Politik sind die Völker, sind die Nationen im Rahmen der von den Diplomaten gezogenen Landesgrenzen.

Alle politische Aktion gilt der Übertölpelung, Überschreiung, Übervorteilung des nationalen Konkurrenz-Variétés.

Treten Sie ein, meine Herrschaften! Hier ist zu sehen der zweiundvierzig Jahre alte Wundervogel Deutschland! Das Fabelhafteste in seiner Art! Reicht mit ausgespannten Fittichen von der Maas bis an die Memel, und vom Kopf zu

den Krallen von der Etsch bis an den Belt! Noch nicht dagewesen! Schlägt jede Konkurrenz! Balanziert in einer
Klaue das stärkste aller stehenden Heere, mit Reservisten
und Landwehr vier Millionen Mann! Dazu eine Riesen-
Schlachtflotte: Panzer, Kreuzer, Torpedos und alles Zube-
hör! Kolossal! – In der andern Ihre Steuern, meine Verehrten! Ihre Abgaben an Nahrungs- und Genußmitteln, an
Beleuchtung, Heizung, Kleidung, Vergnügen und einen
kolossalen Bruchteil aller Ihrer Einnahmen! Schwingt
gleichzeitig im Schnabel eine noch nie gesehene enorme
neue Wehrvorlage nebst eben erfundener Steuerdeckung!
Kommen Sie näher, meine Herrschaften! Einzig daste-
hend! Kinder und Militär ohne Charge zahlen die
Hälfte!
Und nebenan:
Kikeriki! Entrez ’sieurs-dames! Hier ist zu sehen der berühmte, konkurrenzlose, wunderbare gallische Hahn! Der,
wo die Franzosen das Fliegen gelehrt hat! Er verfügt über
die stärkste Luftflotte der Welt! Er beherrscht die ruhmreiche, unbesiegbare gewaltige grrrrande armee! Er wird fliegen vor Ihren Augen à Berlin! Er wird anführen la
grrrande Nation und wird zerstören von oben herunter mit
Bomben und Granaten die Konkurrenz prussienne! Vive la
république française! Entrez ’sieurs-dames! Kikeriki!
Das pro tempore Publikum östlich und westlich der Vogesen sperrt Mäuler und Ohren auf, schreit bravo! und zahlt.
Zahlt, daß ihm das Blut aus den Poren schwitzt, zahlt, daß
es über dem Geldklimpern nicht hört, wie sich hinter den
Kulissen der politischen Variétés östlich und westlich der
Vogesen die Artisten untereinander prügeln.
In jeder Bude haben sich Parteien gebildet. Die wissen
schon kaum mehr, daß sie das Dach des Nachbars in
Brand stecken wollen, die möchten nur noch, jeder dem
anderen, die Kosten aufladen.
Und die Harlekine und Clowns, die Akrobaten und Salon-
humoristen überbrüllen einander und schreien ins Publikum hinein: Wählt! Ich bin der wahre Jakob! Wer mich

wählt, soll gar nichts zahlen! Ich will nicht dich besteuern, lieber Wähler, sondern deinen Freund, deinen Nächsten, deinen Gutsherrn, deinen Taglöhner, deine Waschfrau, deinen Gastwirt, aber beileibe nicht dich! Und der Wähler hört's, ist ergriffen von der Weisheit seines Kandidaten und macht von seinem Recht Gebrauch – östlich der Vogesen und westlich.

Möchtet ihr nicht die politischen Gauklerbuden abbrechen, liebe Mitmenschen? Möchtet ihr nicht einsehen, daß euer Land da ist, wo ihr lebt und gedeiht, und nicht da, wo Bismarck Grenzlatten gebaut hat? Möchtet ihr nicht versuchen, für den Ertrag eurer Arbeit zu leben, statt damit Armeen zu füttern? Möchtet ihr nicht Verständigung anstreben zwischen euch und friedliche Gemeinschaft, statt für Kampf und Krieg Marktschreier zu dingen? Möchtet ihr nicht, liebe Mitmenschen, westlich und östlich der Vogesen, diesseits und jenseits der Meere, euch gegenseitig anschauen und euch fragen, ob ihr dazu Menschen seid, um allezeit als Statisten in einem Affentheater zu wirken? Möchtet ihr nicht, jeder bei sich selbst, einmal Umschau halten, ob denn im eigenen Lande alles im Rechten ist, statt euch gegenseitig anzufletschen und Böses zu tun?

Weit, weit im asiatischen Osten haben sich, fast unbemerkt, im Getöse des politischen Varieté-Krakehls seltsame Wandlungen vollzogen. Über Nacht, möchte man sagen, hat die mächtige Mandschu-Dynastie aufgehört zu sein. Ein Riesenvolk hat Ordnung geschafft im eigenen Lande. Die Aufteilung Chinas, die unsere Lehrer uns mit prophetischem Blick vorausgesagt haben, vollzieht sich: nur anders, als unsere Lehrer sie sich vorstellten. China wird aufgeteilt unter den Chinesen. – Aber das ist weit, weit von hier, im asiatischen Osten. Wir werden ins Kino-Varieté gehen und uns den Film aufrollen lassen.

Aus: Kain, 1912

An die Soldaten

Sauft, Soldaten!
Daß das Blut
heißer durch die Adern rinnt.
Saufen macht zum Sterben Mut.
Sauft! Die Zeit der Heldentaten
fordert saftige Teufelsbraten.
Sauft! Der heilige Krieg beginnt.

Sauft und betet!
Gott erhört
liebevoll der Gläubigen Ruf.
Wünscht, daß er den Feind zerstört!
Wenn ihr über Leichen tretet,
dankt dem Herrn, zu dem ihr flehtet,
daß er euch zu Mördern schuf.

Feindeskissen
bettet weich.
Wo des Feindes Witwe weint,
ist des Siegers Himmelreich.
Fremde Weiber – Leckerbissen –
Schnaps, Gebet und kein Gewissen –.
Krieg ist Krieg, und Feind ist Feind!

Tapfrer Krieger,
der vergißt,
daß ein Herz im Leibe schlägt,
daß er Mensch gewesen ist,
eh er Kämpfer war und Sieger.
Edler Held, der gleich dem Tiger
blutige Beute heimwärts trägt!

Heldenscharen,
kehrt ihr heim,
fielt ihr nicht von Feindeshand.

In der Brust den Todeskeim,
Krüppel mit gebleichten Haaren,
sucht, wo eure Stätten waren,
im zerwühlten Vaterland.

Qual und Lasten
sind der Dank.
Weib und Kind in bittrer Not.
Euer Heldentum versank.
Darben lernt ihr nun und fasten.
Bettelnd mit dem Leierkasten
winselt ihr ums Gnadenbrot.

1912

Von den Studenten nicht zu reden, die, von Herweghs und
Freiligraths Liedern getragen, ihr Blut für Bürgerideale
aufs Pflaster gossen. Heute sitzen sie mit myopischem Blin-
zeln und verkniffenen Lippen in philologischen Seminaren
und extrahieren aus strömenden Dichterworten grammati-
kalische Finessen. Was unserer Jugend fehlt und bitter not-
tut, ist das Pathos der Begeisterung.

*

(Bei Gelegenheit der »Titanic«-Katastrophe:)
... dem gefühlvollen Zeitungsleser aber sei nahegelegt,
seine Tränendrüsen zu schonen. Seine Trauer um die
1 600 Toten kann so groß nicht sein, da er jeden Tag bereit
ist, für die »Ehre der Nation« einem Krieg zuzustimmen,
der, was er vorher ausrechnen kann, das Hundertfache* an

* Daß der kommende Krieg weit mehr als das Tausendfache an Menschenleben kosten würde, habe ich zwei Jahre vor seinem Ausbruch allerdings nicht voraussehen können. (E. M. 1919)

Menschenleben kosten kann. Werfen wir der Natur nicht ihre Eisberge vor, solange wir Menschen ihr mit unseren Mordwaffen den Rang ablaufen.

*

... Geht es aber los, das wissen wir alle, dann wird es ein Weltkrieg, wie er fürchterlicher noch niemals gebrannt hat. Denn Österreich hat nicht gegen die Serben zu kämpfen, sondern gegen die Russen. Für Deutschland und Frankreich werden die Bündnisverpflichtungen akut, und weil ein paar Wiener Bankiers den Serben ihren »Korridor« zum Meer, den Sandschak-Novibazar, nicht glauben gönnen zu dürfen, werden in ganz Europa, im Westen und Osten, alle Ungeheuer der Kriegswissenschaft lebendig, namenloses Elend erfaßt alle Völker, Leben und Werte werden zerstört, Familien, Dörfer, Städte und Provinzen gesprengt und Kultur und Gesittung, wo sich ihre knospenden Anlagen finden mögen, entwurzelt und ausgerodet.

*

Deutschland hat die erfolgreichste sozialdemokratischste Partei – vierundeineviertel Million internationaler Revolutionäre, vertreten durch einhundertzehn zähnefletschernde Mandatare: Der deutsche Soldat ist der verläßlichste, den es gibt, in seine Seele ist noch kein zweifelnder Gedanke eingezogen; wenn der Kaiser eines Tages den beliebten »Ernstfall« erlebt, dann kann er sich auf vierundeineviertel Million sozialdemokratischer Wähler, repräsentiert durch einhundertundzehn Abgeordnete, verlassen.

Aus: Kain, 1912

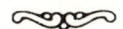

Der freie Horst

»Max und Moritz« nennen sich die Verfasser. Es ist ungewiß, ob sie ihre »burleske Satire« für so geistreich hielten, daß sie ihr Pseudonym von einem der größten Humoristen glaubten entlehnen zu dürfen, oder ob sie überhaupt nach einem Pseudonym griffen, weil sie sich scheuten, ihre Talentlosigkeitsprobe mit den eigenen Namen zu decken. Gewiß ist nur, daß der Neue Verein, Münchens Renommier-Institut zur Förderung künstlerischer Werke, sich nicht scheute, seinen guten Namen für die Vermittlung des öden und widerlichen Schwanks herzugeben; daß er seine Faschingslaune durch Aufführung des »Freien Horsts« betätigte. Hätte der Neue Verein den Karneval lieber durch die Einstudierung einer ältesten Posse von Blumenthal und Kadelburg begangen, so hätte er sich mehr Dank erworben.

Die Einfälle der Herren Max und Moritz sind weder besser noch jünger, als wir es von dort her gewöhnt sind; und ihr Witz erschöpft sich in abgeschmackten Anspielungen. Nennt man aber heutzutage eine derartige schwankhafte Steißgeburt »burleske Satire«, dann ist das künstlerische Gewissen der geeichten Literaturwächter beruhigt, die sich gewöhnlich vor jedem wirklich amüsanten Ulk bekreuzigen. Wenigstens hatte das Publikum Humor genug, den Schund nicht einmal auszuzischen. Es entfernte sich lautlos von der Unglücksstelle.

Aus: Schaubühne, 1913

Die berühmtesten Ereignisse in der Kegelgesellschaft, die bei ihrer Begründung im Jahre 1889 den finsteren Namen »Unterströmung« erhalten hatte, habe ich nicht mehr miterlebt. Doch lebte die Sage davon fort, wie Halbe Wedekind geohrfeigt, dem ihm beispringenden Freund ebenfalls

eine runtergehauen hatte und Frank Wedekind dem bril-
lanten Sekundanten zurief: »Er hat dich geschlagen − du
mußt ihn fordern!«

Aus: Unpolitische Erinnerungen, 1927−29

Aus

Bierulk mit
Bedeutung

...Wir beschäftigten uns mit der gründlichen Reform des
ganzen Theaterwesens, führten aus heiler Haut Stücke mit
zwei oder drei Mitwirkenden auf, die nur zwei Minuten
Zeit erhielten, sich über Inhalt und Verlauf des Dramas zu
verständigen, dessen Thema ihnen vorgeschrieben wurde,
und die in fünf Minuten Spielzeit bis zum glücklichen oder
katastrophalen Abschluß ihrer Aufführung gekommen sein
mußten. Beispiel: »Entschuldigen Sie, ich habe Ihre Braut
verführt.« Oder wir stellten uns die Aufgabe, einen Satz
oder ein einziges Wort zu sprechen, und zwar in einer Betonung und mit einem Ausdruck, daß jeder Teilnehmer ein
völlig andres Geschehen damit zur Erscheinung brächte.
So mußte jeder mit dem Wort »Drillinge« auf der Bildflä-
che erscheinen, wobei wir mit dem Klange der Verzweiflung, des Hohnes, des überströmenden Jubels, der Resigna-
tion oder der beamtenstrengen Sachlichkeit dieses eine
Wort zum Inhalt einer Fülle verschiedener Dramen machten. Einmal wurde ein Dramentitel zur Aufgabe gestellt;
der beste sollte dadurch preisgekrönt werden, daß drei besonders bestimmte Mitglieder das Drama dazu schreiben
sollten. Der Preis fiel auf den Titel »Im Nachthemd durchs
Leben«. Das Werk ist in zwei alkoholdurchseelten Nächten
geschrieben worden, es liegt in einer schönen bibliophilen
Ausgabe auf echtem Van-Gelder-Bütten gedruckt vor,

wurde bei einem Faschingsfest mit von ersten Künstlern (Weisgerber, Unold, Krautheimer) geschnitzten Figuren auf dem Kasperltheater des Bunten Vogels, der »Freien Holzbühne«, aufgeführt und brachte so viel ein, daß nicht nur der Druck bezahlt werden konnte, sondern noch eine gewaltige Pfirsichbowle für den Verein süddeutscher Bühnenkünstler übrigblieb.

Wir tagten oder nächtigten in einem Kellerlokal unter einem Speicherhause, wo der größte Krach keine Nachbarn und keine Polizeistreifen aufmerksam werden ließ, und wahrhaftig, an Spektakel hat es nicht gefehlt. Wir rekonstruierten aus dem Gedächtnis Schillers Tell, wobei wir das Gebirge aus Mobiliar hochtürmten und sowohl den Apfel- wie den Geßlerschuß Tells, damit die Armbrust auch gehört werde, mit dem Schmeißen von Knallerbsen begleiteten.

Aus: Unpolitische Erinnerungen, 1927–29

Mizzi

Schon fünfzehn Jahre, Aphrodite,
Hab ick mir Deinen Dienst jeweiht,
Und meiner Jugend feuchte Blüte
Hab ick den Männern hinjestreut.
Und wer sich je zu mir bemühte,
Fand mich zum Liebestanz bereit.
Du weißt es ja, die Jugend liebt sich:
Ick nahm nie mehr als zwei Mark siebzig.

Ick diente emsig und jeschäftig
Und fand nie etwas Peinliches,
Und bin ick heut noch immer kräftig,
Dir, Aphrodite, dank ich es.
Doch nie war der Verkehr so heftig

Wie jetzt beim Sittlichkeitskongreß.
O Aphrodite, sieh, es macht sich.
Ick nehme jetzt schon zwei Mark achtzig.

Aus: Im Nachthemd durchs Leben, 1914

Aus

Glaube, Liebe, Hoffnung

Eine Laufbahn in 3 Aufzügen

(II. Aufzug)

Der rechten Seite der Bühne quer vorgelagert ein einstök-
kiges Haus. Über den Fenstern des Stockwerkes steht mit
großen Buchstaben: »Zur Hoffnung«. Darunter ein einfa-
ches blaues Kreuz. Unter den Fenstern steht rechts über
einer Tür: »Christliches Mädchenheim«, links über einer
anderen Tür: »Herberge zur Heimat«. Die Türen sind
durch einen Staketenzaun voneinander getrennt, der über
die ganze Bühne reicht. Vor dem Zaun führt die Landstraße vorbei, in die das Haus »Zur Hoffnung« weit hinein-
reicht, so daß die erst ziemlich breite Straße davor ganz
schmal vorbeiläuft. Unter dem Fenster der Herberge, also
vor dem Zaun, steht ein kleiner Tisch mit Steinbank. Der
Zaun hat in der Mitte eine hölzerne Pforte, die von der
Straße in den Park des Grundstückes führt. Ein Weg führt
von dort direkt hinter dem Zaun entlang zum Mädchenheim, ein anderer geradeaus in den Hintergrund, der eine
kleine Bergterrasse bildet und nach links und nach rechts
Ausgänge hat. Der Garten ist mit Bäumen, Blumenbeeten
und Rasenflächen bestanden. Hier und da Bänke.
Auf der Steinbank vor dem Zaun sitzt der ehemalige Pfar-
rer *Konrad Sturz*, jetzt Hausvater der Herberge und des
Mädchenheims, in geblümtem Schlafrock, grünen Pantof-

feln, mit Samtkäppchen und langer Pfeife. Vor ihm steht der *Invalide Möller*, 70 Jahre alt, hinkt, hat weißen, herunterhängenden Schnauzbart, rings ums Gesicht dicke Bartwurzeln, schäbige Manchesterhose, darüber einen gänzlich zertragenen schwarzen Rock, dem mehrere Denkmünzen vorgesteckt sind. In einer Hand hält er eine Schirmmütze, in der anderen einen Stock.

Sturz: Sie möchten also ein paar Tage bei uns in der Herberge bleiben?

Möller: Ja, das möcht ich – Geld hab ich aber keinen Groschen, Vater.

Sturz: So? – Ja, das Bett kostet hier dreißig Pfennige die Nacht. Dann müssen Sie eben unten an der Diele schlafen.

Möller: Das muß ich denn wohl mit meine siebzig Jahre. – Schön, schön – schlafen wir also wieder mal an der Diele.

Sturz: Na, Alter! Vielleicht finden wir die drei Groschen schon noch.

Möller: Bitten tu ich nich! Ne, Sie! Da kennen Sie den ollen Möller schlecht, Vater! Was ich krieg, das nehm ich – aber bitten tu ich nich!

Sturz: Brauchen Sie auch nicht, Möller. Das zahl ich aus meiner Tasche. Zu essen sollen Sie auch haben.

Möller: Dann is gut. Das nehm ich an.

Sturz: Sie sollen sich schon ganz wohl fühlen hier. Das ist ein christliches Haus.

Möller: Christlich? Ach, gehen Sie mir los mit christlich! Christlich hin, christlich her! Da hab ich schlechte Erfahrungen mit gemacht. Ich bin ein alter Mann und nu bald vierzig Jahre auf der Landstraße – das können Sie mir glauben, Vater. Mit Christlichkeit is schon lange nix mehr los. – Den Deubel auch! Daß ich nich lach! Christlich! – Wissen Sie wohl, Vater, was ich mit Christen schon alles erlebt hab? – Ne? – Na, da kann ich Ihnen was vormachen! – Da hab ich mal bei einem gearbeitet – in 'ner Ziegelei, wissen Sie –, der war frömmer als 'n Pfaff. Da ging's immer »mit Gott« vorn, »mit Gott« hinten, ging's da immer. Na, und da hab ich denn wohl mal – ich war auch schon an die sechzig – zu früh Schicht gemacht, na, und dann konnt ich wohl bei'n Akkord nich genug schaffen und wollt 'n bißchen mehr Lohn haben, jawohl – da hätten Sie mal unsern Christen sehen sollen, Vater – Mathiesen hieß er, das war son satter mit sonem gesalbten Ton war das. So, sagt er noch so recht süß, so, Möller? Nicht genug Lohn bekommen Sie bei mir? Und eine halbe Stunde früher von der Arbeit laufen tun Sie auch? So, so? Na, dann will ich Ihnen mal was sagen, Möller, sagt er, dann scheren Sie sich gefälligst weg von meiner Fabrik, verstehen Sie. Aber 'n bißchen allong, sagt er.

(Konstanze, Sturzens Frau, erscheint in der Tür des Mädchenheims.)

Möller: So. Da haben Sie einen von Ihre Christen. Dann war noch einer, das war der Pfaff selber. O, das war mir ein schöner Christ, Vater. Da kam ich auf der Walze hin, und meine Stiebeln waren von oben bis unten kaputt, daß die nackten Zehen rauskuckten. – Also ich bitt um 'n Happen zu essen, weil ich noch nix, aber rein gar nix im Bauch hatte. – Meinen Sie, er gab mir selber was? Ih wo, einen Zettel schrieb er mir auf, und mit dem Wisch schickte er mich zum Schulzen, daß ich da Suppe für krieg. – Danke schön, sag ich, haben Herr Paster nich vielleicht 'n Paar Stiebeln fürn alten Veteran? – Meinen Sie, er hätt mir welche gegeben, Vater? – Hab keine, sagt er, bedaure. Nu machen Sie aber nur, daß Sie weiterkommen, sagt er. Na, und wie ich rausgeh, stehen da auf dem Flur ein Paar Stiebel. Gut waren sie ja grad nich mehr, schon 'n bißchen schiefgelaufen und gesprungen im Leder, aber passen mochten sie mir wohl. Kurzum, na, das können Sie sich ja denken, Vater, kurzum: ich nehm sie mit. Weit kam ich ja nich mit. Denn, was meinen Sie wohl? Wie ich grad bei'n Schulzen bin und will meine Suppe essen, is auch schon der Herr Paster da mit'n Schandarm. Nich mal die Suppe hat er mich löffeln lassen. Bums! In'n Kasten! Und dann gab's sechs Monate wegen die lumpigen Paar Stiebeln. In'n wiederholten Rückfall – können Sie sich wohl denken, Vater. – Und der Paster, ach, vor Gericht war er noch so scheinheilig und salbadert so'n süßes Zeug. Pfui Deubel! Das sind Ihre Christen, Vater! – Hunde sind das, nich Menschen! – Das sag ich!

Sturz: Aber lieber Möller, das sind zwei. Da können Sie doch nicht gleich alle verdammen.

Möller (wild): Die zwei? – 'n Dutzend hab ich noch parat – 'n Dutzend wenigstens! – Hunde sind das, Lumpenhunde sind das, aber keine Christenmenschen, Vater! – Die zwei! Wollen Sie noch mehr hören von dem Schweinepack? – Da war einer, – –

Konstanze (tritt an den Zaun): Konrad, ich verstehe wirklich nicht, wie du den Menschen da noch länger lästern lassen kannst. (Zu Möller:) Machen Sie sofort, daß Sie weiterkommen! Hier ist eine christliche Herberge. Da haben Lästerer wie Sie nichts zu suchen!

Möller: So? – Na, da is ja mal wieder so'n niedliches Christenmensch! – Na, Vater, was sagen Sie nu? – Jagt mich siebzigjährigen Mann die Canaille einfach weg!

Sturz: Sie, Möller, das ist meine Frau!

Möller: Ihre Frau, Vater? – Na, da gratulier ich Ihnen zu ...

Konstanze: Konrad, schicke den Menschen sofort weiter! Ich kann mich nicht von solchem Strolch beschimpfen lassen. – Gehen Sie – (Sie zieht ihr Portemonnaie.) So. – Da haben Sie zehn Pfennige.

Möller (schmeißt ihr das Geld vor die Füße): Auf Ihren Groschen scheiß ich! Verstanden? – Na, Vater, denn is hier mal wieder nix. Denn werd ich wohl heut bei Mutter Grün kampieren.

Sturz: Sie bleiben hier, Alter. Kommen Sie nur herein. (Zu Konstanze:) Meinst du, ich schicke einen alten

Mann von meiner Schwelle, den das Leben so herge-
nommen hat, daß ihm bloß noch das Fluchen bleibt? –
Geh nur hinauf. Da kommen Gäste für dich. (Zu Möller:) Und Sie kommen jetzt mit mir herein, Alter. Trinken Sie erst mal eine Tasse Kaffee!

Möller (während er mit Sturz in die Herberge tritt): Sie
sind ein anständiger Kerl, Vater! – Aber Ihre Frau Gemahlin – pfui Deubel! Nehmen Sie's nich übel! Ne, mit
die Christenmenschen! – (Bitter:) Das is'n Leben, Vater! – Das is'n Leben! Ich bin ein siebzigjähriger Mann,
und (zeigt auf die Denkmünzen) sehen Sie das, Vater! –
Ich hab meinem Kaiser treu gedient. Ich bin 'n alter Veteran. – In drei Kriegen war ich mit. Aber, wenn's noch
mal losgeht – dann geh ich hin und verrat meinen Kaiser!

(Sie gehen ins Haus.)

1913

Wer ein nützliches Mitglied des Staates sein will, der halte
die Norddeutsche Allgemeine Zeitung und das Maul.

Kain-Kalender 1913

Patrioten

(…) Im Reichstag hat Dr. Karl Liebknecht einige Mitteilungen gemacht, die den geschäftlichen Charakter einer gewissen Sorte von Patriotismus magisch beleuchten. Danach
unterhält die Firma Krupp eine reguläre Spitzelorganisa-
tion, die berufen ist, mit Hilfe von Bestechungsgeldern die
Absichten der Regierungsämter zu ermitteln und darauf
Spekulationen zu gründen. Danach hat die deutsche Waf-

fen- und Munitionsgesellschaft falsche Nachrichten über neue französische Rüstungsaktionen in die französische Presse zu lancieren versucht, um die deutsche Regierung auf Kosten der Steuerzahler und zum Nutzen der Waffenindustrie zu weiteren Militärausgaben zu veranlassen. Diese Mitteilungen sind nicht gerade überraschend, aber wichtig, weil sie endlich einmal positives Material bringen. Psychologisches Interesse bietet dabei auch das Verhalten der patriotischen Presse. Die konnte zwar nicht anders, als im Brustton der Überzeugung schonungslose Aufklärung zu fordern, erging sich aber gleichzeitig in Beschimpfungen gegen Dr. Liebknecht und suchte mit dem bewährten (und von den Sozialdemokraten keineswegs mißachteten) Mittel der persönlichen Verunglimpfung die Wucht der erbaulichen Tatsachen abzuschwächen. Die Bewilligung der von Deutschlands Patrioten als notwendig erachteten neuen Wehrmittel mit all ihren scheußlichen Nachwirkungen auf die Volkswirtschaft des Landes wird denn auch über die Kleinigkeit dieser patriotischen Schweinereien nicht stolpern. Man soll übrigens nicht ungerecht sein und die deutsche Militärindustrie für korrupter halten als die ausländische. Kein ehrlicher Mensch zweifelt daran, daß die Geschäftsusancen der französischen, englischen und italienischen Waffenfabriken genau die gleichen sind. Der Patriotismus der Völker gedeiht dabei überall vortrefflich.
Wir erkennen an allen diesen Beispielen, daß die Woge der nationalen Begeisterung einem circulus vitiosus gleicht. In den Geschäftskontoren der Interessenten wird der Patriotismus erregt. Der fertige Patriotismus schafft aus sich selbst heraus fortgesetzte Reibungen und Skandale (wie z. B. den Dummejungenkrach in Nancy), aus den Reibungen entwickelt die Geschäftigkeit der Interessenten neuen Patriotismus. Die Völker aber, die lieber verrecken, als sich von ihrer patriotischen Phrase trennen, zahlen die Kosten.

Aus: Kain, 1913

Der Kaiser

Wie doch die Welt so herrlich ist! Wie köstlich sich von Tag zu Tag die Saat der Freiheit entfaltet! Wie glücklich dürfen wir uns preisen, unsere Zeitgenossen zu sein! Wenn wir den Festschmöcken und Jubiläumsschwaflern glauben können, dann hat Drang und Qual aller Jahrtausende nur den einen Sinn gehabt, uns diesen Tag erleben zu lassen, an dem der Erdball von fünfundzwanzigjährigem Ruhm wilhelminischer Regierungsweisheit und Herrschergröße widerhallt. Der deutsche Oberlehrer tropft von Begeisterung. Die patriotische Köchin schwitzt von Hochgefühlen. Der Plauderkuli des hinterposnerischen Generalanzeigers impft Kinderbewahranstalt und Synagogengemeinde mit teutonischen Lyrismen. Heil Kaiser dir!

Die Liebe des freien Mannes macht es skeptischer veranlagten Naturen einigermaßen schwer, das Bild des Gefeierten frei von karikierenden Verzerrungen aufzunehmen und alle Ironie gerechterweise auf die Feiernden zu häufen. Es soll hier versucht werden, ein Porträt des Kaisers zu entwerfen, wie es sich, herausgehoben aus dem Hurraspalier der vaterländischen Sykophanten*, dem Auge eines überzeugten Antimonarchisten darstellt. Es soll sine ira et studio** versucht werden, den Charakter Wilhelms II. gegen seine Zeit abzugrenzen. Dabei werde ich den Freunden, die in den Betrachtungen eines Anarchisten über einen Monarchen auf kecke Kunststückchen hoffen mögen, um den Majestätsbeleidigungsparagraphen des Strafgesetzbuches zu umgehen, eine gelinde Enttäuschung bereiten müssen. Die Angriffsflächen, die der deutsche Kaiser nach dieser Seite hin bietet, sind so rein persönlicher Natur, daß ich ihre Beschießung gerne denen überlassen will, die es nötig haben, ihre Unfreiheit vor dynastischen Überkommenheiten hinter verstohlenem Schimpfen zu verstecken. Wer hinter dem Katheder eines Schulmeisters die Zunge her-

* Schmeichler
** ohne Zorn und Eifer

ausstreckt, dokumentiert damit, daß er dem Zuchtbakel des Lehrers noch nicht entwachsen ist. Wer sich von der Autorität monarchischer Institutionen im Innersten frei weiß, der begeht keine Majestätsbeleidigung. Die Privatperson eines Kaisers geht den Feind der Krone nicht das mindeste an, und es sei denen unter meinen anarchistischen Kameraden, die mit Revolver und Dynamit die Spaziergänge der Fürsten gefährden möchten, nachdrücklich gesagt, daß darin eine verhängnisvolle Anerkennung des dynastischen Übermenschentums zum Ausdruck kommt. Zur Beurteilung Wilhelms II. ist weder sein hochgedrehter Schnurrbart noch seine Freude am Reisen und am Reden wichtig, sondern die Rolle, die er in der Geschichte dieser Tage spielt, und die Stellung, die er vor der Nachwelt im Bilde unserer Zeit einnehmen wird. Seine Charakteristik ergibt sich aus dem zeitgeschichtlich sehr interessanten Gegensatz zwischen seiner eigenen Auffassung von seinem Beruf und der Einschätzung, die das Herrscheramt in der Philosophie und Ethik des modernen Empfindens erfährt.

Wilhelm war zwölf Jahre alt, als sein Großvater in Versailles die Salbung zum deutschen Kaiser entgegennahm. Zwölf Jahre: das ist das empfänglichste Knabenalter, die empfindlichste Pubertätszeit, wo das Gefühl für die Mysterien des Lebens ahnungsvoll erwacht, wo das junge Gemüt jeden Eindruck gierig in sich aufnimmt und in der Phantasie romantisch ausbaut. Das ist die Zeit, wo andere Jungen, denen das eigene äußere Erleben nicht genug tut an Abenteuern, nach Indianergeschichten langen, um im Geiste Heldentaten zu verrichten, um mitzukämpfen und mitzuleiden mit Karl Mays Räubern und Häuptlingen und sich selbst in heldische Posen und Erlebnisse hineinträumen. In dieser Zeit bestimmt sich zum guten Teile ein Charakter nach dem Grade, in dem der Geist des Knaben von Eindrücken und Traumbildern befruchtet wird. Wilhelms, des Erstgeborenen eines preußischen Thronfolgers, Erziehung war naturgemäß von Anbeginn der Einwurzelung des Bewußtseins seiner zukünftigen Herrscherwürde gewidmet. Gouvernanten und Hofmeister mußten ihm die Taten seiner Vorfahren in einer Beleuchtung servieren, von der die byzantinische Geschichtslehre, mit der man andere Sterbliche in deutschen Schulen beglückt, vermutlich nur einen schwachen Abglanz gibt. Die Verehrung mannhafter Größe, die seine Altersgenossen auf die Produkte dichterischer Erfindung projizieren mußten, durfte der junge Prinz in der eigenen Familie ausleben. Seine kindlichen Spiele verrichtete er unter den Bildern der bewunderten Ahnen. Dazu kam die kriegerisch bewegte Zeit, in die die frühen Kinderjahre des Knaben fielen und die ihm den Großvater, den er leibhaft vor sich sah, zum Inbegriff alles Heldentums werden ließ. Mit fünf Jahren prägte sich ihm das Wort Düppeler Schanzen, mit sieben Jahren der Name Königgrätz ein. Und dann erlebten die frischen Sinne des wachen Knaben den französischen Krieg mit Gravelotte und Sedan, mit der Reichsgründung und dem pomphaften Einzug der Sieger durchs Brandenburger Tor. Der erwachsene junge Mann sah den ersten Kaiser das lange Greisenalter hindurch als Gegenstand jener »Liebe des Volkes«, die die ehrlichen Empfindungen der Massen niemals zu den Stufen des Thrones dringen läßt, sah ihn als friedlichen Herrscher, umringt von weisen Beratern (die ihn die »Handlanger seines erhabenen Willens« dünkten), sah den als milden, weisen und gerechten Herrn, den reife Männer jener Zeit noch als Prinzen von Preußen, den Kartätschenprinzen und verhaßtesten Mann des Landes gekannt hatten.

Also vorbereitet auf seinen Beruf und völlig im Banne der mächtigen Jugendeindrücke, nahm Wilhelm, erst neunundzwanzigjährig, als fast unmittelbarer Nachfolger den Platz des Großvaters ein. Die Krankheit und der rasche Tod Friedrichs III. realisierten ohne Übergang die Träume des Jünglings, der, erfüllt von romantischem Überschwang und im festen Glauben, jetzt sei sein Wille oberstes Gesetz, die Zügel in die Hand nahm.

149

Nichts ist menschlich so verständlich wie Wilhelms eiserne Überzeugung von seiner göttlichen Sendung, und der Kontrast zwischen seinem starren Königsbewußtsein und der Realität der Dinge wird späteren Dramatikern als dankbarer Vorwurf für psychologische Zerlegungen dieses unzeitgemäßen Fürstencharakters dienen können. In unzähligen Reden und Manifestationen des Kaisers ist seine Auffassung von Pflicht und Recht des Monarchen niedergelegt. Ich kann nicht umhin, meine Leser mit dem Bekenntnis zu erschrecken, daß ich die Meinung Wilhelms II. von seinem Beruf für die einzig mögliche halte, mit der das Prinzip des Monarchismus überhaupt innerlich zu rechtfertigen ist.

Wilhelms Ansicht über sein Herrscheramt ist tief religiös fundiert. Ihre Voraussetzung ist Gott, ihr Beweis die Unfehlbarkeit der göttlichen Gnade. Wilhelm nennt sich »von Gottes Gnaden deutscher Kaiser und König von Preußen«. In vollkommener Übereinstimmung mit diesem Titel beruft er sich auf die Gottesgnade als einzige Grundlage seines fürstlichen Wandels. Im August 1910 noch erklärte er in Königsberg ausdrücklich, er sei das Instrument des Herrn und weder Parlamenten noch Volksbeschlüssen, sondern nur dem lieben Gott verantwortlich. So weit ich davon entfernt bin, die Prämissen des Kaisers zu den meinigen zu machen, so rückhaltlos muß ich doch zugeben, daß nur diese Prämissen das monarchische System stützen können. Damals jammerten die liberalen (und natürlich auch die republikanischen, sozialdemokratischen) Zeitungen bitterlich, der Standpunkt des Kaisers sei unhistorisch, anachronistisch, er sei ein konstitutioneller Fürst, also nicht Gott, sondern dem in den Parlamenten repräsentierten Volkswillen verantwortlich. Ich finde aber mit dem Kaiser, daß jeder andere Standpunkt, von dem aus die Institution der Monarchie verteidigt wird, unhistorisch, unlogisch und unhaltbar ist. Eine konstitutionelle Monarchie ist – schon sprachkritisch betrachtet – eine contradictio in adjecto. Wie soll man den Begriff Alleinherrschaft verstehen, wenn sie von verfassungsmäßigen Instanzen mit ge-

setzgeberischen Befugnissen abhängig ist? Die Monarchien unserer Tage haben bei nüchternem Zusehen auf ihre Bezeichnung nur noch sehr wenig Anspruch. Die deutsche Kaiserwürde zumal – und hier liegt ein Irrtum des Kaisers in der Sache vor, nicht in der Idee – ist fast eine reine Titular-Einrichtung. Denn das deutsche Reich ist eine durchaus republikanisch organisierte Staatenföderation, nur ist die Präsidialwürde erblich, und ihr Inhaber trägt die Insignien eines Kaisers. Daß die Nationen, als sich die Despotien überall als überlebt erwiesen, die Ausflucht der konstitutionellen Monarchien fanden, ist nur ein Beispiel für die Halbheit aller ihrer Entschlüsse. Sie wollten einfach nicht auf die Gelegenheit verzichten, ihre Untertaneninstinkte zu betätigen, und blieben mitten auf dem Wege zur Republik stehen. Dem Fürsten aber, der sich gegen die Regierungskameradschaft seiner katzbuckelnden Untertanen wehrt, die seinem umschauenden Auge stets nur den Ausblick auf ein Feld von krummen Rücken darbieten, ist gewiß kein Vorwurf zu machen. Es ist mehr als natürlich, daß er sein Werk, das ihm heilig gilt, lieber auf Gottes Hilfe baut als auf die Federfuchserei devoter Gernegröße und daß er diese Herrschaften in bewährter Erfahrung mit einem unzweideutigen »Sic volo, sic jubeo!«* ins Mauseloch jagt.
Daß die Auffassung des Kaisers unhistorisch sei, ist blanker Unsinn. Solange der Begriff des Herrschertums irgendwo in der Welt Geltung hatte, stand die Autorität des selbstmögenden Herrscherwillens von selbst fest. Anachronistisch ist seine Meinung allerdings. Denn die Begriffe haben sich gewandelt. Die Völker sind – seit der französischen Revolution – selbständiger geworden, und der Glaube an die Gottesgnade, die den Königen die Majestät verleihe, ist erschüttert. Die Konsequenz dieser Erkenntnis aber ist die Ablehnung des monarchischen Prinzips insgesamt und darüber hinaus die Anstrebung der unstaatlichen, anarchischen Autonomie der einzelnen.
Es ist gezeigt worden, wie Wilhelm II. durch Erziehung

*So will ich, so befehle ich!

und Kindheitseinflüsse zu der merkwürdigen Stellung ge-
kommen ist, die er in der Geschichte unserer Tage ein-
nimmt: der letzte Romantiker auf einem europäischen
Thron. Sehr bezeichnend aber ist, wie sich gerade an seiner
Person zum ersten Male der Einfluß der wirtschaftlichen
Entwicklung als nivellierender Faktor geltend macht. Als
Besitzer des Gutes Cadinen ist derselbe Mann, den das
Zepter das Symbol seiner Ausnahmestellung unter den
Menschen dünkt, als konkurrierender Kaufmann und Fa-
brikant ins Geschäftsleben seines Landes mitten hineinge-
gangen. Sein kommerzieller Eifer in der Bewirtschaftung
seines Gutes und in der Fruktifizierung* seiner Kachel-
industrie hat nichts mit der viel kritisierten Ubiquität** des
in allen Künsten dilettierenden Amateurs zu tun. Dieser
Zug im Charakterbild des Kaisers weist vielmehr auf den
großen Fortschritt der Dekadenz hin, der der dynastische
Romantizismus heute schon verfallen ist.

Der engagierteste Verfechter der Adelsidee, der immer
noch über ein so großes Maß tatsächlicher Macht verfügt,
daß zum Beispiel sein antiquierter Kunstgeschmack ganze
Stadtbilder beherrschen kann, kommt an der höheren
Macht des Kapitalismus nicht mehr vorbei und muß sich,
will anders er die materielle Basis für sein ideelles Amt
nicht verlieren, mit beiden Füßen als einer unter vielen in
aktiver Betätigung in den wirtschaftlichen Konkurrenz-
kampf stellen.

Und noch eins: Derselbe Mann, der, erzogen in kriegerischen Erinnerungen, aufgewachsen in kriegerischen Eindrücken, immer und immer wieder den Beruf der Deutschen als kriegerische Nation gepredigt hat, der mit der
Devise: »Das Pulver trocken, das Schwert geschliffen!«
durch seine Initiative unendlich viel an den ungeheuren
Kriegsrüstungen des Landes mitgewirkt und Flotte und
Kolonialbesitz des Reiches erst geschaffen hat – dieser
selbe Mann war trotz seiner Gewalt über Krieg und Frie-

* Ausnutzung
** Ungebundenheit

den gezwungen, sich die ganzen fünfundzwanzig Jahre seiner Regierung für den Frieden zu entscheiden. Darin liegt eine gewisse Tragik, daß die Fittiche seiner Phantasie, mit der uns Wilhelm herrlichen Tagen entgegenführen wollte, immer wieder umknicken an den harten Wänden der realen Verhältnisse. Diese Verhältnisse haben es mit sich gebracht, daß die Entscheidung über Krieg und Frieden tatsächlich nicht mehr bei dem steht, der das formelle Recht hat, darüber zu bestimmen, sondern bei denen, die an der Börse die Kurszettel machen. Daher braucht man auch die Kriegsbegeisterung des Kronprinzen nicht allzu feierlich zu nehmen, der angesichts einer Kavallerieattacke im Manöver sehnsüchtig ausruft: »Wenn das doch Ernst wäre!« Der junge Herr (der freilich heute schon ein paar Jahre älter ist als sein Vater im Jahre 1888) ahnt noch nicht, daß auch der selbständige Beherrscher eines kapitalistischen Staates längst ein Geschobener ist und daß die Schieber unter denen sind, die bei patriotischen Gelegenheiten am demütigsten auf dem Bauche rutschen.

Aus: Kain, 1913

(Aus einer imaginären Rede an den sozialdemokratischen Parteitag:)
… Ich hätte gewünscht, einer Ihrer Redner, die den Massenstreik als stärkstes Mittel, über das die Arbeiterschaft verfügt, anerkannt haben, hätte seine Anwendung auch für den Zweck der Verhinderung eines Krieges in Erwägung gezogen … Das ist von keiner Seite geschehen, und so bleibt das Resultat Ihrer Massenstreikdebatte, daß im Ausland das Odium auf der deutschen Sozialdemokratie lasten wird, ihr sei ein allgemeines Wahlrecht in Preußen wichtiger als die Erhaltung des Friedens.

*

... So zuverlässig behauptet werden kann, daß die Republiken vor vielen Unzuträglichkeiten der Monarchie geschützt sind, so wenig darf man doch verkennen, daß die eigentlichen Übelstände in allen Ländern überhaupt nicht in den politischen Organisationen begründet sind. Der Kapitalismus bleibt unabhängig von den politischen Herrschaftsinstitutionen und macht sich in jedem Lande die bestehende zunutze. Der Revolutionär hat seine Waffen gegen das Kapital und seinen Spaten für den Aufbau sozialistischer Kultur zu bereiten.

Aus: Kain, 1913

(Aus einem Rückblick auf das Jahr 1913)
... Europas Staatskünstler haben nun erreicht, daß alles anders wurde, als sie es in ihrer Weisheit bestimmt hatten, daß Österreich mobilisiert, daß Rußland probeweise riesige Truppenmassen an die österreichische Grenze warf und daß Deutschland und Frankreich Hals über Kopf ungeheure Heeresverstärkungen vornahmen. Sie hatten erreicht, daß die Kriegsangst in allen Ländern wirtschaftliche Verheerungen anrichtete, die schon nach dem Kriege selber schmeckten. Was dieses Jahr an ökonomischen und kulturellen Werten zerstört hat, das können Jahrzehnte des Friedens nicht wieder einbringen. Und an diese Jahrzehnte glaube, wer mag. Die bei ständig abnehmendem Bevölkerungszuwachs ständig zunehmende Truppenpräsenz in allen Staaten muß ja einmal die Katastrophe des Weltkrieges herbeiführen.

*

Ich brauche hier nicht noch einmal zu wiederholen, daß mir das Wahlrecht der Frauen nur deshalb mehr gilt als das der Männer, weil sie es noch nicht haben. Aber diese

Entrechtung ist dumm, brutal, gemein und in hohem Maße empörend. Und da sich nun mal die Frauen von allen wichtigen Rechten, die ihnen vorenthalten werden, auf dies eine kaprizieren, mag es immerhin als Symbol für die ganze gerechte Sache der Frauenbewegung anerkannt werden.

～◦◦◦～

Die Fremdenlegion

Mit zwei Milliarden Mark muß jährlich die Henne gefüttert werden, die unter dem Namen »Deutsche Wehrmacht« im bedrohten Vaterlande herumgackert. Jetzt ist sie mit einer Extramilliarde noch fetter aufgeplustert worden und beansprucht infolgedessen fortan noch erheblich mehr Getreidekörner aus den Äckern des deutschen Volkes als bisher. Der Geflügelzüchter Michel ist ein Schafskopf, denn er merkt nicht, daß das meschuggene Huhn ihm nichts als Kuckuckseier in den Stall legt. Eines guten Tages aber wird es ihm schmerzlich fühlbar werden, wenn nämlich der zärtlich gepflegte »bewaffnete Friede« an Überfütterung krepiert, seine Kücken aber auskriechen und sich die mißgestalteten Kreaturen als Krieg, Hunger und Pestilenz über das Land ergießen.

Die Erbpächter der deutschen Ehre und der deutschen Phrase möchten das 43jährige Friedensvieh schon längst zum Platzen bringen. Sie ängstigen deshalb den dummen Michel heute mit diesem, morgen mit jenem Bauernschreck und heißen ihn zur Abwehr immer größere Mengen seiner schwitzend erarbeiteten Profite in die Armee hineinstopfen. Fehlt bloß noch ein geeigneter Anlaß – und der Krieg gegen den Erbfeind ist fertig.

Aber es hat sich herausgestellt, daß es bei den schauderhaften Formen, in denen sich heutzutage ein europäischer Krieg abspielen würde, nicht mehr ganz so leicht ist, die Volksseele zum Kochen zu bringen. Weder die marokkanischen Diplomatenkünste noch die Bemühungen, die Folgen der Balkanwirren friedlich zu überwinden, haben der Schwerindustrie und ihren Hintermännern genützt, den Massenmord in Szene zu setzen. So ein Krieg muß schon aus den Tiefen des europäischen Volksgemüts selbst herausprudeln.

Aus: Kain, 1914

In diesem Zeitalter raffiniertester technischer Zivilisation gibt es für den Erfindergeist immer noch keine höheren Aufgaben als die Vervollkommnung der kriegerischen Mordinstrumente. Wessen Gewehre und Kanonen am weitesten schießen, am schnellsten laden, am sichersten treffen, der hat den Kranz. Das Scheußliche und Groteske gehen Hand in Hand durchs zwanzigste Jahrhundert und rufen die Völker auf zur Bewunderung der Weltvollkommenheit.

Aus: Das große Morden, in Kain, Mai 1914

Deutschland, Deutschland, liberales,
von der Etsch bis an den Belt!
Seht ihr nicht am preuß'schen Pfahl es,
wie es auseinanderfällt?
Deutscher Reichstag – Preußenbündler –
deutscher Schnaps und bayrisch Bier –
Deutschland, Deutschland, liberales –
Deutschland, Deutschland – hüte dir!

1914

... Denkt an die innere Verwilderung des Einzelnen, der in ununterbrochener Angst um das eigene Leben täglich Sterbende und Leichen sieht, dem schon dadurch alle Raubtierinstinkte wach werden, und den noch dazu stündlich gelehrt wird, daß das Umbringen von Menschen Tapferkeit sei. Und denkt an die Schlachten in den modernen Kriegen selbst! Wo ist da noch etwas von persönlichem Heldenmut? Wie maschinell und untapfer wird heutzutage gekämpft! Aus verdeckten Gräben schießt man aus Kanonenläufen und Maschinengewehren auf die Stellen, wo man den Feind vermutet, läßt Sprengstoffe explodieren und wird selbst von Granatsplittern zerrissen, ohne zu sehen, woher der Mord geschickt ist. Der Kampf von Unsichtbaren gegen Unsichtbare – ist das nicht der furchtbarste Hohn auf alle Menschenwürde?

Aus: Das große Morden, in Kain, Mai 1914

... Inbrünstig warten und hoffen aber wollen wir auf den kommenden Tag, auf den Tag der Erneuerung und der Revolution. Und um ihn herbeizuführen und ihm die Wege zu ebnen, wollen wir im Volke Unzufriedenheit säen und Verzweiflung predigen. Wir wollen wühlen und hetzen, schüren und untergraben, damit das Volk endlich erkenne, daß es gehundsfottet und genasführt wird, und damit es endlich beginne, den Unterbau einer sozialistischen Gesellschaft zu errichten, vor dessen drängender Kraft Kapital und Staat zusammenstürzen muß. Auseinanderreißen aber wollen wir die Gefüge des Glaubens an eine Vorsehung und des Vertrauens auf die Weisheit der Regierenden, um Raum zu schaffen für freien Atem und eigene Zuversicht.

*

Nicht die Regierungen werden die Kriege aus der Welt schaffen, sondern die Völker. Kapitalistische Staaten haben kapitalistische Interessen, und kapitalistische Interessen wissen nichts von Idealen. Revolutionen von oben gibt es nicht. Solange es Staaten und Heere gibt, wird es Kriege geben. Wir nehmen Bertha von Suttners Kampfruf auf, aber wir geben ihn nicht den Herrschenden und Regierungen weiter, sondern den Völkern und Armeen: Die Waffen nieder!

Aus Kain, 1914

An Carl Dopf

Geehrter Herr Dopf, der »Kain« erscheint während des Krieges nicht. Ihre Schrift »Der Neue Jesu-Gedanke« hat mich persönlich wohl interessiert, aber ich stehe Ihrer Idee skeptisch gegenüber, da ich nicht wüßte, wozu wir alle unsre Ethik auf Jesus zurückbeziehn sollen. Die Gedanken der Bergpredigt sind älter als das Christentum. Ich wünsche Ihrer Arbeit um Ihrer Ergriffenheit willen alles Gute, kann aber an der Propagierung Ihrer Absichten nicht teilnehmen.
Beste Grüße Ihres

München 5/X. 1914   *Erich Mühsam*
Akademiestr. 9

Entlarvung

Europa hat sich abgeschminkt.
Befreit von Rouge und Puder,
steht eklig da das Luder
und faucht und stinkt.
Den Schnürleib sittlicher Kultur
warf sie zum Kunstkorsette.

Statt Rippen Bajonette
hält feil die Hur.
Europa, mach das Hemde zu!
Der Anblick deiner Nacktheit
ist Gift und Abgeschmacktheit.
Krepiere, Du!

1915

MARTIN ANDERSEN NEXÖ

... In dem hohen Mietshaus in der Georgenstraße hausten hoch unter dem Himmel mit weiter Aussicht über Gärten und lehmige Bauplätze als zwei freie Vögel Erich und Zenzl Mühsam. Zenzl, selber groß und hell, hielt sich meist in ihrer hellen Küche auf; da hantierte sie und kochte und briet und buk – die schönste und unerschrockenste Frau, die das bayrische Bauernland hervorgebracht! In ihrem unverfälschten Dialekt, der aus ihrem Munde rollte wie Äpfel die Treppe hinunter, nahm sie teil am Gespräch im Wohnzimmer und schwang in der Küche klirrend Töpfe und Pfannen von einem Feuerloch aufs andere. Und zutiefst in der Stube saß zwischen verstaubten Büchern im Halbdunkel Erich Mühsam und kommentierte die Weltereignisse, während Gäste kamen und gingen, deren jeder das Seine zum Haushalt beitrug.

Ein prächtiges Ehepaar! Von außen waren sie so verschieden wie überhaupt möglich: sie durch und durch Land und freier Himmel, er die Großstadt mit Ästhetik und Bücherluft. Und dennoch paßten sie zusammen, bildeten ein seltenes Beispiel der Kameradschaft. Sie verließ die Küche ebenso ungern wie er sein Studierzimmer; ihre Mahlzeiten waren ebenso anregend und würzreich wie seine Anmerkungen; ihr Geist war ebenso revolutionär wie seiner. Aus der Küche warf sie wie helle Funken ihre Bemerkungen in die Diskussion, deren Teilnehmer waren revolutionäre Künstler, revolutionäre Arbeiter, dieser und jener aufrührerische Soldat. Wie die Zukunft aussehen müsse, damit sie allen ein menschliches Dasein böte, wußte Erich Mühsam nicht: in revolutionärer Politik war er ein Kind. Aber unbewußt hatten er und Zenzl sich eine Welt geschaffen, in der man die Luft einer neuen Zeit atmete ...

Ein Politiker war er nicht, das beweist seine Rolle in der Räterepublik; wo er konkrete politische Aufgaben bewältigen sollte, waren die Verhältnisse allemal mächtiger als er und setzten sich trotz seiner durch. Er war lauter Temperament und besaß nicht die ausdauernde Vorstellungskraft, langsamem Wachstum zu folgen; er war ungeduldig wie ein Kind gegenüber allem, was Zeit erforderte. Am liebsten hätte er das Endziel sogleich verwirklicht gesehen. Insofern war er dem System nicht gefährlich; es besonnen methodisch zu untergraben war nicht seine Sache. Er war als Mensch ungemein wertvoll, als eine Persönlichkeit, die durch und durch kultiviert und zugleich revolutionär war! Und in dieser Eigenschaft war er der Reaktion gefährlicher, als er es als noch so hervorragender Politiker hätte sein können. Er war ihr peinlich und bedrohlich als lebendes Beispiel, daß hohes menschliches Kulturbewußtsein nicht nur mit Aufstand gegen das Bestehende sich vereinigen läßt, sondern darin münden muß. Deswegen stößt er mit der Reaktion zusammen, und dabei zeigt sich seine Größe: nicht als Minister der Räterepublik, sondern als Gefangener in den Kerkern der Reaktion entfaltete er sich als der seltene Mensch, der er war.

Aus: Die braune Bestie. In memoriam Erich Mühsam

TILLY WEDEKIND

Erich Mühsam kämpfte in seinen Schriften vor allem gegen die Ausbeutung der Besitzlosen. Es war ihm ernst mit seinem Ideal von der sozialen Gerechtigkeit. Er lebte fast wie ein Bettler, aber da er aus vermögendem Hause stammte, machte er einmal eine Erbschaft. Und sofort verschenkte er das geerbte Geld an Bedürftige.

Aus: Lulu. Die Rolle meines Lebens.

An Maximilian Harden

München, d. 13. Mai 1916

Sehr verehrter Herr Harden, *Georgenstr. 105/IV.*

... Herr Heinrich Mann erzählte mir, daß er Sie vor kurzem besucht habe, und riet mir, Ihnen den Abdruck eines Rundschreibens zu senden, mit dem ich den Versuch unternehmen will, die Kräfte zu vereinigen, die erst in der Vereinigung als Kraft zu wirken versprechen. – Mein Blatt ließ ich am 2. August 1914 einschlafen und segne die Stunde, die mir damals schon die Erkenntnis eingab, der ich in der Erklärung an die Leser des Kain die Worte gab: »Ich habe nur die Wahl, ganz zu schweigen oder zu sagen, was jetzt niemanden frommt und was unter dem geltenden Ausnahmerecht meine persönliche Sicherheit gefährden kann. Ein Drittes ist unmöglich, da ich meine Überzeugung nicht verleugnen und nicht frisieren kann.« Daß ich der Zensur einer militärischen Despotie auch nicht über drei Zeilen gewachsen gewesen wäre, habe ich dann mehr und mehr bestätigt gesehn. Nun hält's mich aber nicht länger. Ich muß etwas tun. Es braucht niemand zu wissen, daß der Initiator des Manifestes, das Sie vor sich haben, ich bin, daß ich es bin, der in Berlin und Leipzig schon die persönliche Verbindung heterogener Persönlichkeiten vermittelt hat, – wenn ich nur selbst das lähmende Gefühl los würde, untätig sein zu müssen, wo es so grenzenlos viel zu tun gibt. Es will mir scheinen, daß das müßige

Abwarten, das beschauliche Auf-sich-zukommen-lassen der Ereig-
nisse meinetwegen die Sache von Historikern oder Naturwissen-
schaftlern sein mag, die jedes Werden und Fließen, jedes
Schrecknis und Entsetzen in ihr System eingliedern, um uns
nachträglich zu beweisen, daß alles so kommen mußte und nicht
anders kommen konnte, daß es aber Menschen von Blut und
Willen zukommt, die vergangene Weltgeschichte wohl abzuwerten
und in ihrer logischen Folge zu erkennen, die werdende aber
gestalten zu helfen. Man hat mich in all meinem Wollen und
Trachten immer als einen Don Quichote verspottet, aber es ist
so, daß ich mich stets erst dann auf dem rechten Weg wußte,
wenn man mich einen Narren schalt. Ich leide darunter, daß mir
jetzt die Gelegenheit abgeht, dem ewig Gleichmäßigen ein Tropf
oder ein Schuft zu sein, und ich neide dem tapferen Karl Lieb-
knecht diese Rolle. Das ist – Sie, Herr Harden, werden das
verstehn – das völlige Gegenteil vom Herostratentum. Es ist der
brennende Drang, das Rechte zu tun, sei es auch um den Preis,
darum in den Mund des Pöbels zu kommen … Es geht also
darum, den eignen Willen der Besten werden zu lassen, und
sofern er es ist, ihn in Tat umzusetzen. Ist Ihr Wille der
gleiche, nämlich »Friede unter allen Umständen und ohne
Verzug«, so sind Sie mit im Bunde. Sind Sie's nicht, so werbe
ich doch um Ihre Sympathie.
Mit Gruß Ihr ergebener   *Erich Mühsam*

Eine Frage an einen vielleicht Eingeweihten: Ist Herr Delbrück
gegangen, weil er Zucker hat oder weil wir keinen haben?

Abrechnung

Erster Rückblick auf die »große Zeit«

…
Den Vorwurf, ich sei der Vogel, der sein eignes Nest be-
schmutzt, werde ich gemütsruhig tragen. Denn erstens
finde ich es für einen gesitteten Vogel unschicklich, sich

für solche Tätigkeit das Nachbarnest auszusuchen – und die Beobachtungen während zweier Kriegsjahre haben mich in dieser Auffassung nur bestärkt –, zweitens aber könnte mich die Beschuldigung nicht treffen, weil sie an der Verwechslung von Ursache und Wirkung krankt. Wer sich der peinlichen Aufgabe unterzieht, eine Kloake aufzuräumen, um ihrer Reinigung vorzuarbeiten, wird nicht vermeiden können, daß sich unter seiner Beschäftigung üble Düfte erheben und ausbreiten. Es geht nicht an, für die Erregung des Gestanks ihn verantwortlich zu machen …

… Kurz nach Ausbruch des Krieges erzählte man mir, daß bayrische Landpfarrer von der Kanzel herab die Sittenverderbnis in den Großstädten anklagten, Gotteszorn in dem Maße erregt zu haben, daß er nun mit einem Weltbrand strafend zwischen die Menschen fahre. Es ist mir immer aufgefallen, wie ähnlich sich doch das Weltgeschehen in solchen primitiven Theologenschädeln und in den verästelten Gehirnen weltweiser Gelehrter, insonderheit Historiker und Naturforscher, spiegelt. Nur die verschiedene Ansicht über die Freiheit des Willens der Menschen führt zu Variationen in der Schuldverteilung: der Pfaffe läßt die Gesamtheit der Menschen oder doch die Gesamtheit einer ganzen Menschenklasse sündigen, um die Natur oder Gott oder die Geschichtsnotwendigkeiten kriegerisch explodieren zu lassen; der Historiker rollt die Vergangenheit auf und beweist, daß Gott an seine Traditionen gefesselt ist; der Naturforscher setzt voraus, daß die Schöpfung vernünftig ist, und fühlt sich daher zur Verteidigung jeder Unvernunft, die in der Schöpfung Raum hat, verpflichtet – sofern sie sich nicht in der Anzweiflung seiner eigenen Wissenschaftlichkeit äußert. Sie alle sind darin einig, die handelnden Menschen selbst, die Veranstalter von Kriegen und Schrecknissen von jeder Verantwortlichkeit freizusprechen, und eigentlich doch den lieben Gott, sei es den schiebenden, sei es den geschobenen, mit der ganzen Verantwortung zu belasten. Schade, daß ihre theologisch orientierte Toleranz nur dem Massenmord des Krieges gegenüber wirksam ist. Der individuelle Sünder am Leben und besonders am Eigentum seiner einzelnen Mitmenschen findet vor ihren Augen in der Regel keine Entschuldigung auf Kosten Gottes …

… Kriegen im allgemeinen, dem zur Zeit wogenden Weltkrieg im besonderen kann man hunderterlei Ursachen nachweisen oder unterlegen. Die Untersuchung von meinem Blickfeld aus wird einem eignen Abschnitt dieses Buches vorbehalten. Keinesfalls läßt sich behaupten, daß ein Kampf von Nation zu Nation wirklich dem Nutzen einer Volksgesamtheit entsprechen könne. Immer sind es die Machthaber, die Nutznießer der Oligarchie, in unsrer Zeit vornehmlich die kapitalistischen Staatsinteressenten, von denen die kriegerischen Operationen verlangt und organisiert werden, für die die Teilnehmer ihre Haut zu Markt tragen …

… Revolutionen hingegen gelten der Beseitigung und gänzlicher Ausmerzung ihrer eignen Anlässe. Sie entstehen, wenn Zustände unhaltbar geworden sind, wenn sich die Schaffung neuer Grundlagen des gesellschaftlichen Zusammenlebens als notwendig erwiesen hat, und wenn der Geist neuen Wollens, neuen Formens, neuen Beginnens über die Menschen gekommen ist … Der Krieg schafft Druck, Haß, Argwohn, Bitterkeit, die Revolution Befreiung, Vertrauen, Gemeinschaft, Liebe. Wenn das von den Kriegsenthusiasten oft bemühte Bild vom reinigenden Gewitter irgendwo zutrifft, so bei der Revolution. Der Krieg aber – wer das Unglück hat, jetzt Zeitgenosse zu sein, hat es gelernt – ist eine Schlammflut von Eiter und und Unrat, die alles Gute, Reine und Schöne überspült und wegschwemmt und dem trauernden Blick nichts hinterläßt als schmutzige Pfützen von Blut und Tränen …

Manuskript, 1916

Verständigung

Ein Friede ohne Annexionen
nach jahrelangem Heldenrausch?
Dazu die Arbeit der Kanonen? –
Ich stimme für gerechten Tausch.
Nimm, Frankreich, du bei Kriegsbeendung
Elsaß mit Zabern. Nimm es, – ja!
Uns läßt zu nützlicher Verwendung
Britannien sein St. Helena.

1917

Die lustige Witwe

Marschlied zum Polterabend

1

Das ist die lustige Witwe,
die »knax« den Kopf abbeißt;
Den Kopf mitsamt der Krone,
Wie immer sie auch heißt!
Den Kopf, ob er voll oder leer ist;
Die Krone, ob Gold oder Blech!
Zu lange bissen sie selber,
Zu lange waren sie frech.

2

Das ist die lustige Witwe,
Die steht auf dem großen Platz
Und wartet auf ihre Hochzeit
Und wartet auf ihren Schatz.
Die hat zwei kräftige Arme
Und läßt ihn nicht mehr aus,
Den fürstlichen bleichen Verlobten,
Kurz ist der Hochzeits-Schmaus!

3

Denn sie ist grad wie die Spinne,
Die »schnapp« den Bräutigam frißt,
Wenn er sie auch widerstrebend
Im letzten Moment bepißt.
Auf die paar Gnaden-Spritzer,
Meint sie, kommt es nicht mehr an.
Sie ist ja die lustige Witwe
Und kannt' so manchen Mann.

4

Das ist die lustige Witwe,
Steht wartend schon auf dem Platz,
Voll Ungeduld auf ihre Hochzeit:
»Wo bleibt denn nur mein Schatz?«
Ihr Deutschen, sie wartet schon lange,
Viel Bräutigams sind im Land;
Sie wartet auf allen Plätzen
Und winkt mit der roten Hand!

5

Ihr Deutschen, die lustige Witwe
Steht da ohne Haube und Hut.
Sie heult wie ihr vor Hunger
Nach Fürsten-Liebe und -Blut.
Laßt, Deutsche, die Dame nicht warten.
Streut Sägespäne und Sand
Und feiert die Hochzeit der Witwe,
Seid endlich einmal galant!

6

Treibt rechts und links zusammen
Die Bräutigamsbagasch!
Und fürchtet nicht, daß es zu viel sind.
Die Witwe heiratet rasch.
Kaum hat sie den einen entwitwet,
Geht sie an den nächsten stracks;

Die lustige Witwe.

Marschlied zum ....

Das ist die lustige Witwe,
Die „knapp“ den Kopf abreißt.
Den Kopf mitsamt der Krone,
Wie immer sie auch heißt!
Den Kopf, ob er voll oder leer ist,
Die Krone, ob Gold oder Blech!
Zu lange bissen sie selber,
Zu lange waren sie frech.

Das ist die lustige Witwe,
Die steht auf dem großen Platz
Und wartet auf ihre Hochzeit
Und wartet auf ihren Schatz.
Sie hat zwei kräftige Arme
Und läßt ihn nicht mehr aus,
Den fürstlichen bleichen Verliebten
Kurz ist der Hochzeit-Schmaus!

Denn sie ist grad wie die Spinne,
Die „schnapp“ den Bräutigam frißt,
Wenn er sie auch widerstrebend
Im letzten Moment beküßt.
Auf die paar Gnaden-Spritzer,
Meint sie, kommt es nicht mehr an.
Sie ist ja die lustige Witwe
Und kennt so manchen Mann.

Das ist die lustige Witwe,
Steht wartend schon auf dem Platz,
Voll Ungeduld auf ihr Hochzeit
— Wo bleibt denn nur mein Schatz? —
Ihr Deutschen, sie wartet schon lange,
Viel Bräutigams sind im Land;
Sie wartet auf allen Plätzen
Und winkt mit der roten Hand!

Ihr Deutschen, die lustige Witwe
Steht da ohne Haube und Hut.
Sie brüllt wie ihr vor Hunger
Nach Fürsten Liebe und Blut.
Laßt, Deutsche, die Dame nicht warten.
Streut Sägespäne und Sand
Und feiert die Hochzeit der Witwe,
Seid endlich einmal galant!

Treibt rechts und links zusammen
Die Bräutigamsbagage
Und fürchtet nicht, daß es zu viel sind,
Die Witwe heiratet rasch.
Kaum hat sie den einen entwitwet,
Geht sie an den nächsten stracks;
Kann hundert an einem Tage
Heiraten mit einem Knax!

Und wißt: so ’ne lustige Witwe,
Wie die in diesem Gedicht,
Steht auf jedem deutschen Platze,
Ob Ihr sie seht oder nicht!
Und führt Ihr die Fürsten zu ihr nicht,
Jagen Euch die Fürsten zu ihr.
Und dann ist’s aus mit der Schlachtwurst
Und mit dem bairischen Bier.

Denn ob sie nicht Hochzeit gehalten,
Bleibt die lustige Witwe am Platz
Und eher habt Ihr nicht Frieden,
Ob sie nicht hat ihren Schatz.
Nun, ich wünsche fröhliche Hochzeit
Der lustigen Witwe und Euch,
Und dann gute Fürstenverdauung
Euch und dem ganzen Reich!

Erich Mühsam

Flugblatt
Text von Erich Mühsam, Zeichnung von Arnold Fassbender

Kann hundert an einem Tage
Heiraten mit einem Knax!

7

Und wißt: so 'ne lustige Witwe,
Wie die in diesem Gedicht,
Steht auf jedem deutschen Platze,
Ob Ihr sie seht oder nicht!
Und führt Ihr die Fürsten zu ihr nicht,
Jagen Euch die Fürsten zu ihr.
Und dann ist's aus mit der Schlackwurst
Und mit dem bairischen Bier.

8

Denn eh' sie nicht Hochzeit gehalten,
Bleibt die lustige Witwe am Platz,
Und eher habt Ihr nicht Frieden,
Eh' sie nicht hat ihren Schatz.
Nun, ich wünsche fröhliche Hochzeit
Der lustigen Witwe und Euch,
Und dann gute Fürstenverdauung
Euch und dem ganzen Reich!

1917

Nr. 23 995.   München, den 19. Oktober 1918.

5

Zentralpolizeistelle Bayern

Briefadresse: Zentralpolizeistelle Bayern in München,
Ettstr. 2
Telegrammadresse: Pollavastelle München   Geheim!
Fernsprecher: Persönliche Sprechstelle 22 5 13;
außerdem 20 2 31

*I. Das Bildflugblatt »Die lustige Witwe«, das ein Spottge-
dicht mit einem Texte von Erich Mühsam und eine in*

Farben gehaltene Zeichnung von Arnold Fassbender auf-
weist, ist hier bereits bekannt. Das Gedicht enthält eine
Aufforderung an das deutsche Volk, seine Herrscher der
Guillotine zu überliefern. Das Bild stellt S. M. den deut-
schen Kaiser Wilhelm II und Seine k. u. k. Apostolische
Majestät Kaiser Karl I. auf dem Gange zum Schaffott
dar, auf dem der deutsche Michel steht.
Bereits im März 1918 wurde von der militärischen Über-
wachungsstelle I. B. Armeekorps beim Bahnpostamte I in
München dem stellv. Generalkommando I. B. Armeekorps
dieses Bildflugblatt vorgelegt. Es wurde einer eingeschrie-
benen Sendung Genf 11 Nr. 749 (Absender: Kundig) mit
Kriegszeitungen, Aufrufen, Werbemarken des feindlichen
Auslandes an die Hof- und Staatsbibliothek München für
deren Kriegssammlung entnommen.
Über den Verfasser des Begleittextes, den Zeichner, Her-
steller und Verbreiter des Bildflugblattes »Die lustige
Witwe« wurden von hier aus in der Schweiz Erhebungen
veranlaßt. Es wurde folgendes mitgeteilt:
»Das Flugblatt ist gedruckt in der Druckerei Meyer-Lar-
cheveque in Genf, rue de Carou 48 im Auftrage von
Jakob Feldner und zwar Ende 1917. Sämtliche Exem-
plare wurden nach Zürich und Basel gebracht. Die Druk-
kerei selbst behielt kein Exemplar zurück, aus Furcht vor
Haussuchungen der Polizei.
Die Zürcher Exemplare gingen an die Adresse des Willi
Rostel (richtig: Trostel), Präsident der Jugendorganisa-
tionen, der den Versand nach Deutschland besorgen sollte.
Ob die Verfasser wirklich Mühsam und Fassbender
sind, war nicht näher zu ermitteln.«
Mühsam Erich, Schriftsteller, verh., mosaisch, geboren am
6. IV. 1878 zu Berlin, bayerischer Staatsangehöriger,
Eltern: Siegfried Mühsam und Rosalie, geb. Cohn, wurde
bis jetzt noch nicht darüber gehört, ob er der Verfasser des
Begleittextes ist. Er wird dies zweifellos in Abrede stellen.
Die ganze Darstellung, sowie die Ausdrucksweise sprechen
jedoch dafür, daß Mühsam der Verfasser ist.

Der Schriftsteller Erich Mühsam, *seit Jahren als Anarchist hier bekannt, ist wegen seines politischen Verhaltens durch Verfügung des stellv. Generalkommandos I. B. Armeekorps in München vom 22. März 1918 auf Grund Art. 4 Nr. 2 des Kriegszustandsgesetzes das Auftreten in öffentlichen oder geschlossenen Veranstaltungen, in denen politische oder wirtschaftliche Angelegenheiten erörtert werden, sowie die Teilnahme an solchen, verboten worden. Gleichwohl setzte Mühsam seine agitatorische Tätigkeit zur Herbeiführung des Umsturzes fort. Durch Verfügung des stellv. Gen.Kdos. I. B. A. K. vom 25. April 1918 wurde Mühsam der weitere Aufenthalt im Stadtbezirke München untersagt und ihm der Stadtbezirk Traunstein als Aufenthaltsort angewiesen, wo er sich zur Zeit noch aufhält.*

Feldner *ist personengleich mit dem bekannten radikal-sozialistischen, der extrem-pazifistischen Richtung angehörenden Studenten und Schriftsteller Jakob* Feldner, *ledig, kath., geboren am 27. III. 1896 in Regensburg, bayerischer Staatsangehöriger, Eltern: Jakob Feldner und Antonie, geb. Schlagintweit, Bahnverwalterseheleute in Regensburg. Feldner erhielt im Herbst 1916 die Genehmigung zum Aufenthalt in der Schweiz auf die Dauer von 3 Monaten, ist aber nach Deutschland nicht mehr zurückgekehrt und hält sich in Genf – 6, Avenue Gallatin, auf.*

Ob Feldner mit Mühsam in Verbindung steht, ließ sich bis jetzt nicht feststellen.

Fassbender ist hier unbekannt.

Die revolutionäre-sozialistische Wochenschrift, »Der Kampf« erscheint in Amsterdam und ist hier bekannt. Die Broschüre »Zwei Fragen« von Siegfried Balder *ist hier ebenfalls bekannt geworden. Nach gewordener Mitteilung sind in letzter Zeit geschlossene Briefsendungen aus der Schweiz mit dem Bildflugblatt »Die lustige Witwe«, dem Wochenblatt »Der Kampf«, der Broschüre »Zwei Fragen« von Siegfried* Balder, *in Zürich in der Neuen*

*Internationalen Vereinsbuchhandlung erschienen, in
Deutschland Vereinen zugegangen. Die Schriften dürften
einer gemeinsamen Quelle entstammen.
Die Briefumschläge tragen den gefälschten Aufdruck:
K. u. K. österr.-ungarisches Konsulat in Basel und sind
in Basel zur Post gegeben.
Nach einer Mitteilung der k. k. Polizeidirektion in Wien
vom 12. September 1918 wurde am 21. August 1918
vom Postamte I in Basel an die Adresse der »Arbeiterzei-
tung« in Wien die Nr. 626 der »Kölnischen Volkszeitung«, Mittagsausgabe, vom 10. August 1918 geschickt.
Eingehüllt in dieser Zeitung befanden sich zwei Flugblätter,
darunter auch das Bildflugblatt »Die lustige Witwe«.
Die Verhandlungen wegen des von der militärischen Über-
wachungsstelle I. B. A. K. beim Bahnpostamte I München
angehaltenen Flugblattes »Die lustige Witwe«, wurden
nach Mitteilung des stellv. Generalkommandos
I. B. A. K. als Strafanzeige wegen Aufforderung zum
Hochverrat u. a. an den Herrn Ersten Staatsanwalt bei
dem K. Landgerichte München I abgegeben.*

II. *Durch das stellv. Generalkommando III. B. Armeekorps
In* Nürnberg *an den Herrn Ersten Staatsanwalt bei dem
K. Landgerichte in* Regensburg.

gez. Freih. v. Rotenhan

Beilage:
1 Briefumschlag mit drei Flugblättern.

*Erich Mühsam
München
Georgenstr. 105/IV.*

Sehr geehrter Herr, *13. Jan. 1918*
*hierbei erhalten Sie ihren Artikel zurück. Ich bin Internationa-
list, mein Blatt führt den Untertitel »Zeitschrift für Menschlichkeit«. Für Verhetzungen ist darin kein Raum.*

*So hätte ich Ihnen auch geantwortet, wenn ich kein Jude wäre.
Ich bin's aber und glaube in meiner Person eine Widerlegung
Ihrer Verallgemeinerung zu sein.*

*Übrigens beruhen Ihre Darlegungen auf unwahren Vorausset-
zungen. Die Behauptung, 80 % des Nationalvermögens sei in
Händen von Juden, ist blanker Schwindel. Am Großgrundbesitz
ist das Judentum so gut wie gar nicht beteiligt. Die großen
Grubenbesitzer sind ebenso wie die reichsten Industriellen Nicht-
juden.*

*Daß es – auch in Deutschland – ein großes, in bitterster Not
lebendes jüdisches Proletariat gibt, scheint Ihnen neu zu sein.
Wahr ist, daß der Teil des Nationalvermögens, der in jüdischen
Händen ist, prozentual den Gesamtbesitz kaum übersteigt.
Richtig ist, daß der Börsenhandel zum großen Teil von Juden
besorgt wird. Der Börsenhandel ist schädlich und verwerflich. Er
ist zu bekämpfen, nicht die Juden, die von den infamen Einrichtungen des Kapitalismus ebenso profitieren wie die Arier auch.*

*Übrigens verspreche ich Ihnen, daß Sie auch fernerhin in Ver-
sammlungen, auf die ich Einfluß habe, in dem Augenblick auf
meinen Beistand rechnen können, wo Ihnen das Konzept ver-
dorben zu werden droht. Nur sehe ich nicht ein, was Sie innerlich ausgerechnet zu Kommunisten ziehen kann und wie Sie den
»Genossengruß« rechtfertigen wollen, mit dem Sie Ihren Brief
an mich schließen.*

*Hochachtungsvoll
Erich Mühsam*

An Zenzl Mühsam

Meine liebe Zenzl!   *Traunstein, 28. 4. 1918*

*Zunächst einmal will ich Dir einen kurzen Bericht geben über
meine Erlebnisse seit gestern. Nachdem Ihr mich verlassen habt,
las ich in meiner Zelle noch bis Dunkelwerden und ging gegen
1/2 7 zu Bett, d. h. ich machte mir auf der harten Pritsche ein*

notdürftiges Lager und schlief ziemlich wenig. In der Frühe um
1/2 5 mußte ich aufstehen, bekam beim Gefängnisverwalter
meine Uhr, mein Geld und das übrige wieder und mußte unter
Führung eines Kriminalers zur Bahn. Im Wartesaal III. Klasse
trank ich eine Art Kaffee und gegen 3/4 6 setzte sich der Zug in
Bewegung, der überfüllt war. Nun hatten wir Platz, da für
uns – meinen Hüter und mich – ein Coupé reserviert war, das
von beiden Seiten abgeschlossen wurde.
Vor der Abfahrt winkte der eine der Kriminaler noch zwei
Herren, für die aufgeschlossen wurde, zwei Kollegen von ihm,
die offenbar hamstern fuhren. Der eine mit typischem Polizeige-
sicht, eingedrücktes Gesicht, leblose Augen, großes zu allem ent-
schlossenes Kinn und brutale Hände, hatte ein 10jähriges Söhn-
chen bei sich, der andere, ein älterer, der nach meinem Ansehen
eher Delinquent als Schutzmann schien, begrüßte mich als alten
Bekannten. Auf meine Frage, ob er vielleicht mal bei mir (war),
erwiderte er, er kenne mich von Versammlungen her. Während
der 5stündigen Fahrt las ich in (Maximilian Hardens) pracht-
vollem »Krieg und Frieden« und hörte brockenweise den Gesprä-
chen der Polizeibeamten zu, die sich über die Siege im Westen
freuten und meistenteils fachsimpelten. Eine Mundharmonika
war auch da und mein Transporteur blies darauf lauter senti-
mentale Lieder, was mich das Gemütsleben der Beamten kennen
lehrte. Mein Freund schwärmte im Anschluß an diesen Kunst-
genuß von Fotzhobelkunst. Um 3/4 11 kamen wir in Traunstein
an und ich wurde sogleich zum Lagerkommandanten, Hauptmann v(on) d(er) Pfordten, geführt, der ein Münchener Landge-
richtsrat sein soll. Der Mann war sehr höflich mit mir und gab
mir Anweisungen. Hier ist nämlich ein großes Zivilgefangenen-
lager, in dem Engländer, Franzosen, Belgier, Russen,
Rumänen, Serben, Italiener und wer weiß was noch für Landsleute interniert sind. Eine Reihe von ihnen sind auch aus dem
Lager entlassen und dürfen sich frei in der Stadt bewegen,
genau wie ich – 1/2 Stunde im Umkreis. Die vier Orte nach
allen Windrichtungen, über die hinaus ich meine Spaziergänge
nicht ausdehnen darf, sind mir angegeben worden. Ich wurde
dringend ermahnt, nicht mit den Ausländern zu verkehren, da er

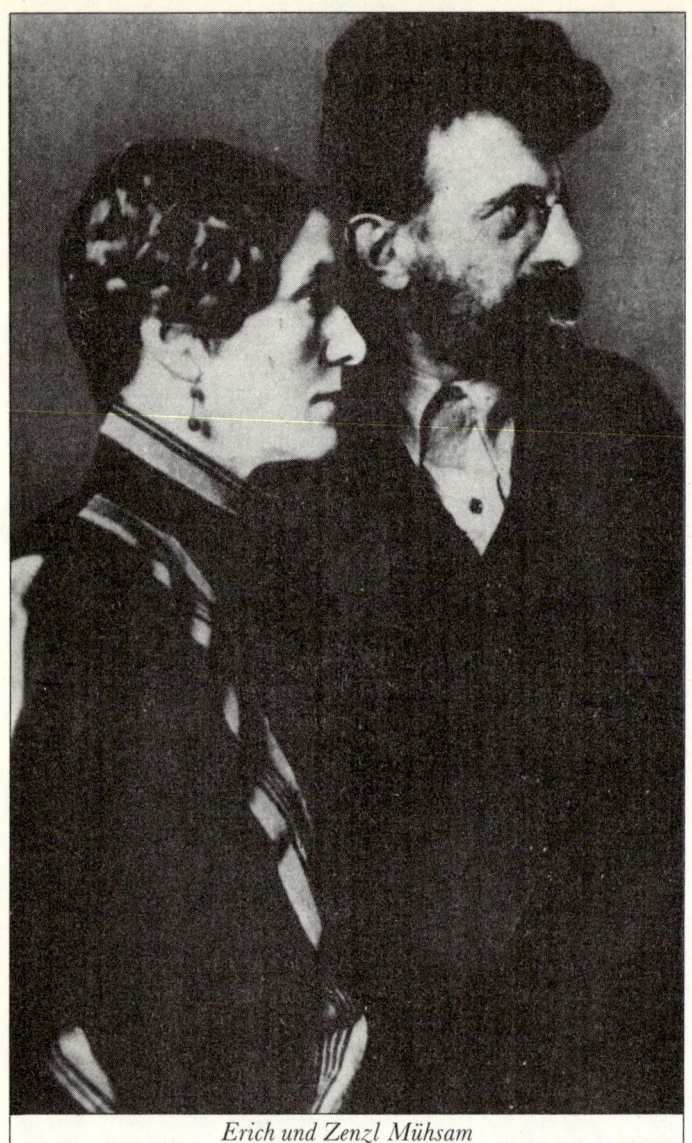

Erich und Zenzl Mühsam

diejenigen von ihnen, die deswegen denunziert würden, wieder ins Internierungslager sperren müßte, abgesehen von dem Spionageverdacht, dem ich mich mit ihnen aussetzen würde.

Gerade erfuhr ich, daß auch Sontheimer sich unter den gleichen Umständen wie ich hier befindet. Ich muß mich täglich zweimal bei der Kommandantur melden und meinen Namen in eine Liste schreiben; vorläufig um 11 und um 4 Uhr. Am Dienstag wird der Hauptmann mit mir zur Handelsbank gehen, wo ich meine Arbeit zugewiesen kriege und erfahre, was ich dafür bezahlt bekomme. Ich traf Sontheimer nachher gleich auf der Straße. Er arbeitet bei der Fleischversorgungsstelle für 5 Mark täglich. Seine Frau war bei ihm zu Besuch. Wir gingen dann zusammen Mittag essen, sehr gut und reichlich − für M. 1,80 (im Abonnement, das ich schon bestellt habe, M. 1,40). Du weißt ja, daß ich Sontheimer nicht sonderlich schätze, immerhin ist er mir jetzt hier lieber als niemand. Traunstein ist sehr schön gelegen und ein nettes Städtchen mit guter Luft. Ich wohne die ersten Tage im Gasthof. Dienstag werde ich wohl ein Zimmer mieten können. Dann teile ich Dir die Adresse natürlich sofort mit. Vorher schreibe mir bitte nur, wenn etwas ganz Dringliches mitzuteilen sein sollte an die Adresse der Lagerkommandantur. Mache aber bitte ein Paket fertig und tue hinein: Schreibpapier aller Sorten, soviel wie möglich (auch die Kuverts im Schreibtisch), die Pipette für den Füllhalter aus dem blauen Siegfriedkasten, die Flasche mit Füllfedertinte nur, wenn sie garantiert nicht auf- und kaputtgeht, aus dem unteren Schubfach des Bücherschranks Karl von Pidolls Roman »Karl Brand«, aus der Staffelei in meinem Zimmer die Memoiren von Krapotkin und die von Alexander Herzen (je 2 Bände). Sie müssen nebeneinander stehen, ganz links im 3. oder 4. Regal von unten. Ferner ein weiteres Paar Stiefel. Außerdem das angefangene Tagebuch aus dem Schreibtischschubfach, in dem der Postkasten liegt. Die Zeitungen aus dem Stefanie will ich bloß noch bis 1. Mai nachabonnieren. Ich halte mir dann hier einige Blätter, die ich direkt beziehe. Und am Samstag Nachmittag erwarte ich Dich − ja? Alle weiteren Entschlüsse fassen wir dann miteinander. Grüße alle, besonders Albert Resch, den (…), den H. C. F. und den Pudel. Sage allen Leuten, daß sie für Ausflüge an Traunstein

denken sollen (z. B. Attenhofer, Ahlmeyer, vor allem Aster). Dir
rate ich, die neue Wendung mit gutem Humor zu tragen und Dich
nicht zu sorgen um mich. Es ist besser, so, als wie es Liebknecht
etc. haben und ich werde mich schon dreinfinden. Ich küsse Dich
herzlich   Dein getreuer Erich

An Maximilian Harden

Sehr verehrter Herr Harden,

ohne Ihre »Zukunft« könnte ich hier wirklich an der deutschen
Welt verzweifeln. Heut las ich den Artikel »Vier Jahre Krieg«.
Ich freue mich sehr, daß das alles doch irgendwo öffentlich gesagt
wird. Auch den Unabh(ängigen) Soz(ial)-dem(okraten) fehlt's an
Zivilcourage. Sie kennen doch Mehrings Ansicht über diese Partei:
Ich finde sie vollkommen richtig. Immerhin ist es gut, daß Leute
wie Cohn und Herzfeld da sind. – Mir geht's so gut, wie die sehr
widrigen Umstände erlauben. Jetzt bin ich über 3 Monate da und
muß immer noch alle 3 Stunden zur Meldung. Damen, die hier
zur Kur sind und mit mir gesehen werden, hat man zur Polizei
zitiert, um ihre Beziehung zu mir festzustellen. Den Zivilgefan-
genen, Franzosen, Belgiern, Russen, Serben, Italienern etc. hat
man jeden Verkehr mit mir verboten. Sie könnten mir ja zuviel
erzählen über die Behandlung derer, die noch im Konzentrations-
lager sitzen. Ich erfuhr so trotzdem viel Interessantes … Ihr Buch
habe ich leider noch nicht bekommen. Weiß Reiß Bescheid? –
Wenn Sie gestatten, möchte ich Ihnen gern einen Artikel über die
jüngst gestorbene Gräfin Franziska zu Reventlow schreiben. Auch
ein paar Verse, die der Krieg mir eingegeben hat, gebe ich am lieb-
sten der »Zukunft«. Ich begrüße Sie mit herzlicher Empfehlung.

Traunstein, 6. Aug. 1918   Ihr ergebener
Stadtplatz 27/1.   Erich Mühsam

Ein Mann des Volkes

Romanmanuskript

Jakob Bröschke lebt noch. Er ist ein rüstiger Mann in den Sechzigern, trägt einen hellgrauen Filzhut und einen Spazierstock mit silbernem Knopf, helle Hosen, die unter dem langen Lodenmantel gravitätisch wuchtende Beine zum Vorschein kommen lassen, und braune Schnürstiefel. Ohne so solide Umhüllung möchten die untersetzte Gestalt, der breite, nach oben zugespitzte Kopf auf dem dikken, roten Hals, der eines Furunkelpflasters wegen immer ein wenig zur Seite geneigt ist, das gedunsene Gesicht mit dem grauen Vollbart und den in feuchtem Blau schwimmenden Spaltäugelchen kaum so beachtlich scheinen, daß Bürger und Kinder Jakob Bröschke, sobald er nur sein Haus verläßt, mit der scheuen Achtung grüßen sollten, wie sie nur offiziell besiegelter Wert begründet.

Auch daß Jakob Bröschke eine bedeutende, purpurn und blau funkelnde Glatze hat, ist trotz seiner Straßenkleidung zu beobachten. Denn kein Gruß eines Passanten bleibt unerwidert. Welchen, beziehungsweise einen wie großen Teil der Glatze Jakob Bröschke beim Zurückgrüßen sichtbar werden läßt, hängt natürlich von der Person dessen ab, der ihm die Ehre erweist.

Handelt es sich um einen Nachbarn, etwa den Zigarrenhändler Wirrgarn, der als kaum Interessierter an den großen Streitfragen der Gegenwart – er beteiligt sich überflüssigerweise an den Kirchenratswahlen und soll sonst dem Nationalliberalen seine Stimme geben – Bröschke einerseits als Kunden in Pfälzer Zigarren und Grobschnitt-Tabak »Wanderlust« Höflichkeit bezeigen muß, andererseits auch aus Selbsterziehung einem angesehenen Mann, dessen Verdienste um das allgemeine Wohl, sei er immer auch ein Sozialdemokrat, niemand bestreiten kann, die freiwillige Reverenz nimmermehr versagen würde – handelt es

sich also um Herrn Wirrgarn oder Herrn Magistratssekre-
tär Stolterbeen, so entblößt Bröschke durchaus den Kopf,
ja, es ist ihm nicht zuviel, den Hut mit einer leichten
Schwenkung schräg nach oben so weit von der Glatze zu
entfernen, daß er ihn beinahe im gestreckten Arm hält –
hingegen bleibt seine Miene bei solchem Gruße unbewegt,
der Blick schwimmt am andern vorbei in grader Richtung
vorwärts, Bröschkes Seele scheint unberührt von der Begegnung. Von dem Gruß nimmt er zwar in entgegenkom-
mendster Form acht, nicht aber von dem Grüßenden.

Anders, wenn ein Parteifreund des Weges kommt, bei-
spielsweise der junge Rudolf Tesenfitz, der neue Redakteur, der sich so gut anläßt; da entsteht nicht halb soviel
Zwischenraum zwischen Hut und Glatze – und doch,
welch ein Unterschied! Was immer an Herzlichkeit in
Bröschkes Züge geraten kann, wendet sich dem Bevorzug-
ten zu. Die Äuglein zwinkern, der Schnurrbart schwabbt
mit ihnen im Takt, und ein Vorderzahn des Oberkiefers
wird über der gesprungenen Unterlippe sichtbar. Die
Hand aber spreizt sich, bis sie die Hutkrempe erreicht hat,
schüttelnd und winkend in die Höhe, so daß ihre beträcht-
liche Breite und der goldne Trauring am vierten Finger
erkennbar wird.

Noch kameradschaftlicher grüßt Bröschke den zweiten
Bürgermeister, seinen Genossen Peter Schmirl. Da sieht
man gleich, daß es alte Freunde, gute Kampfkumpane
sind – nun ja, sie sind ja auch fast im gleichen Alter –, und
da bleibt Bröschkes Glatze bedeckt, und nur ihre Ränder
deuten sich bald links, bald rechts an. Denn er rüttelt zum
Gruße am Hut, während sein Hals sich ganz zur Seite legt,
über der Lippe gar zwei Zähne sichtbar werden, die gerö-
tete Knopfnase zuckt und schnuffelt und der Gurgel ein
röchelnder Laut entfährt, der, wenn die Freunde zum Hän-
dedruck stehnbleiben, zu einem jovialen Ausruf anwächst,
wenn sie in Eile aneinander vorüberhasten, in einem ver-
schluckten Gelächter untergeht.

Hat Jakob Bröschke dem Gruß eines weiblichen Wesens zu

danken, so gibt es auch da Unterscheidungen mancher Art. Es versteht sich, daß Frau Domnick, die daheim seiner Adele als Zugeherin behilflich ist, keinen Anspruch auf ein so respektvolles Hutlüften hat, wie es etwa der Gattin des Töpfermeisters Diestel, des Hausbesitzers nebenan, zukommt. Dennoch zieht Bröschke auch vor Frau Domnick den Hut, da sie nie unterläßt, vor ihm einen Knicks zu versuchen, und ebenso hält er es mit Frieda, dem eigenen Dienstmädchen.

Arbeitern und Arbeiterinnen – diese Lehre haben die Seinigen oft von ihm vernommen – kann man nicht höflich genug begegnen. Und es ist wahr: Wird Bröschke von einem Arbeitsmann gegrüßt, der grade von der Werkstatt kommt oder auf dem Wege dorthin ist, so nimmt sein Gesicht einen sehr ernsthaften Ausdruck an, und während er den Hut langsam schräg aufwärts vom Kopf wegbewegt, bis der Arm ungefähr gestreckt ist, neigt er zugleich unter Schonung des Furunkels den Hals, so daß die Bartspitze beinah den Knopf des Umlegekragens berührt.
Leider sind jedoch die guten Manieren unter den Arbeitern seit geraumer Zeit stark zurückgegangen. Die Hetzereien der Linksradikalen haben die früher so dankbaren und gesitteten Leute vielfach geradezu zu Pöbel gemacht. Es gibt sogar einzelne, die dem verdienten Führer frech ins Gesicht sehn, ohne ihn eines Grußes zu würdigen. Der Schlosser Winckelmann von der Maschinenbaugesellschaft hat es direkt darauf abgesehen, zu provozieren. Kommt er auf dem gleichen Fußsteig Bröschke entgegen – der Kerl denkt nicht nur an kein Hutziehn, er weicht nicht einmal aus, sondern zwingt den alten Volksmann, vor seinem schlenkernden und breit ausladenden Gang zur Seite zu gehn, und Bröschke hat dabei manchmal deutlich bemerkt, daß Winckelmann – ein Mensch von höchstens 35 Jahren – dabei ganz ungeniert gegrinst hat.
Jakob Bröschke verzichtet gern auf den Gruß dieses Verblendeten. Er weiß sich der Hochschätzung des besten

Teils des Volkes sicher. Ja, bis in die allerersten Kreise hinein steht seine gediegene Persönlichkeit in vorteilhaftestem Ansehn. Er steht auf Grüßfuß mit dem Herrn Staatspräsidenten, mit allen Parlamentariern, mit Ministern und höchsten Beamten, mit der führenden Geistlichkeit und der Militäraristokratie. Ja, man muß sehn, wie die Gattinnen der repräsentativen Männer im Staate seinen Gruß erwidern, um zu wissen, daß Bröschke in der Tat ein Faktor seiner Zeit ist. Solche Persönlichkeiten grüßt er selbstverständlich zuerst. Langsam greift er zum Hut, und während er ihn in diesem Falle im Bogen schräg abwärts zieht, so daß der Arm nahezu gestreckt erscheint, stockt sein Schritt, um dem Körper Platz zu schaffen, sich vom Bauch aufwärts in seitlicher Verkrümmung zu verbeugen. Auch bei dieser Prozedur treten die beiden Vorderzähne hervor, jedoch nicht als Wahrzeichen der Leutseligkeit, sondern als Zeugen ungemeiner Aufregung und Anstrengung ...

Am 14. Juli 1918 beging Jakob Bröschke seinen sechzigsten Geburtstag. Es war ein schönes Fest.

Frau Adele hatte es ja nicht leicht gehabt. So robust ihr Körper bei all seiner Knochigkeit gebaut war – schließlich war sie doch nur vier Jahre jünger als der Gatte, und das tagelange Auf und Ab und Hin und Her, das Umwerkeln in den Zimmern, das Herrichten behaglicher Unterkunft für Kinder und Enkelkinder, das Anordnen jeder Kleinigkeit – denn was nützte alles Schreien und Kommandieren mit Frau Domnick und Frieda, dem Hausmädchen: wo sie nicht selbst Hand anlegte, war's ja doch nicht das richtige, und wenn auch Käte schon seit zwei Tagen da war, eine verheiratete Tochter will als Gast behandelt werden, und ihr bißchen Hilfe wiegt die Mehrarbeit nicht auf, die sie für Mann und Kind und die eignen Bedürfnisse beansprucht –; kurz und gut, die Vorbereitungen zu dem großen Tage, über denen doch die Mahlzeiten und die regelmäßigen Anforderungen des Haushalts nicht vernachlässigt werden durften, hatten auch ihrer gesunden Konstitution gehörig zugesetzt.

Als sie am Vorabend glücklich um halb zwölf Uhr mit brennender Kerze ins Schlafzimmer getreten war – Jakob hatte sich schon, um morgen bei Kräften zu sein, um neun in die Federn gewälzt; Käte und Eugen hatten sich eine Stunde danach in die zur Familienwohnstätte umgebaute gute Stube zurückgezogen, und Frieda turnte grade laut gähnend zu ihrer Dachkammer hinauf –, da warf Adele mit einer Bewegung, die alle Gelenke knacken ließ, das Hauskleid über den Kopf und auf einen Stuhl, löste mit zwei Griffen die graumelierte Frisur auf, deren stärkeren, braunen Teil sie im Schubfach der Spiegeltoilette verwahrte, lockerte ein paar Bänder, Haken und Nadeln, was ihr gestattete, Beinkleid und Unterröcke gleichzeitig fallen zu lassen und mit raschem Zufassen zugleich mit den Hausschuhen abzustreifen, riß das Mieder resolut über die dürren, sehnigen Arme und setzte sich dann, nur noch mit dem kurzen, ärmellosen, um Hals und Nacken halbrund ausgeschnittenen Hemd und mit schokoladebraunen gestrickten Strümpfen, die über den Knien von Gummizugbändern umschlossen waren, bekleidet, auf den Rand ihres schon hochgeschlagenen Bettes. Jetzt erst nahm sie sich die Muße, die Glieder gründlich zu recken. Die langen roten Hände schlossen sich, und die Arme stießen mit leichter Drehung nach außen vor, so daß über den Ellenbogen eine tiefe eckige Einbuchtung entstand, während zugleich ein aus den Eingeweiden vorgeholter prustender Ton aus Adeles Mund pfiff. Hierauf bückte sie sich und rieb mit beiden Händen vom Knie bis zur Fessel an beiden Beinen entlang, ehe sie sich zu den weiteren Maßnahmen zum Schlafengehen entschloß.

Langsam entfernte sie die Ohrringe aus den Läppchen und legte sie auf den Nachttisch; dann griff sie sich mit Daumen und Zeigefinger der linken Hand in den Mund und entnahm ihm die sechs mittleren Zähne der oberen Reihe, die ihren Platz im Nachtkästchenschubfach fanden. Ein Blick aufs Nachbarbett überzeugte sie, daß die sichtbaren Merkmale tiefen Schlummers mit den hörbaren, die der

Gatte von sich gab, übereinstimmten; so nahm sie aus der Schublade einen Schlüssel, öffnete damit den Kleiderschrank und legte für sich selbst das violette Besuchskleid heraus, während sie vorsichtig wie bei einer Diebestat den neuen Schlafrock vom Haken löste, der ihre Überraschung zu Jakobs Geburtstag sein sollte. So leise wie möglich und unter wiederholtem ängstlichem Umschauen nach dem Schnarchenden schloß sie den Schrank wieder ab, dekorierte einen Stuhl am Fußende der Betten mit dem Geschenk und wandte sich nun mit Entschiedenheit den letzten Anordnungen ihrer Nachtgarderobe zu.

Drei Finger unter das Strumpfband gespreizt, ließen sich die Beine rasch entkleiden, und während eine Hand bereits unter dem aufgestülpten Deckbett Nachthemd und -jacke herauszog, hatte die andre schon das leichte Hemd über der Schulter aufgeknöpft, so daß es nun haltlos den Leib hinab auf die bloßen Füße rutschte, die ihm sogleich entstiegen. Bis sie die Glocke des Nachthemds geöffnet hatte, um mit Kopf und Armen darin zu versinken, stand Frau Adele Bröschke in herber Nacktheit in ihrem ehelichen Schlafgemach. Ob die Gemahlin des Volksmannes aus ihren Mädchenjahren noch oder aus der Zeit jener Frühwochen gattlicher Gemeinschaft, da die Sorge, für den Herzliebsten schön genug zu sein, keinen wichtigeren Gedanken zuließ, die Gewohnheit abzulegen vergessen hatte, oder ob die weibliche Natur allgemein und unbekümmert um Lebensalter und Vergänglichkeit von Reiz und Sinnenlust den Hang zum Selbstgefallen in sich birgt – gleichviel: die gänzlich entkleidete Frau benutzte die kurze Spanne Zeit zwischen dem Wechseln von Tag- und Nachthemd, um mit einer kurzen Wendung des Nackens die eigene Figur in dem von flackerndem Kerzenlicht hinlänglich beleuchteten Spiegel zu überschauen.

Mochte die Geste immer mechanischer Angewohnheit entstammen, gewiß ist, daß es kein gedanken- und interesseloser Blick war, den Adele auf ihren doch schon großmütterlichen Akt fallen ließ. Denn ihr erstes war, daß sie mit den

Fingern ins Haar fuhr und die dünnen grauen Strähnen mit zausender Gebärde über einen kahlen Spalt schichtete, der von der Stirn zum Scheitel klaffte. Und auch dann noch schweiften ihre grauen Augen verräterisch lange an der spitzen Nase über den Wulstmund mit dem überhängenden Oberkiefer, das lange Kinn und den dürren Hals hinweg, vorbei an den schmalen hohen Schultern, aus deren Knorpeln die blauroten Arme allzulang herabhingen, und am Leibe selbst dahin, dessen flache Eingedrücktheit nur von den von sichtbaren Rippen getrennten, wie leere Papiertüten herabhängenden Busenresten unterbrochen, sich unterhalb des Nabels noch einmal wölbte, die Hüftknochen weit herausragen ließ und da, wo die mageren Schenkel sich gabelten, hohl einfiel, bis endlich zu den wappenschildförmigen, eingedrückten Knien, von denen aus die behaarten Beine in die schwarze Schattenfläche des Spiegels unsichtbar versanken. Einen Augenblick hängte Frau Bröschke ihre langen Wimpern über die Augen, dann gab sie sich einen Ruck, schlüpfte ins Hemd, das den ganzen Körper verhüllte und nur die platten breiten Füße mit den gekrümmten Zehen und ihren dunkeln Nagelrändern frei ließ. Der Oberleib wurde überdies noch in die blaugestreifte Nachtjacke geknöpft, und mit einem Schwung saß Adele im Bett, zog die Decke über die in spitzem Winkel hochgestellten Knie, schleuderte die Füße geradeaus von sich weg, wobei sie den Rand der Bettdecke unter das Kinn klemmte, und lag langgestreckt, den müden Leib wohlig den Kissen hingegeben, nach vollbrachtem Tagewerk an der Seite Jakob Bröschkes.

Das Licht ließ sie weiterbrennen. Denn, so abgerackert sie war, sie wollte wach bleiben, bis die Mitternachtsstunde und mit ihr der Festtag da wäre. Zur Entgegennahme ihres Glückwunschkusses, so hatte sie es sich vorgenommen, sollte Jakob eine Minute lang den Nachtschlummer unterbrechen. Dann wollte auch sie sich bis zum Anbruch des Tages der zufriedenen Ruhe des Schlafes hingeben.

Mit halbgeschlossenen Augen döselte sie vor sich hin. Die kleinen Episoden des abgeschlossenen Tages liefen wie die Hundertmetersteine an der Landstraße an ihrem Gedächtnis vorbei. Da war morgens beim Einholen gleich der Ärger gewesen, daß sie nirgends Hefe für den Kuchen auftreiben konnte. Wie besorgt sie um alles gewesen war: Mehl hatte sie seit langem zusammengespart für den Riesenkuchen am Ehrentage, Zucker war dank der Opferwilligkeit ihrer Bekannten, bei denen sie seit Wochen herumgebettelt hatte, und die alle ein viertel Anteil hergegeben hatten, auch da; Eier hatte sie von der letzten Hamsterfahrt genügend mitbringen können, und ihrer Krämerin Frau Reiser war es sogar gelungen, Rosinen zu beschaffen. Selbst ein wenig Milch konnte in den Teig gerührt werden – die Frau eines armen Parteigenossen hatte ihr die Tagesration ihres Kindes gegen fünf Pfund Brotmarken und ein Päckchen Haferflocken abgetreten –, die Gäste sollten einen Stollen und einen Gugelhopf vorgesetzt kriegen wie in Friedenszeiten. Und da hatte sie nicht gleich daran gedacht, für Hefe vorzusorgen! Wer hätte aber auch vermuten sollen, daß sogar so etwas ausgehen könnte! Die Reiser hatte die Hände unter die Schürze gesenkt und die Schultern bewegt; bei Frau Unglaub im Delikateßgeschäft war's ihr nicht besser gegangen, nicht einmal Bäcker Friedell wußte Rat. Es war wirklich eine verzweifelte Geschichte. Adele wollte schon zu Frau Töpfermeister Diestel hinaufgehn, ob sie nicht aushelfen könnte; aber das tat sie ungern, sie hätte sich auch erst ein wenig anziehn müssen, und ob sie die Hefe dort bekommen hätte, war nicht einmal sicher. Jedenfalls ging sie erst mal zum Zigarrenhändler Wirrgarn; da ließ sie ein schönes Stück Geld: gute Zigarren – und den Besuchern an solchem Tag konnte man doch keinen Ausschuß vorsetzen – kosteten 65 Pfennig das Stück; – dreißig Stück mußte sie mindestens rechnen das waren schon fast zwanzig Mark. Und dann noch die Zigaretten! – Eugen Riemann, der Schwiegersohn rauchte ja bloß Zigaretten – überhaupt der mit seinen feinen Passionen! –, ein paarmal eingesogen, und dann den Rest in den Aschbecher, das war ja nicht zum Gutmachen. Fünfzig Stück mußte sie schon kaufen – und zwölf Pfennige jede! – Aber wie der Zufall manchmal spielt! Wie sie Herrn Wirrgarn das Geld hinzählt und ihm dabei ihr Leid klagt wegen der Hefe, meint er: »Warten Sie mal, Frau Bröschke!«, geht ans Haustelefon und ruft zu seiner Frau hinauf: »Mausi! Hast du nicht ein Stück Hefe für den Kuchen zu Herrn Bröschke seinem sechzigsten Geburtstag?« – und nach zwei Minuten kommt auch schon der kleine Alfred damit in den Laden heruntergesprungen! Das war mal wieder gut gegangen. Nachher in der Küche der Aufruhr, daß sie kaum wußte, wie sie sich am Herd bewegen sollte. Das war sonst ihr Reich, wo sie ungestört allein waltete. Frieda hatte nur das Gröbste zu machen, Kartoffel schälen oder Rüben schaben –, für alles andre sorgte Adele selbst, und das Mädchen konnte indessen im Gang oder in den Stuben aufwischen, die Fenster putzen oder sonst nötige Hausarbeit verrichten. Heute aber – Herrgott! Käte mußte ihr auch in jeden Topf kucken, und dabei immer noch das Getue um ihren Eugen! In der Suppe hatte er gern viel Zwiebeln, und die Sauce für die Kartoffelklöße durfte nicht zu mehlig sein – und was noch alles. Na ja, es war ja recht, daß er sie noch geheiratet hatte, wenn er sie auch lange genug drauf hatte warten lassen; Elly hätte wahrhaftig nicht erst vier Jahre alt zu werden brauchen dazu! – Immerhin gut, daß es noch so gekommen war und daß Käte nach den drei Jahren ihrer Ehe in ihrem Mann noch ebenso den Heiligen sah wie zu Anfang. Schließlich hätte er ja wohl wirklich vor dem Krieg die Tochter des Sozialdemokraten nicht heiraten können, wollte er nicht seine ganze Beamtenkarriere aufs Spiel setzen. Bloß, so ein Wesen brauchte sie auch nicht davon zu machen, daß Riemann nun zum Obersekretär befördert worden war und das »Ferdinandskreuz für Verdienste in der Heimat« bekommen hatte. Nein, es war nicht schön gewesen heute beim Kochen! Eugen vorn und Eugen hinten! Und dazwischen das Geplapper und Gerenne der

Kleinen! Allerliebst war ja das Kind geworden, seit sie von Papa anerkannt und bei den eigenen Eltern war. Ein richtiger kleiner Racker war sie, die Elly. Was sie nur alles zu erzählen wußte von den Puppen und von der Schule und wie komisch die Lehrerin aussieht – und vor allem vom Baby, von Hans, dem Brüderchen! Gott sei Dank, daß Käte das Wurm nicht auch noch mitgebracht hatte! So lieb sie ihr Enkelchen hatte – bei dem Trubel jetzt ein anderthalbjähriges Kind im Hause, das wäre ein Geschäft! Ein bißchen leid hatte ihr das arme Ellychen ja auch getan. Wie sie gebettelt hat, daß sie morgen auch dabeisein dürfte, wenn all die vielen Leute zu Großpappi zum Gratulieren kämen! Na, das ging ja nun mal nicht. Das siebenjährige Mädchen – und wo jeder wüßte, daß Käte erst während des Krieges geheiratet hat. Das Kind hatte sich ja schließlich auch getröstet und der Großmutter sogar heimlich hinten das Schürzenband aufgeknotet, als die grade die Klöße übergoß. Da hätte leicht die Hälfte danebengehen können. Aber daß Käte der Kleinen dafür einen Klaps geben wollte, hatte Großmama doch nicht geduldet.

Nach Tisch hatten sie und Käte den Männern beim Kaffee Gesellschaft leisten müssen, während es soviel zu tun gab. Und was ging sie das Gespräch viel an! Um nichts als um Krieg und Politik drehte sich's. Wie die Männer sich nur so streiten mochten um Nebensächlichkeiten, die es doch schließlich waren. In der Hauptsache waren sie ja vollkommen einig, daß jetzt bei den großen Siegen an der Westfront und bei den kolossalen Erfolgen des U-Bootkriegs der Friede ganz bestimmt bald dasein müsse. Das wäre wohl gewiß ein Segen vom Himmel. Bald vier Jahre jetzt das Gemetzel und dabei die Teuerung und die Not bei den armen Leuten, und man selbst konnte auch das Nötigste nicht mehr kriegen, und dann die gräßliche Aufpasserei mit den Marken und das Gelaufe wegen jedem Dreck und das Anstehn! Ob da der Schwiegersohn am Ende recht behielte, daß der Friede von Hindenburg diktiert werden müsse, oder Jakob, daß es nur ein demokratischer Friede sein dürfe und daß nachher das Volk überall selbst mitreden solle – das wollte sie nur ruhig abwarten, ihr würde jeder Friede willkommen sein. Schade, daß Anton noch nicht dabeisein konnte. Der hätte wohl auch seine eigne Meinung zu der Sache gehabt. Aber seit der bei der Kunsthonigstelle war, war ja seine Zeit ganz schrecklich in Anspruch genommen. Gott sei Dank, daß Vater ihn wenigstens hatte unterbringen können, wo er unabkömmlich war. Und mit dem Nachtzug würde er ja kommen – jetzt saß er schon auf der Bahn –, und das Frühstück würde ihm warm gestellt.

Ja, die beiden ältesten Kinder würden zu Vaters Ehrentag zu Hause sein – nur Theodor, der Jüngste, ihr Liebling, durfte nicht kommen. Jakob hätte doch um Urlaub für ihn eingeben sollen. Mein Gott, wegen der dummen Politik verstößt man doch nicht sein leiblich Kind aus dem Elternhause! Gewiß, es mochte ja nicht recht gewesen sein von dem Jungen, daß er zu den Unabhängigen übergetreten war. Aber so wie Vater darüber urteilte, daß er sein Vaterland in der Stunde der Not im Stich ließe, brauchte man es doch auch nicht aufzufassen. Er meinte gewiß selbst, daß er recht tat und daß auf seine Weise der Krieg am schnellsten aus sein würde – und mit einundzwanzig Jahren ging eben das Gefühl leicht noch mit einem durch. Da fühlte sie als Mutter denn doch besser mit, wenn sie es natürlich auch nicht billigen konnte, und vor allem hätte sich Theo nicht gegen den Vater auflehnen dürfen, der noch dazu in seiner politischen Stellung Unannehmlichkeiten von der Querköpfigkeit des Bengels haben konnte. Wenn sie ihn nun bloß nicht an die Front schicken wollten! Bis jetzt war es Jakob da immer noch geglückt, dem Jüngsten zu helfen, daß er in der Etappe verwendet wurde – und auch da hatte er sich das Eiserne Kreuz erworben! –, aber jetzt, wo er aus der Partei ausgetreten und offen zu den Unabhängigen gegangen war, da würde man ihn schnell genug in den Schützengraben holen, und Vater hatte erklärt – und diesmal war es sein Ernst –, daß er für diesen Sohn keinen Finger mehr rühren würde. Die Angst jetzt um den Jungen zu allem übrigen – wenn es ihr nur gelänge, Jakob da umzustimmen! Ihn kostete es ja nur ein Wort, daß man Theo an keinen gefährlichen Posten stellte. Und so ein guter Mensch, wie Theodor immer war! Schon als kleiner Hosenmatz – von jedem Stück Schokolade hat er Mami abbeißen lassen; Anton war viel selbstsüchtiger gewesen. Und so nett, wie Theo als Kind spielen konnte! Da saß er in der Mitte des Korridors und hatte die Schienen seiner hölzernen Eisenbahn rund um sich herumgelegt, und dann zog er die Lokomotive auf, und der Zug fuhr herum, immer herum – summ – summ – summ – – –

Nebenan im Wohnzimmer schlug die Uhr zwölf. Sehr energisch klopfte der Hammer auf die Messingglocke. Adele öffnete ein wenig die Augen. Da merkte sie, daß die Kerze brannte, hörte die raschen Schläge der Uhr und fand sich zurecht. Sie war also doch eingenickt gewesen, ganz gegen die Absicht. Gut, daß sie das Licht nicht ausgelöscht hatte, sonst hätte sie die Stunde ganz gewiß verpaßt und sich elend geärgert. Sie blickte nach dem Lager ihres Gatten, dann darüber hinweg zum Fenster. Der Mond schien kräftig durch den Mullvorhang ins Zimmer. Sie richtete sich auf und drückte mit zwei Fingern den Docht der Kerze zusammen. Einen Augenblick war es dunkel, doch gleich gewöhnten sich die Augen an die schönere Dämmerbeleuchtung, die in zarter Andeutung jeden Gegenstand im Raume erkennbar machte. Ein bläulicher Mondstrahl fiel grade auf das Bett zur Linken und umspielte die Glatze des friedlich schlummernden Bröschke mit mildem Glanz.

Adele neigte den Kopf zu ihm hinüber. Gurgelnde Laute drangen an ihr Ohr. Sie quollen von der Gaumengrotte die Zunge entlang an den halbgeöffneten Mund des Schläfers, von wo sie im Tempo der Atemzüge mit einem geflüsterten Pfeifen ausgeblasen wurden, um sich an den überhängenden Spitzen des weißgrauen Schnurrbarts in winzigen Speichelperlen zu materialisieren. Langsam näherte Adele ihr Gesicht dem seinigen, bis sie, den Körper vorsichtig nachziehend, halb vorgebeugt auf der Seite lag und den Mann geradeaus anschaute. Ein Ausdruck seligster Weltausgesöhntheit verklärte ihn. Die Lider waren tief über die Augen gezogen, so daß die Wimpern wie Fransen auf den Tränensäcken lagen. Die knollige Nase schien sich lebensfroh dem kosenden Mondstrahl zu neckendem Schmerz darzubieten und sog mit geblähten Nüstern Wohlgefallen ein. Die Lippen kräuselten sich, wie erheitert von dem anmutigen Spiel der Schnarchwellen, zu glücklichem Lächeln – und der ausgleichende Schimmer des Mondlichts ließ die blaurote Farbe der Glatze, das tiefe Blau der Schläfenadern, das Ziegelrot der Backen und das Lila der Nase zu einer violett getönten Gesamtpalette voll friedlichem Behagen verschmelzen.

Schelmisch probierend senkte Adele ihren Mund leicht auf Jakobs gesprungene Unterlippe. Ein wohlgefälliges Schwabben des Schnurrbarts quittierte den Kuß und ließ ahnen, daß der wunschlos feste Schlaf von dem duftigen Weben eines vergnüglichen Traumes belebt zu werden begann.

Doch blieb die Haltung des Träumers unverändert; die Merkmale des Schlafes wichen nicht von seinem Antlitz, nur der Mund öffnete sich um ein weniges mehr. Das benutzte die Gattin zu einem neuen Angriff listiger Zärtlichkeit. Sie legte ihren Mund sanft und ohne Druck auf seinen und kitzelte ihn mit der Zungenspitze federnd unter der Oberlippe.

Mit lustiger Neugier sah sie zu, wie die Engel des Schlummers allmählich die Flügel spreiteten, um den glücklich Entrückten weich in die irdische Wirklichkeit zurückgleiten zu lassen. Als ob ihm eine aromatische Frucht zum Imbiß geboten würde, schnoberte seine Nase in die Luft, seine Lippen rundeten sich, als wollten sie Rauchringe blasen, und streckten sich vor, und indem sie an den dicken weichen Lippen Adeles haften blieben, trat eine Verbreiterung des ganzen Gesichts ein, die zu beiden Seiten der Nase horizontale Falten und eine liebenswürdige Aufblähung der Backen hervorrief.

Damit trollte sich der Schlaf endgültig. Unter der Bettdecke arbeitete sich der rechte Arm hervor, und die Hand fuhr erst von unten nach oben mit breiter Fläche über das eigene Gesicht, wobei sich die Augen zwinkernd öffneten, dann legte sie sich verlangend um Adeles Nacken.

»Du! – Ich gratuliere auch schön. – Weißt du nicht, was los ist, Alter?«

Der Volkstribun holte aus dem Bauch herauf Atem und stieß ihn schnaubend durch Mund und Nasenlöcher von sich. Er besann sich.

»Ja. Ist's möglich? Ist schon Zeit zum Aufstehn?«

»Unsinn. Grad hat's zwölf geschlagen. Du hast Geburtstag, Männchen!«

»Sieh mal an. – Ja, dann ist jetzt der vierzehnte Juli?«

»Merkst du was? Du bist ja noch halb im Schlaf, du! – Denk nur mal nach. Dein sechzigster Geburtstag fängt eben an.«

Jakob Bröschke saß mit einem Ruck aufrecht im Bett.

»Herrgotts Donnerkiel! – Denk bloß an, Alte, dann bin ich jetzt sechzig Jahre alt!«

»Hast du's jetzt begriffen, Schlafmütze? – So, und nun wünsche ich dir ein langes glückliches gesundes Leben und alles Schöne und Gute auf der Welt!«

Damit packte Adele ihren Mann mit der rechten Hand unter der linken Achsel, schwenkte ihre obere Partie an ihn heran und versetzte ihm vier, fünf laut schallende Küsse auf den Mund. Bröschke nahm jeden von ihnen mit katerhaftem Zukneifen der Augen in Empfang. Dann blinzelte er die Gattin an, während sich nacheinander zwei Vorderzähne auf der gesprungenen Lippe sehen ließen.

»Dank schön, Liebling. Wollen mal sehn, was das Jahr bringt.«

»Was wünschst du dir denn?«

»Ja – na, das wird sich wohl beizeiten herausstellen.«

»Bist du gar nicht ein bißchen neugierig?« Adele schielte zum Bettende hinunter, wo der Kragen des neuen Schlafrocks die Lade ein wenig überragte.

»Deelchen! Deelchen! Du hast wohl 'ne Überraschung für mich?«

»Rat doch mal!«

»Wie soll ich das wohl raten, Kind? Das werd ich ja morgen immer noch sehn.«

»Ach du! Freust du dich denn gar nicht ein bißchen drauf? Da, kuck mal über den Bettrand.« Sie zeigte mit dem Finger hin, und Jakob bemühte sich, etwas zu erkennen.

»Ich seh bloß was rundes Schwarzes. – Am Ende ein neuer Hut?«

»Oh, du altes Kamel! Wo du doch zwei Hüte hast, den hellen weichen und den steifen runden. Die kannst du beide noch sehr schön tragen. Und außerdem ist ja auch noch der Zylinder da. – Nein, es ist viel was Schöneres.«

»Na, dann sag es mir man lieber gleich. Ich komm doch nicht drauf.«

»Ein Schlafrock ist es! Ich hab ihn selbst gemacht.«

»Ein Schlafrock? – o du Donnerwetter! – Ja, den kann ich brauchen. Wahrhaftig. Die kurze Wolljacke war doch nichts Rechtes mehr.«

»Ja, denk bloß, Schmirl sein Schwiegersohn ist doch neulich Leutnant geworden. Da hat er sich einen neuen Mantel zugelegt, und den alten hat Suse mir verschafft, und ich hab ihn färben lassen und für dich als Schlafrock zurechtgeschneidert, mit violetten Aufschlägen und Kragen und ebensolchem Strick um den Bauch.«

»Hat er denn auch ordentlich Taschen?«

»An jeder Seite eine, und innen noch zwei große Brusttaschen.«

»Das ist gut. Daß ich doch weiß, wo ich mein Taschentuch und die Zeitungen oder die Sitzungsprotokolle immer gleich hinstecken kann.«

Adele streichelte ihm mit der flachen Hand über die Glatze. »Siehst du wohl, Papachen, ich hab schon an alles gedacht. Möchtest du den schönen Schlafrock aber nicht gleich ansehn?«

»Gleich, Schatz.« Damit faßte er jedoch seine Frau fester

um den Hals, als ob er Angst hätte, die Gemütlichkeit könnte durch große Umstände gestört werden. »Komm nur erst mal her, daß ich mich auch richtig bedanken kann.«

Da schob Adele ihren ganzen Oberleib ihm entgegen, und als er jetzt auch mit dem linken Arm um sie herumgriff und sie an sich zog, arbeitete sie mit den spitzen Knien ihre untere Hälfte bis zum äußersten Rand des Bettes vor, daß ihr die Steppdecke nur noch die Rückseite wärmte, klappte entschlossenen Griffs mit der Rechten den Zipfel von Jakobs Decke zurück und barg sich nun, ganz hingeschmiegt, an der Brust des Gemahls.

»Weißt du«, sagte sie nach einer Weile, während der er ihr nach einem saftigen Kuß die Arme und den Rücken streichelte, »ich glaube, ich zeige dir den Schlafrock lieber erst morgen. Die Farben heben sich bei Tageslicht deutlicher ab.«

»Ja, ja. Bleib du man ruhig bei mir liegen«, erwiderte er in einem Ton, als ob er ihr eine Strafarbeit erließe.

Beide schwiegen.

Adeles Kopf lag angelehnt an seiner Schulter, und ihr von den Zärtlichkeiten verwirrtes Haar ergoß sich in dünnen Strähnen über die vom Unterkinn fortgesetzte raupenartige Verdickung seines Halses. Es schien, als wollte ruhiger Schlaf sich in wenigen Augenblicken über die schon einnickenden Augen der müden Gatten senken. Da erwachte Jakob unerwartet wieder und sprach mit nachdenklicher Stimme:

»Sechzig Jahre! Man sollte nicht meinen, was man in der Zeit alles durchmachen kann!«

Adele, durch diese Betrachtung ebenfalls ermuntert, fügte hinzu: »Und dir steht vielleicht noch mancherlei bevor!«

»Möglich«, gab er zurück. »Dieses Jahr kann allerhand entscheiden. Jetzt geht grade die große Offensive gegen Paris an. Wenn wir das kriegen, dann bleibt der Entente« – Bröschke sprach das Wort ohne Rücksicht auf das Französische buchstabengetreu aus – »wohl nichts anders mehr üb-

rig, als endlich nachzugeben. – Einmal müssen drüben die
Leute ja auch zur Besinnung kommen.«

»Und dann, meinst du, wird wieder alles wie vorher?«

»Das wird wohl von den Umständen abhängen. Viel Ent-
schädigung werden wir kaum verlangen können – es soll ja
doch ein demokratischer Friede werden, und da muß
schließlich jedes Land den Hauptteil seiner Kosten selbst
tragen. – Aber wir sind ja in jeder Beziehung besser dran
als die andern. Unser Heimatland ist zum Glück von den
Schrecken des Krieges verschont geblieben, und dann haben wir auch keine Schulden im Ausland gemacht.«

»Sag, Vater, ist das denn nicht einerlei? – Die Zinsen für
die Kriegsanleihen müssen doch ebensogut aufgebracht
werden?«

»Natürlich müssen sie das. Verzinsen und amortisieren
müssen wir die Anleihen, versteht sich. Da darf keiner zu
kurz kommen, der sein Scherflein beigetragen hat zur Rettung des Vaterlandes. Aber, siehst du, das Geld fließt ja
doch alles wieder an die Steuerzahler zurück, die es auf-
bringen müssen.«

»Ach, so ist das!« Adele kam die Rechnung nicht ganz
schlüssig vor, aber davon verstand sie ja zu wenig. Es war
ihr jedenfalls recht, wenn es sich so verhielt und die sechs-
undzwanzigtausend Mark, die sie selbst in ihrer Ehe zusammengespart und in die Kriegsanleihe angelegt hatten,
gut gesichert waren. »Aber«, fuhr sie in ihren Überlegungen laut fort, »zu haben wird dann doch gleich wieder alles
sein, und bald auch wieder zu den alten Preisen?«

»Ja, das kommt darauf an.« Der alte Politiker dachte einen
Augenblick nach. »Kaufen wirst du natürlich bald wieder
können, was du Lust hast. Denn ein demokratischer Frie-
densschluß enthält vor allem auch die Bestimmung, daß
der Handel zwischen allen Ländern gleich wieder in
Schwung gesetzt wird. Und dann, wenn mehr Sachen da
sind, werden sie ja auch wieder billiger. Besonders wenn du
bedenkst, wie sparsam die künftige demokratische Regierung wirtschaften wird.«

Adele bedachte es; doch konnte sie die Frage nicht unterdrücken, worin denn die Einsparungen hauptsächlich bestehn sollten.

»Die Demokratie ist die billigste Regierungsform«, erfuhr sie. »Überleg nur mal, wieviel überflüssigen Pomp wir aus der Welt schaffen können. Der Hof wird sich auf die einfachste Repräsentation beschränken müssen. Ein Heer von Beamten entlassen wir einfch, und dann vor allen Dingen werden die Kosten für die Armee ganz bedeutend billiger werden.«

»Muß man denn nach dem Krieg überhaupt noch eine Armee haben?«

»Da kommen wir vorerst nicht drum rum. Selbstverständlich bloß ein Volksheer, eine sogenannte Miliz, wie wir Sozialdemokraten sie schon früher immer gefordert haben. Ganz ohne Schutz können wir gewiß nicht bleiben. Da kämen wir ja zu russischen Zuständen. Das geht natürlich nicht.«

»Nein.« Sie sah schon ein, daß das nicht ginge. Wenn sie den Mann nur irgendwie auf den Geburtstag zurück und dann auf Theodor bringen könnte! Sie suchte nach einem Umweg: »Sag, Männe, bei den Friedensverhandlungen wird man die Sozialdemokratie doch gar nicht ausschließen können?«

»Wo denkst du hin! Um uns kommt man nicht mehr herum. Ich bin sogar fest überzeugt, daß man bei der zukünftigen Regierungsbildung unsern Parteigenossen wichtige Ministerposten überlassen muß. Denn da entscheidet das Volk selbst mit dem Stimmzettel. – Ja, das wird vielleicht gewissen großen Herren hart ankommen.« Ein Zahn bog sich auf Jakobs Unterlippe.

»Denk mal! Wenn du womöglich Minister würdest!«

»Wenn mich das Vertrauen des Volkes auf einen solchen Platz rufen sollte –« Bröschke fiel es plötzlich ein, daß er sich nicht auf einem sozialdemokratischen Zahlabend, sondern mit seiner Frau zusammen in seinem Bette befand, daher auf den sonor gefärbten Ton bescheidenen Selbstbewußtseins füglich verzichten konnte; so vereinfachte er die

Antwort: »Das kann leicht passieren. Hab ich mir selbst auch schon manchmal gedacht.«
Adele fuhr förmlich zusammen bei der Vorstellung! »Du! – Würdest du dann auch Exzellenz heißen?«
Sein Ausdruck ward jetzt selbst etwas ängstlich. Aber er entschloß sich: »Jedenfalls wohl« –, und dann kicherte er stoßweise vor sich hin – »und du auch.«
»Exzellenz Bröschke!« lallte die entzückte Frau vor sich hin und kuschelte ihr Gesicht ganz dicht an seinen Hals.
»Jacki«, sagte sie leise, »das wäre doch das schönste Geschenk zu deinem sechzigsten Geburtstag.«
Er drückte sie ergriffen an sich, und nun benutzte sie die Gelegenheit. Erst küßte sie ihn in den Mundwinkel, dann atmete sie warm in sein Ohr und flüsterte hinein: »Jacki, willst du mir auch eine große, große Freude machen?«
Sie sprach so einschmeichelnd, daß sich seine große Hand unwillkürlich an ihrer Nachtjacke zu schaffen machte und tätschelnd zwischen den Knöpfen ihres Hemdes liegenblieb. »Was möchtest du denn, Altechen?« fragte er mit leicht gurgelnder Stimme.
»Sorg, daß unser Theo nicht in den Schützengraben muß!«
Adele spürte im Moment, daß das Kribbeln seiner Finger an ihrer welken Brust aufhörte. Auch sein Organ bekam wieder den gewohnten heiseren Ton.
»Der verdammte Bengel!«
»Na ja – ich weiß schon. Aber sieh doch, Papachen, er ist doch noch so'n grüner Junge. Und du hast doch nun mal heute den sechzigsten Geburtstag.«
»Eben. Er ist noch viel zu grün, um sich in der Politik gegen seinen alten Vater hinzustellen.«
»Alter Vater! – Du bist ja noch so jung wie einer, mein Dickerchen!«
»Soll's nur ausfressen«, murrte Bröschke schon bedeutend sanfter.
»Sei nicht so, Vati. Denk bloß, wenn er verwundet wird – oder fällt!« Ein Schauer ging durch Adeles Körper, und sie kuschelte sich ganz dicht an den seinen.

Er nahm sie fest an sich. »Ist schon gut. Ich schreib morgen.«

Adele gab einen Seufzer der Erlösung von sich. »Ach, daß er nicht zu deinem Geburtstag da ist!« Ihr Atem berührte wieder heiß sein Gesicht.

»Na, sei man still, Mutti. Dann kommt er ein paar Tage später. Ich will um Urlaub eingeben für ihn.«

»Jacki!« Sie küßte heftig seinen Mund.

»Ja. Aber den Kopf werd ich ihm ordentlich waschen, dem Strolch.«

»Das tu nur, Alter! – Und wenn du nachher Minister bist, dann wird er ja auch einsehn, daß sein Papa wieder mal viel klüger gewesen ist als er.«

»Bloß nicht laut von so was reden, Schatz!«

»Bewahre! Aber bei dir im Bett kann ich mich doch freuen über meinen großen, berühmten Mann.« – Sie legte ihren knochigen Arm ganz um seinen Nacken herum.

»Exzellenz!« tuschelte sie ihm ins Ohr.

Da riß er sie dicht an sich heran. »Mein Deelchen!«

»Mein Jäckelchen!« – Und zwischen dem seit fast dreiunddreißig Jahren ehelich verbundenen Paar geschah, was lange, lange nicht mehr geschehen war.

Der letzte Mondstrahl glitt hinter das Fenster zurück.

Es war ein schönes Fest, der sechzigste Geburtstag von Jakob Bröschke. Adele mußte sich freilich tummeln. Sie hatt um sechs Uhr aufstehen wollen, und als sie aufwachte, war es schon halb acht geworden. Da kroch sie vorsichtig und ohne den Mann zu wecken in ihr Bett hinüber und war auch schon in Bewegung. Nicht einmal Frau Domnick hatte sie kommen hören, die schon die Treppe aufwischte, während Frieda dabei war, im Eßzimmer den Frühstückstisch herzurichten.

Gottlob waren Käte und Eugen noch nicht auf, aber kaum daß Adele in die Stube getreten war, hopste ihr die kleine Elly im Hemdchen entgegen und umarmte sie.

»Flink, zieh dich an, Kind, und hilf Großmama!«

Am Plüschrücken von Vaters Lehnstuhl wurde ein Schild befestigt, das auf rotem Grunde die Inschrift »Dem Jubilar« trug und mit Arabesken in grüner Farbe reich geziert war. Ein Efeugewinde umrahmte den Schmuck, und auch das gelb gemusterte Tischtuch bekam an Jakobs Platz eine Garnierung von Efeu und Fichtengrün. In der großen Vase standen frische Astern und Nelken.

Erst nach acht Uhr erschienen Eugen und Käte. Um halb neun ging Adele noch einmal ins Schlafzimmer, um Jakob zu wecken und ihm den Schlafrock zu überreichen, auch um sich selbst herzurichten. Wenigstens frisiert wollte sie schon sein, wenn Anton käme.

Der war früher da, als man ihn erwartete. Bröschke hörte auf dem Korridor den Aufruhr der Begrüßung, unterschied die Stimmen des Sohnes und des Schwiegersohnes, der Frau und der Tochter und dazwischen das jubelnde Geschrei Ellys: »Onkel Toni! Onkel Toni!« – und dies brachte auch ihn zu Entschlüssen.

Er trat, angetan mit dem neuen Kleidungsstück, ein.

Alle standen unbewegt und erwartungsvoll da. Anton, der dem Vater gleich entgegen wollte, wurde von seiner Schwester am Arm festgehalten.

Elly aber, in weißem Kleidchen, schritt dem Großvater entgegen, ihren Rosenstrauß mit beiden Händen umklammernd, und plapperte mit piepender Stimme und beinahe ohne zu stocken das Gedicht her, das ihr Papa als sein Werk ausgab, das er jedoch der Sammlung »Bei frohen Gelegenheiten« entlehnt hatte. Nur hatte er an einer Stelle für Gott das Schicksal eingesetzt:

>»Lieber Großpapa! Ich wünsche dir das Beste
>zu deinem heutigen Wiegenfeste.
>Du bist uns mit deinem ganzen Wesen
>immer ein leuchtendes Vorbild gewesen.
>Behüte dich das Schicksal vor allem Bösen
>und erhalte dich uns allen ferner gesund.
>Jetzt, bitte, gib mir einen Kuß auf den Mund.«

Den erhielt Ellychen natürlich und wurde dann noch von Großmama und Mama zärtlich in die Arme geschlossen, indessen sich Frau Domnick und Frieda, die hinter Bröschkes Rücken durch die halboffene Tür der Szene als Zuschauer beiwohnten, mit ihren Schürzen über die Augen wischten.

Während gefrühstückt wurde und die drei Männer ihre Ansichten über die Kriegslage austauschten, hielt es die Hausfrau nur selten auf ihrem Platz. Vor allem mußte die gute Stube rasch wieder vom Schlafraum der Familie Riemann zum Empfangssalon für die erwarteten Besuche und zum eigentlichen Festzimmer umgestaltet werden, wo Jakob zunächst mal seinen Geburtstagstisch aufgebaut kriegte. Dann gab's Anordnungen in der Küche zu treffen und Vaters Arbeitsstube für Antons Unterkunft bereit zu machen. Käte mußte sich inzwischen anziehen, um die Kleine, ehe jemand käme, aus dem Haus zu schaffen. Sie sollte bis Mittag mit Alfred Wirrgarn spielen, am Nachmittag wollte sie dann Suse Schmirl, die natürlich in alles eingeweiht war, zu sich nehmen.

Die Unterhaltung von Vater, Sohn und Schwiegersohn war recht lebhaft. Anton hatte von einem Vorgesetzten bei der Kunsthonigstelle, der fabelhafte Verbindungen hatte und absolut zuverlässig unterrichtet war, erfahren – selbstredend ganz vertraulich –, wo das rätselhafte neue Geschütz stand, aus dem Paris bombardiert wurde. Damit war der Schwager abgetrumpft, der gehört hatte, ein solches Geschütz existiere gar nicht, die Deutschen seien von einer Seite schon so nahe an Paris herangerückt, daß sie es ganz bequem mit den großen Schiffshaubitzen bestreichen könnten. Das werde jedoch aus dem Grunde geheimgehalten, damit der große Schlag, der von dieser Stelle aus gegen die französische Hauptstadt geplant sei, nichts von seiner überraschenden Wirkung verlöre. Riemann gab diese Theorie nicht gerne preis, und Bröschke senior meinte denn auch: »Möglich wär's ja immerhin, daß ihr beide recht habt, sie können ja am Ende von zwei Seiten ran wollen, und da, wo sie selbst noch nicht so weit vorkommen können, buttern sie die Forts erst mal mit der langschießenden Kanone zusammen.«

Eben wollte Anton den Vater darauf aufmerksam machen, daß der Ausdruck »langschießende Kanone« gänzlich unfachmännisch sei, und zugleich öffnete Eugen den Mund, um festzustellen, daß die Befestigungen von Paris nicht wie Forz ausgesprochen werden dürften, da rief Adele zur Bescherung.

Im Gänsemarsch, der Gefeierte zuletzt, ging's in die gute Stube. Unter Hindenburgs Bild im Goldrahmen, das Riemanns heute vor zwei Jahren gespendet hatten, war ein runder Tisch hergerichtet, auf dessen strahlend weißer Decke Adele ihre weiteren Überraschungen ausgebreitet hatte: eine vom Konditor gelieferte Torte, deren Grundfarbe und Konsistenz zwar an weiches Leder erinnerte, der aber ein gemusterter Überguß von Zuckerschaum-Ersatz die Hoffnung auf Wohlgeschmack rettete; daneben die Zigarren und Zigaretten, die sie gestern zum Anbieten für die Gäste gekauft hatte, und endlich als Hauptsache ein violettes Hauskäppchen, das genau zum Schlafrock paßte, da es aus demselben Stoff gemacht war wie dessen Kragen und Aufschläge. Bröschke setzte es sich gleich auf die Glatze und betrachtete sich dann, zwei Vorderzähne in die Unterlippe gehängt, wohlgefällig im großen Spiegel, indem er sich mit beiden Händen seitlich auf den Bauch schlug. Dann erst umarmte er die Gattin.

Die weiteren Geschenke nahm er aus den Händen der Spender und legte sie selbst zu den übrigen Gaben. Käte überreichte ein Kissen aus braunem geripptem Stoff, umsäumt von einem schwarzweißroten Band, Eugen ein Buch »Ran an den Feind!« von einem Offizier aus der Umgebung des Generalfeldmarschalls v. Mackensen. Anton schenkte Mehrings »Geschichte der deutschen Sozialdemokratie«, die sich der Vater schon lange gewünscht hatte, und Elly durfte Großpapa noch eine Krawatte übegeben, bevor sie den Strohhut aufgestülpt bekam und fort mußte.

»Mein Gott!« rief Adele, als Käte mit dem Kind gegangen war, »es ist halb elf durch. Es kann ja jeden Augenblick schon Besuch kommen, und ich bin noch nicht angezogen. – und willst du deine Gäste im Schlafrock empfangen, Vater?«

Das Ehepaar verschwand im Schlafzimmer.

Nachdem Adele das Korsett fest um den rippigen Leib gezogen hatte, überfiel sie in Erinnerung an die Nacht ein plötzlicher Zärtlichkeitsdrang. Sie legte die Arme um den von Stärke knackenden Kragen von Jakobs Oberhemd, so daß ihre Korsettstangen und seine Hemdbrust zusammenklangen, als ob Äste von einem Baum fielen, und sagte: »Jäckele! – Du, wenn's doch wahr würde!«

Er küßte sie auf die eingefallene Backe und schob sie sanft von sich, worauf er die schwarze Weste anzog und nach einem prüfenden Blick über Schnitt und Sauberkeit die Gehrockärmel über die Manschetten streifte. Als sie die Toilette beendet hatten – Adele sah in ihrem violetten Kleid tatsächlich verjüngt aus – und aus der Tür traten, legte sie noch einmal die Hand auf seine Schulter, beugte sich gegen sein Ohr und flüsterte: »Vati, vergiß Theo nicht!«

Knurrend setzte Jakob zum Reden an – da läutete es.

Gott sei Dank, es war nur die Depeschenbotin. Drei Telegramme auf einmal. Adele riß sie der uniformierten Frau aus der Hand, und während sie das erste zitternd vor Erwartung öffnete, holte Jakob ein Trinkgeld aus dem Portemonnaie.

»Im Namen des Stadtmagistrats spreche ich Ihnen meine aufrichtigsten Wünsche zur Vollendung des sechzigsten Lebensjahres aus. Möge Ihr gemeinnütziges, selbstloses Wirken unserer Vaterstadt noch lange erhalten bleiben. Der erste Bürgermeister. Doktor Lübke.«

Adele hielt das Telegrammn entfaltet vor sich, und Bröschke las es über ihre Schulter weg laut vor, während sich Anton und Eugen neugierig auf dem Korridor beim Elternpaar einfanden.

Anton schlug jedoch vor, die anderen Depeschen im Zimmer vorzulesen. Eine war von der sozialdemokratischen Landtagsfraktion und nannte Bröschke einen im Sturm bewährten Lotsen der deutschen Arbeiterbewegung. Die dritte war ganz kurz. Sie lautete: »Bin im Geiste bei Euch. Theodor.«

Anton hatte sie vorgelesen. Er legte das Telegramm wortlos zu den anderen auf den Tisch. Adele zog ihr Taschentuch vor und schneuzte sich lange und heftig hinein. Als sie es wieder einschob, war ihre lange Nase stark gerötet. Eugen Riemann sah sehr streng aus. Er zog die spärlichen roten Schnurrbarthaare mit der Zunge in den Mund und rückte mehrfach am Zwicker. Der Vater brummte etwas vor sich hin. Dann sagte er energisch: »Ich hab noch was zu schreiben. Wenn jemand kommt – ich bin gleich fertig«, und begab sich in sein Arbeitszimmer.

Als erste kamen Peter und Suse Schmirl, die ältesten Freunde. Bröschke hörte das polternde Gelächter des Genossen, hörte das Geschnatter der Frauen, die Entschuldigungen, daß die Gäste warten müßten, und Peters Witze an die Adressen des Sohns und Schwiegersohns. Er hörte Käte zurückkommen und nach ihm fragen und die neuerliche Verlesung der Telegramme. Aber er ließ sich nicht stören, schrieb zwei Seiten eines großen Aktenbogens voll, kniffte sie, schrieb die Adresse auf ein gelbes Kuvert, unterstrich das Wort »Einschreiben« mit dem Rotstift und verfaßte alsdann auf einem besonderen Blatt Papier ein Telegramm an die Etappenkommandantur, des Inhalts: »Erbitte sofort Urlaub für Gefreiten Theodor Bröschke. Schriftliche Begründung absende gleichzeitig. Jakob Bröschke. M. d. R.«

Erst nachdem Frau Domnick mit dem Auftrag zur Post unterwegs war, begrüßte er seine Besucher, deren bald die ganze gute Stube voll war. Adele und Käte konnten nicht genug Gefäße herbringen, um die Blumen ins Wasser zu stellen, und die blaue Porzellanschale auf dem Tisch schwoll an von immer neuen Stößen von Briefen, Karten und Telegrammen, deren Verlesung auf die große Feier am Abend aufgeschoben wurde.

Deputationen und offizielle Glückwunschüberbringer waren alle erst bei der Hauptfeier im Gewerkschaftshause zu erwarten, die der sozialdemokratische Wahlverein dem verehrten Vorsitzenden bereitete. Ins Haus kamen nur die persönlichen Freunde und Bekannten, besonders zahlreich die Schulfreundinnen Kätes, aber auch die Nachbarn, denen man etwas näherstand, so Herr Töpfermeister Diestel und Gemahlin, und auch Lina, das frühere Hausmädchen, hatte es sich nicht nehmen lassen, mit einem Geranienstock in alter Anhänglichkeit vorzusprechen. Die Parteigenossen hatten fast alle nur Karten geschickt; den eigentlichen Glückwunsch behielten sie sich für den Abend vor. Nur der alte Tesenfitz, das langjährige Faktotum vom Parteisekretariat, kam und blieb ehrfürchtig an der Tür stehn. Er war kaum zu bewegen, Platz zu nehmen, und hielt aus Höflichkeit seinen Stuhl so weit vom Tisch entfernt, daß er zu jedem Schluck Apfelwein ein wenig aufstehn mußte, um hinüberlangen zu können.

Der Jubilar gurgelte und kollerte glückerfüllt und fand sonst wenig zu sagen, um alles Liebenswürdige zu beantworten. Adele war bald hier, bald dort und sorgte, daß jeder sein Gläschen und ein Stück Kuchen hatte. Käte war von ihren Freundinnen umringt, und die Rede ging von Beförderungen, Eisernen Kreuzen und Leutnants. Riemann berechnete mit Herrn Töpfermeister Diestel den den Amerikanern von den U-Booten zum Truppen- und Munitionstransport belassenen Tonnenraum, wobei das Resultat von vornherein feststand, daß seine Geringfügigkeit ernsthafte Gefahr von dieser Seite nicht mehr befürchten lasse. Die Damen Schmirl und Diestel erörterten mit Lina, dem früheren Hausmädchen, die Schwierigkeiten der Ernährungsverhältnisse, während Anton, um den guten Tesenfitz doch nicht ganz zu vernachlässigen, Angaben über die Personalverhältnisse im örtlichen Parteibüro, über die Abonnentenzahl und die Redaktionsbesetzung des »Arbeiterboten« und über die Verluste des Parteibeamtenapparates durch den Krieg aus ihm herausholte, wobei die letzte Frage dank der zahlreichen Reklamationen gottlob sehr günstig beantwortet werden konnte.

Neben Bröschke hatte sich, einen Ellenbogen breit auf den Tisch gelagert, Peter Schmirl niedergelassen, dessen kräftig-jovialer Baß den ganzen Raum beherrschte. Seine braungrauen Haare tanzten buschig über der breiten niedrigen Stirn, und die großen runden Gläser der Stahlbrille hüpften auf der geschwungenen Nase, wenn die Faust wieder mal bekräftigend auf die Tischplatte aufschlug – und das tat sie oft.

»Sechzig Jahre!« schrie er in einem Ton, der ebensogut haltlose Begeisterung wie galligsten Hohn ausdrücken konnte. »Mensch, Jakob! Wenn unser alter Pörtels dich noch so sehn könnte – so als richtigen saturnierten Jubelgreis, Vater, Großvater, M. d. R., M. d. L., Parteivorstand, Magistratsrat, Referent für Kultus, Kultur und Kultum, mit goldner Uhrkette und Doppelkinn, umringt von Familie und Besuch, in der guten Stube mit grüne, goldgefleckte Tapeten, schwere Vorhänge vors Fenster und 'n imitierten Perser am Boden – unentwegt die rote Fahne in der linken Hand, und dabei mit Gott für König und Vaterland – hurra!«

Bröschke wußte wie gewöhnlich nicht recht, wie er Peters Rede auffassen sollte. Er kollerte und begnügte sich mit der Entgegnung: »Ja, wie der Lauf der Welt nun mal ist!«

»Doll!« Schmirl zog den Schnurrbart nach beiden Seiten glatt, zupfte an der Fliege, bog den Kopf zurück und kratzte mit fünf gekrümmten Fingern unterm Kinn den langen Hals herunter, wobei der kräftige Adamsapfel vibrierte: »Je nun«, meinte er, etwas stiller vor sich her lachend, »knapp zwei Jahre, und ich habe die sechzig auch gezwungen. Bloß mit die Karriere muß ich mich noch ranhalten, um dich einzuholen. Na, nett eingerichtet bin ich auch, M. d. L. und Stadtverordneter ebenso, aber mit Reichstag und Parteivorstand hapert's noch, und was Kinder und Enkel sind, da muß ich mich nun mit weniger trösten als du. Dafür ist der Herr Schwiegersohn aber auch Leutnant«. Er lachte dröhnend, und Adele, die die letzten Worte auffing, sandte ihrem Gatten in Erinnerung an den zum Schlafrock gewandelten Militärmantel einen innigen Blick. »Ih, das weißt du woll noch gar nicht? Doch? Ja, Meyer ist befördert, – na, und der Enkel soll ja auch bald werden; Minna meint, im Oktober. Also du, das soll ich dir von ihr bestellen: das schenkt sie dir zum Geburtstag, daß der Junge nach dir Jakob heißen soll.«

»Wenn's ein Junge wird, hoho!«

»Erlaub mal, mein Enkel wird ein Junge, verstehst du? – Bin aber gespannt, ob der mal ein Sozi wird oder ein Paterjoht – oder ob das bei die Enkels ebenso durcheinandergemanscht wird wie bei die Großväter.« Die Faust bullerte wieder auf den Tisch. »Bloß unser alter Pörtels hätte das noch miterleben sollen. Der hätt wohl solange den Kopf geschüttelt, bis er den Hals gebrochen hätte.«

Eine sonderbare Gedankenverbindung stellte sich bei Bröschke ein, die aus dem Zweifel erwuchs, ob Pörtels wohl ganz mit der Sozialdemokratie von heute einverstanden wäre. »Du, Peter, was sagst du dazu? – Ich hab für Theo um Urlaub eingegeben.«

Da nahm Peter Schmirl den Arm vom Tisch, streckte beide Hände weit zwischen den langen Beinen vor und sah den Freund von unten herauf an, als ob sein Blick über den Stahlrand der Brille klettern wollte: »Jakob, so gescheit bist du ja selber nich gewesen. Das hat dir mal wieder deine Deele eingegeben. Sonst müßt ich ja an meine Menschenkenntnis verzweifeln.«

»Na ja, gewiß, ich will nicht abstreiten, daß ich es ihr zulieb getan hab.«

»Wie alt ist der Bengel?«

»Einundzwanzig.«

»Einundzwanzig. Na, du willst ihn dir woll schön kaufen mit seinen eignen Kopp?«

»Das kannst du glauben. Er muß raus bei den Unabhängigen, oder ich rühr keinen Finger, wenn sie ihn in den Schützengraben stecken.«

»So? – Na ja, andrer Leute Kinder werden auch zu Brei geschossen.«

»Ist ja noch nicht soweit. Er wird ja auch wohl Vernunft annehmen.«

»Meinst du? – Paß mal auf, Jakob, was ich dir sag. Wie ich deinen Theo kenn, ist er ein gutes weiches Kind, aber kein Hanswurst. Und wenn er aus Angst vor seinem Vater seine Standpauken oder vorm Schützengraben heute so und morgen so kann, ist er ein Hanswurst. Und jetzt sag ich dir noch was: Wenn ich nicht schon ein alter Schafskopp wär und noch einundzwanzig Jahr wie dein Theo, dann tät ich auch was andres, als mir Vernunft annehmen und tät dasselbe was ich unterm Schandgesetz auch getan hab – mit dir zusammen, Jakob, und bei unserm alten Pörtels, verstehst du?«

Bröschkes Augen blinzelten unsicher. »Das war doch dazumal was ganz andres, mein ich.«

»Stimmt. Dazumal waren wir die Rotzjungen und ließen die alten Knacker auf uns schimpfen, und nu sind wir selbst die alten Knacker. Laß du sich den Bengel man die Hörner ablaufen.«

Bröschke lenkte ab. »Du, Peter, ist eigentlich schon fest, wann der Landtag Ferien macht?«

»Am zwanzigsten, denk ich. – Ach ja, was ich sagen wollt. Da ist ja noch die Interpellation von Rupprecht wegen die Schutzhaftgeschichten und so.«

»Ja, da kommen wir wohl nicht drum rum?«

»Das is eben das Verdeubelte. Gegen die Unabhängigen können wir da nicht gut anmarschieren. Sonst springt uns ja die ganze Arbeiterschaft rüber.«

»Aber wir können doch dem Oberkommando auch nicht in die Parade fallen. Denk mal, wenn man jetzt jeden einfach frei laufen lassen wollte, der Liebknecht hochleben läßt!«

Schmirl lachte. »Dann hätt dein Theo bald genug seinem Vater den Stuhl unter dem Hintern weggezogen. – Nee, das geht natürlich nicht. Du, ich hab mir aber was ausgedacht.«

»Na?«

»Paß auf. Wir müssen die Besprechung der Interpellation zuschanden machen.«

»Wir können aber doch nicht dagegen stimmen.«

»Ach wo. Wir brauchen bloß dafür zu sorgen, daß die Unterstützung nicht langt.«

»Wie das?«

»Döskopp! Die Unabhängigen sind grad drei Mann hoch. Für die Unterstützung brauchen wir fuffzehn Stimmen. Die Bürgerlichen stimmen alle dagegen – und von uns sind zufällig man zehn oder elf Mann im Saal. Kapiert?«

Der alte Parlamentarier hatte kapiert. »Das geht. Heute abend sind ja wohl die meisten von der Fraktion da. Dann besprechen wir die Sache gleich.«

Herr und Frau Diestel erhoben sich. Der allgemeine Aufbruch begann.

Als alle fort waren, war es zehn Minuten vor eins geworden. Frieda mußte schnell hinüber zu Wirrgarns, um Elly zu Tisch zu holen. Herr Wirrgarn schickte die konservative »Bürgerzeitung« mit, rot angestrichen. Anton las vor, während die Mutter die Suppe austeilte: »Sechzigster Geburtstag. Der sozialdemokratische Abgeordnete Jakob Bröschke, unser Mitbürger, feiert heute in seltener körperlicher und geistiger Frische seinen sechzigsten Geburtstag. So grundverschieden unsere Anschauungen auch von den seinigen sind, so erbittert wir insbesondere gegen den unfaßlichen Gedanken ankämpfen, angesichts der herrlichen Ruhmestaten unserer unbezwinglichen Heere, unserer unvergleichlichen Flotte der Forderung des ganzen deutschen Volks nach einem Siegfrieden, nach einem deutschen Frieden, den Verzicht auf alles Errungene, den Scheidemannfrieden entgegenzustellen –«

»Sehr richtig!« murmelte hier Eugen Riemann, dem Schwager ins Wort fallend.

»– einen Gedanken, der leider grade in Bröschke einen

206

beredten Verteidiger findet, so geben wir doch gern zu, daß die vaterländische Gesinnung des Jubilars, wie sie sich seit vier Jahren bewährt, über jeden Zweifel erhaben ist. Mehr als irgendeinem ist es ihm zu danken, daß die Arbeiterschaft unserer Stadt treu zur großen Sache steht, entschlossen durchzuhalten bis zum Äußersten, und daß das landesverräterische Gebaren der Unabhängigen bei uns das unrühmliche Werk einer kleinen verachteten Sekte geblieben ist. Bröschke war es vor allem, dessen besonnenem Dazwischentreten es gelang, das verbrecherische Unterfangen des Januarstreiks im Keime zu ersticken, so daß die Rädelsführer rechtzeitig unschädlich gemacht werden konnten. Wir stehn daher nicht an, auch dem Gegner Gerechtigkeit widerfahren zu lassen und unsere Glückwünsche für den verdienten Mann mit denen aller Volkskreise von Herzen zu vereinigen.«

Anton schien der Vorlesung noch einige Worte von sich aus hinzufügen zu wollen.

»Ja, Vater −«, hub er an, schob aber gleich einen Löffel Suppe in den Mund und zog schlürfend eine Bandnudel nach, deren Ende allmählich hinter den Zähnen verschwand.

Käte fand den Artikel wundervoll und sah ihren Gatten dabei fragend an. Adele aber legte den Schöpflöffel aus der Hand und sagte strahlend: »Schade, daß der ›Arbeiterbote‹ erst um fünf kommt.«

Jakob selbst nahm das Zeitungsblatt neben sich auf den Tisch, und während ihm die Suppe vom Bart tropfte, fuhr er mit dem linken Zeigefinger noch einmal unter den Zeilen entlang.

Nach Tisch wurde ein Schläfchen gemacht. Elly kam zu Tante Suse, was sich dann aber als überflüssig erwies. Denn am Nachmittag kam kein Besuch mehr, da doch der frühen Polizeistunde wegen die Parteifeier im Gewerkschaftshause schon um halb sechs beginnen sollte.

Man fuhr im Wagen hin, Anton auf dem Kutschbock, denn in der Droschke hatten nur vier Personen Platz. An diesem Tage erfuhr Jakob Bröschke in Wahrheit, wie dankbare Verehrung unermüdliche Hingabe an eine Sache lohnt. Er hätte die Hände nicht zählen können, die sich ihm zum Druck entgegenstreckten, nicht die Hochs, die ihm zu Ehren erklangen.

Nach Anhören der Deputationen und eines Liedes des Arbeitergesangsvereins hielt Peter Schmirl die Festrede, humorvoll und anzüglich wie immer, aber die freundschaftliche Wärme glitzerte nicht nur durch seine Brillengläser, sie quoll auch aus den Worten selbst hervor, besonders als er von der gemeinsamen Jugendzeit sprach, von den schönen Stunden, wo sie von Roderich Pörtels in die Lehren des Marxismus eingeweiht wurden, von der rastlosen Kleinarbeit in der Bewegung, wie Ortsgruppe um Ortsgruppe entstand und die Sozialdemokratie von Wahlsieg zu Wahlsieg schritt, Genosse Bröschke aber – unser Jakob! – vom Vertrauen des Proletariats getragen, die ganze Stufenleiter der Ehrenposten hinaufsteigen durfte, die das werktätige Volk zu vergeben hatte. Nie hatte ihn sein sicherer politischer Blick im Stich gelassen, und in der schweren verantwortungsvollen Zeit seit Ausbruch des Krieges hatte er wie wenige dazu geholfen, der Sozialdemokratie im Staate das Ansehn zu schaffen, das ihr kraft ihrer Stimmenzahl gebührte. Den politisch unklaren Heißspornen und Wirrköpfen hatte er mit der Energie realpolitischer Einsicht einen Damm entgegengestellt und ungeachtet der größenwahnsinnigen Phantasien hirnloser Imperialisten und Reaktionäre das Banner der Demokratie unentwegt hochgehalten.

»Und nu erlauben Sie mir als alten Freund unseres Genossen Bröschke noch ein paar Worte an ihn selbst zu richten. Jakob, ich sag manchmal Döskopp zu dir. Das kommt aber bloß davon, daß ich selbst man 'n alter Schafskopp bin und mit meinem Dickkopp immer durch die Wand will. Und wenn du dann bloß mit 'm Kopp nickst und sagst: Schon gut, Peter, laß mich das man nach meinem Kopp machen! – dann will mir das zuerst gewöhnlich nich in den Kopp, und nachher seh ich doch ein: mein alter Jakob hat doch wieder mal den bessern Kopp gehabt, und der Döskopp war ich selber. Darum wünschen wir alle, daß dein Kopp noch lange unserer Partei erhalten bleibt als Kopp des arbeitenden Volks, und wenn das Proletariat sich ans Hirn stippt, dann soll das soviel heißen wie: Jakob, nu streng du deinen Kopp an! Und in diesem Sinne bitte ich Sie, mit mir auszurufen: Unser lieber alter verehrter Genosse Jakob Bröschke − er lebe hoch! noch mal hoch! und zum drittenmal hoch!«

Das schmetterte mächtig.

Und dann brachte der alte Tesenfitz den »Arbeiterboten«. Aber den sollte Jakob noch nicht zu sehn bekommen, so erpicht er darauf war. Auch Adele konnte ihre Neugier kaum meistern.

Anton beruhigte sie: »Da ist eine große Überraschung dabei, Mutter. Das kommt erst beim Kommers. Wenn Eugen die Telegramme bekanntmacht, soll er gleich auch die Zeitung vorlesen.«

Der alte Tesenfitz konnte den Augenblick fast noch schwerer erwarten als Jakob und Adele. Denn dabei sollte ein Stück Ruhm auch auf seinen Sohn Rudolf abspringen. Der saß bei der Presseabteilung im Generalstab der Armee Woyrsch und war gerade zum Unteroffizier befördert worden. Je mehr der Alte von dem Tiroler Spezial trank, der die Geister belebte, um so mehr Genossen erfuhren von Rudolfs Aufstieg und von seiner Beteiligung am Festartikel des »Arbeiterboten«!

Ja, die Telegrammverlesung war wirklich ein Höhepunkt. Mehrmals hielt Eugen inne, nahm den Zwicker ab und wischte sich den Schweiß. Bald las er nur noch die Unterschriften all der Parteisektionen, Gewerkschaftsverbände und Einzelpersonen, die des Tages gedacht hatten. Nur wenn es sich um prominentere Persönlichkeiten oder Körperschaften handelte, las er auch den Text.

Es war ein gewaltiger Augenblick, als der Präsident des Reichstags mit einem Glückwunsch zum Wort kam. Das

Organ des Vorlesers zitterte merklich, und ein paarmal hatte er vor Ergriffenheit Mühe, im Tempo zu bleiben. Zum Glück folgten zunächst lauter weniger bedeutungsvolle Depeschen, darunter aber auch manche mit schalkhaften Versen, und die Stimmbänder konnten sich wieder in die normale Lage finden.

Plötzlich ward Eugen Riemann flammend rot. Gleich darauf überzog eine käsige Blässe sein Gesicht. Mit ungeheurer Anstrengung riß er sich zusammen. Unter seinen rötlichen Plüschhaaren zog sich die Stirn in tiefen Falten nach oben. Er schnappte mehrere Mal mit dem Unterkiefer zu seinem Bärtchen hinauf. Die roten Ohren schienen sich seitwärts zu legen. Käte blickte mit angstvollen Augen zu ihrem Mann hin und machte eine Gebärde, als wollte sie ihm zu Hilfe eilen.

Endlich faßte er sich, preßte die Ellenbogen dicht an den Leib und las stockenden Atems: »Im Namen Seiner Königlichen Hoheit −«

Drei im Saal anwesende Unteroffiziere, ein Offiziersstellvertreter und zwei Beamtenstellvertreter sprangen auf, langsamer erhoben sich dann auch die übrigen Uniformierten, während mehrere jüngere Parteigenossen in Zivil ebenfalls Anstalten dazu machten, dann aber nach einigen Blicken gegenseitiger Befragung unruhig sitzen blieben.

»Im Namen seiner Königlichen Hoheit des Großherzogs übermittle ich Ihnen aufrichtige Segenswünsche zum sechzigsten Geburtstage. Ein Mann des Volkes im wahren Sinne des Wortes, haben Sie sich dem Vaterlande in schwerer Zeit treu erwiesen. Der Allmächtige möge Ihnen einen glücklichen Lebensabend gewähren. von Mürz, Oberhofzeremonienmeister.«

Man glaubte die Herzen der Anwesenden klopfen zu hören. Das Papier knisterte in Riemanns Händen; seine schmale Brust wogte. Die Militärpersonen nahmen allmählich wieder Platz. Da raffte sich der Obersekretär noch einmal zusammen: »Großherzog Ferdi − −«

Schmirl, der glücklicherweise an seiner Seite saß, gab ihm

einen Puff in den Oberschenkel. Ein wütender Blick traf ihn, aber das Hoch auf den Landesherrn war vermieden.

In stillschweigendem Einverständnis aller wurde hier die Verlesung der Telegramme abgebrochen und, sehr zum Leidwesen des alten Tesenfitz, auch der Zeitungsartikel noch zurückgestellt.

Man wandte sich dem Festessen zu, das in Anbetracht der Umstände in bescheidenen Grenzen gehalten war: Suppe, Fisch und mehrere Sorten Gemüse, dazu Tiroler Spezial, aber alles reichlich und vortrefflich. Brot gab es selbstverständlich nur gegen Erlegung der Marken.

Nach dem aufregenden Herrschertelegramm belebten sich die Gespräche nur langsam von dem ehrfürchtigen Flüsterton, mit dem sie einsetzten, wieder zu geselliger Munterkeit. Das Thema war durch den Zwischenfall ja von selbst gestellt: das Verhalten der doch eigentlich republikanischen Sozialdemokratie bei dynastischen Annäherungen. Die Gemüter der Politiker erhitzten sich ernsthaft, und Bröschkes monarchistischer Schwiegersohn, der den Standpunkt vertrat, daß die große Zeit, die Einmütigkeit der Begeisterung von neunzehnhundertvierzehn, die das ganze wehrhafte Volk unter die Fahnen das Kaiserreichs hatte zusammenströmen lassen, jeden Gedanken an Republik ein für allemal ad absurdum geführt habe, mußte sich kräftige Zurechtweisungen gefallen lassen.

Peter Schmirl schlug auf den Tisch und schrie: »Ich habe die Monarchie schon vor zwanzig Jahren bekämpft, ich werde sie auch später wieder bekämpfen – da verlassen Sie sich auf!«

Endlich entschied aber Genosse Dr. Valentin, das aus Sachsen stammende jüngste Mitglied der Landtagsfraktion, auf den allgemein große Hoffnungen gesetzt wurden, mit dem Ausspruch: »Man gann ein ausgezeichneter zielbewußter Sozialdemograt sein und braucht sich deshalb noch lange nich als daktloser Banause zu benähmen!«

»Bravo!« sagte das Geburtstagskind selbst, das sich bisher nicht an der Auseinandersetzung beteiligt hatte.

Adele steckte sich nun aber hinter den alten Tesenfitz, und auf dem Umweg über Suse Schmirl gelang es endlich, den offiziellen Teil mit der Verlesung des Artikels im »Arbeiterboten« wieder in Gang zu bringen.

Obersekretär Riemann erhob sich, schob den Kneifer zurecht und las. Es war eine wirklich schöne, schwungvolle und ausführliche Würdigung der Verdienste Jakob Bröschkes, und Käte netzte wiederholt die Augen mit dem Taschentuch, während Adeles Rührung sich in häufigem vernehmlichem Schneuzen kundgab. Die andern Damen warfen ergriffen lächelnde Blicke zu Jakobs Platz hinüber. Zum Schluß wurden alle Ämter und Posten aufgeführt, die der verehrte Parteiführer nach und nach erklommen hatte, und dann hieß es:

»Jetzt aber geben wir dem Genossen Bröschke selbst das Wort. Seine Lebensgeschichte soll das Proletariat aus seinem eigenen Munde erfahren, wie er sie kurz und schlicht einem unserer Mitarbeiter erzählt hat.«

»Was?!« – Jakob Bröschke starrte erst zu seinem Schwiegersohn empor, wobei sich ein Zahn über der gesprungenen Unterlippe sehn ließ. Dann ließ er die Äugelchen hilflos die ganze hufeisenförmig gestellte Tafel entlang schwimmen, deren bekränzten Mittelplatz er einnahm. Da sah er den alten Tesenfitz, das Kinn beinah bis zur Tischplatte niedergebeugt, mit beiden Handflächen links und rechts vom Teller Klavier spielen, wobei das bartlose stopplige Gesicht von Lachfalten wie ein Fächer geteilt war und die eingekniffenen Augen wie die eines Versteck spielenden Kindes zu ihm hinüberzwinkerten.

Jakob fiel ein, daß vor drei Wochen Rudolf Tesenfitz bei ihm Urlaubsvisite gemacht und ihn dabei ausgefragt und ins Erzählen gebracht hatte über alles Erdenkliche, von der Kindheit an bis zur Gegenwart. Sollte der Teufelsjunge –?

Bröschke winkte drohend mit dem Finger zu Tesenfitz hinüber und trank ihm zu. Der Alte aber nahm das Glas, und wie er es zum Munde führte, überkam ihn die Lustigkeit der Sache derart, daß er in den Rotwein hineinprustete und ihn in zwei Schwabbern aufs Tischtuch flecken ließ. Da stellte er sehr verlegen das Glas wieder hin.

Eugen Riemann las: »Ich wurde am Jahrestage des Bastillesturms, dem 14. Juli 1858, als Sohn armer proletarischer Eltern in dem kleinen Städtchen Kersching an der Wähe geboren. Meinen ersten Unterricht empfing ich dort in der Gemeindeschule. Mit vierzehn Jahren trat ich in meiner Vaterstadt ins praktische Leben. Da es ihm nicht vergönnt war, meinen Herzenswunsch zu erfüllen und mich studieren zu lassen, gab mich mein Vater einem Tapezier und Dekorateur in die Lehre. Nach Ablegung meines Gesellenstückes lernte ich die Landstraße kennen, die ich in allen Teilen unsres lieben Heimatlandes durchstreifte.«

Käte neigte sich zu ihrem Nachbarn, Dr. Valentin: »Schön gesagt«, flüsterte sie.

»Bald arbeitete ich hier, bald dort. Aber es hielt mich nirgends lange. Früh schon erkannte ich die Abhängigkeit des Arbeiters vom Kapitalismus, und mein Wissensdrang trieb mich, Aufklärung zu suchen, wo ich sie nur finden konnte. Ältere Arbeitskollegen verschafften mir Lesestoff, den ich verschlang, und allmählich gewann ich Einblick in die jung aufstrebende Arbeiterbewegung. Ich trat in die Gewerkschaft ein und bald auch in die Partei. Damals war das Sozialistengesetz auf der Höhe, und so mußte ich auch das Gefängnis kennenlernen, wie das wohl zum Werdegang jedes rechten alten Sozialdemokraten gehört.«

Die älteren Parteigenossen nickten vor sich hin, die jüngeren lächelten huldigend. Frau Suse Schmirl aber sprach zu ihrem Gatten: »Du warst dreimal drin – nicht, Peter?«

Eugen Riemann fuhr fort: »Da hieß es unterirdisch arbeiten, Blätter verteilen, für Partei und Gewerkschaft Stimmung machen und, wenn es Wahlen gab, für die Sache des Proletariats agitieren. Zugleich aber hieß es das eigene Wissen vervollkommnen. Wissen ist Macht! Das habe ich schon als junger Mensch eingesehn, und so drang ich in meinen Freistunden in die Lehren unserer unvergeßlichen Altmeister Marx und Engels ein und vervollständigte auch meine Bildung auf allen andern Gebieten, besonders auch in Kunst und Literatur.«

»Ganz wie mein Rudolf«, meckerte der alte Tesenfitz, der geneigt schien, den ganzen Lebenslauf Bröschkes als Verdienst seines Sohnes anzusehn, da ihn der dem Druck übergeben hatte.

»Zu jener Zeit hatte unser verstorbener Parteiführer Roderich Pörtels den Gedanken ins Leben gerufen, junge strebsame Genossen in eigenen Parteischulen zu kundigen Leitern des werktätigen Volkes heranzuziehen. Als ich davon hörte packte ich meinen Ranzen und begab mich wieder auf die Wanderschaft gradenwegs zu Pörtels selbst. Das war zu Anfang der achtziger Jahre.«

»Zweiundachtzig war's«, rief Peter Schmirl und warf den Nacken zurück.

»Roderich Pörtels unterzog mich einem kurzen Verhör, dann nahm er mich unter die Seinen auf, und ich schmeichle mir, einer seiner Lieblingsschüler gewesen zu sein. Das war eine bewegte und doch ach wie unvergeßliche Zeit unter unserm ›Alten‹, wie wir ihn scherzhaft unter uns nannten.«

»Wie reizend!« hörte man eine Genossin flöten.

»Wir lernten die hehre Weisheit von Marx' Kapital und den Klassenkampf verstehn, wurden unterwiesen, wie sich die Parteien unterscheiden, und auch die Rede handhaben, um in Volksversammlungen sprechen und unsern Gegnern die Wahrheit des wissenschaftlichen Sozialismus entgegenschleudern zu können. Und dabei immer die Heimlichkeit, weil damals die Sozialistenverfolgungen an der Tagesordnung waren und Bismarck überall Geheimbünde witterte.«

Anton Bröschke stieß seinen Schwager in die Kniekehle. »Lies doch nicht so dröhnig«, raunte er ihm zu, »dabei schläft man ja ein.«

Eugen setzte den Zwicker grade und erhob die Stimme.

»Nach einem Jahr schon konnte ich meinen Tapezierberuf an den Nagel hängen. Genosse Pörtels wünschte, daß ich meine Kraft ganz der Bewegung widmen sollte.«

»Sehr richtig!« rief jemand am unteren Ende der Tafel.

»So kam ich achtzehnhundertdreiundachtzig als junger Parteiredakteur nach Krunkenau. Hier widmete ich mich neben meinen laufenden Arbeiten hauptsächlich der Aufklärung der Arbeiterschaft über die Religionsfragen. Denn ich hatte schon lange Zweifel an der Richtigkeit des Kirchenglaubens und kam dahinter, daß es damit keineswegs seine Richtigkeit hatte. Dadurch kam ich auch in die Freidenkerbewegung hinein, und Trennung von Staat und Kirche wurde seitdem meine vornehmste Losung.«

Adele faßte unter dem Tischtuch nach Jakobs Hand, denn sie ahnte, was jetzt folgen würde.

»Der rührigste Vorkämpfer dieser Losung war zu jener Zeit der Freidenker August Wehmeyer, mit dem ich denn auch bald in das freundschaftlichste Verhältnis trat. Ja, am siebzehnten September achtzehnhundertfünfundachtzig reichte mir seine liebe Tochter Adele die Hand zum Lebensbunde.«

Viele Gläser wurden erhoben, und Adele Bröschke mußte nach allen Seiten nicken und oft den Rand ihres Weinglases an die Lippen führen.

»Sie ist mir eine treue Gefährtin geworden und hat mir im Laufe der Zeit vier Kinder geschenkt, von denen uns das letzte im zarten Alter von zwei Monaten wieder genommen wurde, während die drei andern prächtig gediehen.«

Jetzt kam die Reihe des Zutrinkens an Anton und Käte.

»In Krunkenau blieb ich bis zum Jahre achtzehnhunderteinundneunzig. Dann erhielt ich einen Ruf als Geschäftsführer des ›Arbeiterboten‹ in unsre Stadt, welche mir seitdem zur zweiten Heimat geworden ist.«

Die Gesichter streckten sich dem Vorleser mit erhöhter Spannung entgegen.

»Hier gelang es mir, das Vertrauen der Parteigenossen bald in weitestem Maße zu erwerben. Mein Hauptaugenmerk richtete sich von Anfang an darauf, dem Blatt nicht bloß bei den Parteigenossen, sondern vor allem auch bei den Gewerkschaftern Freunde zu erwerben und die Redakteure

desselben anzuhalten, besonders den lokalen Teil so auszu-
gestalten, daß die sozialdemokratische Zeitung auch in jedem Bürgerheim Eingang finden und mit Vergnügen gelesen werden konnte. Achtzehnhundertvierundneunzig
wurde ich mit noch zwei Genossen zum Stadtverordneten
gewählt.«

»Einer davon war ich«, betonte Schmirl.

»Es war das erste Mal, daß unsre Partei im Rathaus einzog.
Nachdem ich bereits mehrfach unsern Wahlverein auf Par-
teitagen vertreten hatte und als alter Freidenker und auch
als künstlerisch durch meinen früheren Beruf als Dekorateur ein wenig vorgebildet in den Ausschuß für Kultur und
Kunst gewählt war, entsandte mich das Vertrauen der Arbeiterschaft bereits achtzehnhundertfünfundneunzig in
den Landtag und neunzehnhundertdrei auch in den
Reichstag, welch beiden Körperschaften ich seitdem unun-
terbrochen angehört habe.«

Ein lautes »Bravo!« von verschiedenen Seiten bekräftigte das
Einverständnis der Festteilnehmer mit dieser Tatsache.

»Seit neunzehnhundertacht, also nunmehr zehn Jahre, gehöre ich dem hiesigen Magistrat an, und neunzehnhun-
dertelf berief mich das einstimmige Votum der Mitglieder-
versammlung zum ersten Vorsitzenden des sozialdemokratischen Wahlvereins.« Dieses Mal äußerte sich die Befriedigung durch lebhaftes Gemurmel.

»Das Höchstmaß seines Vertrauens erwies mir der Par-
teiausschuß noch voriges Jahr, indem mich derselbe an-
stelle eines unabhängig gewordenen Vorstandsmitglieds in
den Parteivorstand berief. Ich habe als Funktionär der Partei und als Abgeordneter stets nach meinen bescheidenen
Kräften mitgeholfen, das Gute zu schaffen, und habe mir
insbesondere in meiner Eigenschaft als Referent für Kunst,
Wissenschaft und Kultus in den verschiedenen Kommis-
sionen und Körperschaften von jeher die Hebung der Kultur und der Bildung in unserm Volke als hehres Ziel vor
Augen gehalten. Seit dem Ausbruch des großen Welten-
brandes habe ich es mir angelegen sein lassen, das Augen-

216

merk der gesetzgebenden Faktoren auf die Verhütung sozialer Mißstände zu lenken und mit den wohlverstandenen Interessen des allen Deutschen gemeinsamen Vaterlands das der arbeitenden Klasse zu verbinden. Die Opfer, die die Arbeiterschaft in dieser schweren Zeit bringen muß, dahin werde ich mit allen meinen Kräften zu wirken suchen, werden derselben aufgewogen werden durch die Erringung freiheitlicher Verhältnisse im Reich und im Lande. Wir werden einen demokratischen Staat bekommen, in dem nichts geschehn darf, wozu nicht das Proletariat seine Zustimmung gegeben hat. Solange mir unsere Parteigenossen fernerhin ihr Vertrauen schenken sollten, wird dieses allezeit meine Richtschnur sein und bleiben.«

Obersekretär Riemann legte das Zeitungsblatt auf den Tisch, als ob er ein As trumpfen wollte, zum Zeichen, daß die Vorlesung beendet sei. Darauf wischte er sich Stirn und Schnurrbart mit der Serviette ab und setzte sich.

Dröhnend erscholl der Applaus durch den Saal. Der Gesangverein stimmte die Arbeiter-Marseillaise an und stehend sangen die begeisterten Parteigenossen: »Wohlan, wer Recht und Freiheit achtet —«

Die Tafel wurde aufgehoben. Es bildeten sich Gruppen. Der gemütliche Teil des Abends begann.

Der Gefeierte konnte sich indessen nicht lange dem ruhigen Genuß seiner Beliebtheit hingeben. Genosse Schmirl klopfte ihm inmitten eins Rudels von Verehrern, die sich in entzückten Äußerungen über die Selbstbiographie ergingen, derb auf die Schulter und schrie: »Jakob! Das Geschäft ruft. Fraktionssitzung nebenan im kleinen Saal.«

Die anwesenden Mitglieder des Landtags versammelten sich in einem Nebenraum und berieten bei der Zigarre über ihre Stellung bei der Interpellation Rupprecht, die sich besonders auf den Fall des Arbeiters Winckelmann bezog, jenes unabhängigen Hitzkopfs, den man seiner fanatischen Streikhetze wegen, nachdem man ihn schon infolge seiner schweren Verwundung nicht mehr ins Feld schicken konnte, einfach in Schutzhaft genommen hatte.

Das war eine fatale Geschichte, und nach langem Hin und Her und Kopfkratzen und vielen faulen Vorschlägen knuffte Peter Schmirl den alten Freund in die Seite, und Jakob Bröschke trug bedächtig vor, was Peter ihm am Vormittag beigebacht hatte. Er fand allgemeine Zustimmung. Da wurde Dr. Valentin ans Telephon gerufen, und die Parlamentarier begaben sich zur Gesellschaft zurück, wo zwischen Weindunst und Tabakqualm ein Tosen von Stimmen brandete wie auf dem Zwischendeck eines Auswandererschiffs vor der Landung.

Ganz plötzlich ward es still.

Alles schaute auf. Doktor Valentin stand in der Tür. Sein Schauspielergesicht zuckte vor Erregung, und seine Hand gebot Ruhe.

»Barteigenossen!« Sein Idiom trompetete in den Saal. »Ich gann Ihnen eine eminent wichtige Mitdeilung machen.«

Die letzten Flüsterlaute verstummten.

»Ich habe soäben den morchigen Dagesbericht delephonisch übermiddelt begommen. Unsre Druppen sind im siechreichen Vordringen beiderseits von Reims, dessen Ostforts in unsrer Hand sind. Die Wranzosen sind über die Marne dem Stoß ausgewichen. Die Unsrichen folchen und haben den Fluß bereits überschritten.«

Einen Augenblick stockte allen der Atem. Dann aber hielt es Eugen Riemann nicht. Den Arm senkrecht in die Luft gereckt, schrie er mit überkippender Stimme: »Hurra!« Und dann noch einmal und ein drittes Mal und jedesmal noch lauter und noch begeisterter: »Hurra! Hurra!!«

Da war nicht zu widerstehn. Die Militärpersonen, zuerst die Chargen, die beiden Beamtenstellvertreter, der Offiziersstellvertreter und die drei Unteroffiziere, dann auch alle übrigen, selbst die ältesten Parteifunktionäre, stimmten mit ein, und das Hurra! donnerte von den Saalwänden wie eine Lawine zwischen Gletschern.

Und der Dirigent des Gesangvereins nahm den Taktstock und gab ein Zeichen, und die Arbeitersänger standen auf und drehten die Hälse aus dem Kragen, und die Festteilnehmer, Männer und Frauen, Alte und Junge – alle, alle folgten dem Beispiel, und brausend wie Orgelklang erscholl aus mehr als achtzig sozialdemokratischen Kehlen der deutsche Sturmgesang: »Deutschland, Deutschland über alles!« ...

Geschrieben in der Festung Niederschönenfeld

1921

OSKAR MARIA GRAF

... Hitzige Zwischenrufe gab es, in der Diskussion sah ich zum erstenmal Erich Mühsam wieder. Er schrie zeternd: »Man frage doch die Fronttruppen, wie sie zum Frieden stehen!« und forderte die Frauen auf, immer mehr und mehr Friedensdemonstrationen zu machen. Ich zitterte am ganzen Körper, als ich auf dem hohen halbüberkuppelten Rednerraum stand, und schrie ungeschlacht: »Die Revolution wird kommen! Sie kommt! Ich fordere die Soldaten auf, den Befehl zu verweigern und aus den Kasernen zu gehen!«

Aus: Wir sind Gefangene

FRIEDRICH BURSCHELL

... In seinem Entsetzen vor den Folgen der Niederlage ging Max Weber so weit, die tolle Idee seines Freundes Walter Rathenau, die Levée en masse*, allen Ernstes vorzuschlagen.
Die von Max Weber angerufenen Feldsoldaten gaben ihm auf der Stelle die Antwort. Urlauber, Verstümmelte, Gene-

*Massenerhebung

219

sende, erschütternde Zeugen des ausgebluteten Heeres, traten auf das Podium und sagten mit einfachen, von Erregung zeugenden Worten, daß sie und ihre Kameraden an der Front sich nicht nur mit der Heimat solidarisch fühlten, sondern von ihr das Signal erwarteten, um die Waffen niederzulegen und die Herrscher von ihren Thronen zu stürzen. Sie riefen das Wort in den Saal, das im Sprachschatz der deutschen Frontsoldaten am häufigsten wiederkehrende Wort vom Schwindel des imperialistischen Kriegs, zu dem sie sich nicht mehr länger hergeben wollten.

Das war das Stichwort für Mühsam. Mit den ersten Worten hatte er das Publikum gepackt, das die Rede Max Webers mit eisigem Schweigen begleitet hatte. Es waren nicht so sehr seine Worte, die wirkten, obwohl sie, geboren im fruchtbaren Augenblick, unmittelbar zu Herzen gingen. Was die Versammlung hinriß, war das Gefühl der ungeheuren Empörung, das ihm mit den Worten zugleich über die Lippen sprang. Die Revolution war schon da, während Mühsam sprach. Auf diese Rede hatte er die ganzen Jahre hindurch gewartet. Er hatte ein Recht, so zu sprechen. Er hatte von Anfang an gegen den Wahnsinn des Krieges gekämpft. Jetzt war seine Stunde gekommen. So mußten die französischen Jakobiner gesprochen haben. Mühsam sprach mit funkelnden Augen, mit zusammengepreßten, auf- und niederhackenden Fäusten, mit seiner hellen schneidenden Stimme, mit Worten, die sich jagten, manchmal sich überschlugen, immer kühner und offener wurden, bis sie in einem Furioso des direkten Aufrufs endeten.

Die Wirkung dieser Rede war gewaltig. Ich werde nie vergessen, wie in dem Tumult, der sich erhob, Rainer Maria Rilke von seinem Sitz aufsprang, wie er, der stillste und unpolitischste aller Dichter, immer ängstlich bedacht, jeder Öffentlichkeit aus dem Wege zu gehen, unter dem Eindruck von Mühsams Worten lebhaft erklärte, daß er auch zu der Versammlung sprechen wolle, da diese Zeit wie Wachs sei, das man bilden und formen könne. Freilich

kam er über die Absicht nicht hinaus. Rilke verfügte nicht über die Ellenbogen, um sich zu dem umlagerten Rednerpult durchzudrängen.

Am Nachmittag des denkwürdigen siebenten November sah ich Mühsam wieder. Er marschierte in den vordersten Reihen des langen Zuges, der sich nach Eisners Rede auf der Theresienwiese gebildet hatte. Er ging hinter der roten Fahne in gleichem Schritt und Tritt mit den Soldaten der Stadt entgegen, die er gemeinsam mit ihnen erobern wollte ...

Aus: Die neue Weltbühne, 1935

Die Revolution von 1918 war Alleingut der Soldaten und Arbeiter – wenigstens in München. Die Akademiker standen blasiert und degoutiert im Hintergrunde. Dort wollen wir sie stehen lassen.

Aus: Kain, 1. Flugblatt, 1918

An Johannes Knief*

München, den 1. Dezember 1918

Lieber Knief! Georgenstraße 105/IV.

Ich erhielt Ihre Flugblätter »Der Kommunist« und halte es für gut, gerade jetzt die Fühlung mit Ihnen wieder herzustellen. Sie können sich denken, daß unsereiner in München keinen leichten Stand hat, und daß speziell ich, um nicht von jeder wirksamen Tätigkeit ausgeschlossen zu werden, geschickt operieren muß. Dabei glaube ich, besonderen Anspruch darauf zu haben, gehört zu werden. Denn ich war am 7. November nachm. gegen 3/4 6 der erste Mensch Deutschlands, der öffentlich die Absetzung der Dynastien und die Errichtung einer freien bayerischen Räterepublik proklamierte. Die Demonstration, die Eisner und Auer auf

---

* Linkssozialist, ab 1915 an der Spitze der Bremer Linksradikalen

Katalogisiert
Schweizerisches Sozialarchiv

Preis 10 Pfg.

KAIN

1. Flugblatt

München, den 18. November 1918
Sämtliche Beiträge sind von Erich Mühsam

Zeitschrift für Menschlichkeit
Herausgeber:

Erich Mühsam

München, den 11. Nov. 1918.

---

die Theresienwiese einberufen hatten, verlief zunächst sehr lang-
weilig, obwohl ungeheure Massen daran teilnahmen. Nur einige
Soldaten mit roten Fahnen waren prachtvoll lebendig. Der erste
Versuch, die Kraftwagenabteilung zu rebellieren, an dem meine
Frau und ich teilnahmen, mißglückte völlig. Die Leute lehnten
jede Aktion ab. Dann löste sich die Menschenmenge auf, und

223

einzelne lange Züge bewegten sich sang- und klanglos durch die Stadt, ohne auch nur einen Ruf von sich zu geben. Wir verließen einen solchen Zug mit dem Gefühl, daß diese Art zu demonstrieren hoffnungslos sei, und kamen zur Leib-reg(iments)kaserne (Türkenstraße). Dort war einige Erregung, weil einer, ein Feldwebel, mit Reizgas geworfen hatte. Die Soldaten schlugen ihre Gewehre auf d. Straßen kaputt und schmissen die Fenster der Kaserne ein. Meine Frau ließ ich auf ein Militärauto hinaufheben, auf dem etliche Soldaten eine rote Fahne schwangen. Dann kroch ich auch hinauf und hielt an die zusammengeströmten Soldaten und das Publikum eine Rede, in der ich zur Revolution aufrief und die Republik verkündete. Jetzt war die Revolution plötzlich da. Man rief mich zum Führer aus und wir fuhren mit unserem Auto, gefolgt von vielen Soldaten und bewaffnet mit einem schnell aufmontierten Maschinengewehr los, um weitere Kasernen zu revoltieren. In der Theresienstraße wurden wir mit Gas angegriffen, die Max-II.-Kaserne empfing uns mit lautem Jubel und schloß sich an, dann holten wir Verwundete aus einem Lazarett ab und wurden endlich im Hof der Infanterie-2-Kaserne kräftig beschossen (eine leichte Verwundung). Ich habe an dem Abend von meinem Auto aus 7 Reden im Freien gehalten. Inzwischen hatte ebenfalls etwa gegen 6 Uhr ein junger Soldat mit einigen Kameraden das Telefonamt besetzt, gegen Abend war das Militärgefängnis genommen und einige krummgeschlossene Häftlinge daraus befreit und so war für Eisner die Bahn geebnet. Er proklamierte um 1/2 12 Uhr nachts dasselbe, was ich 6 Stunden früher proklamiert hatte – ich war noch agitierend auf der Straße und wußte gar nichts von der offiziellen Sache im Landtag. So war der Verlauf in München. Es ging fast ohne Blutvergießen ab und war zuerst sehr schön. Die etwa besonders persönlichen Erlebnisse der nächsten Tage schildere ich Ihnen ein anderes Mal, am liebsten mündlich. Man hat mich in den Arbeiterrat gewählt, wo ich bemüht bin, radikalisierend einzuwirken, was nicht ganz vergeblich zu sein scheint. Eisner mache ich vorläufig keine zu starke Opposition, weil er in mancher Hinsicht sehr tüchtig ist, von allen bürgerlichen Elementen wütend angefeindet

ist und der Berliner Regierung Schwierigkeiten macht, zu deren Auswirkung man ihm Zeit geben muß. Ich beschränke mich daher in meinem Verhalten zu ihm auf energische Kritik, die sich auf eine Schlappheit im Punkt der Vergesellschaftung der Wirtschaft und auf seinen Regierungskomplizen Scheidemann-scher Richtung (Auer) erstreckt. Außerhalb der amtlichen Tätig-keit im Arbeiterrat betreibe ich hingegen positive radikalrevolutio-näre Propaganda. Gestern kam die Begründung einer »Vereini-gung revolutionärer Internationalisten Bayerns« zustande, die mich zum Vertrauensmann wählte. Der Sinn der Sache ist der, einen Zusammenschluß aller wirklich radikalen Elemente ohne Rücksicht auf ihre Berufung auf Marx oder Bakunin zu ermög-lichen. Es soll also jeder kommunistische Sozialist (wie immer man den Begriff im Einzelnen definieren will) zugehören können, sofern er der Ansicht ist, daß diese Revolution bis zur Verwirklichung des Ideals durchgeführt werden muß, und zwar mit den Mitteln der Revolution und gerichtet auf die Weltrevo-lution einer Internationale, die diesen Namen verdient. Die Zugehörigkeit zur Spartakuspartei oder zu der Bremer Kommu-nistengruppe soll nicht vom Anschluß an uns zurückhalten. Sie wollen keine Partei sein, sondern eine weiterfassende Organisa-tion, die nach links hin keine Grenzen sieht und den Anarchisten die Möglichkeit zur Mitarbeit in Gemeinschaft verwandte Ener-gien schafft, ohne sie zur Verleugnung eigener oder zur Anerken-nung fremder akademischer Formeln zu nötigen. Meine persönli-chen Erfahrungen durch 20 Jahre haben mich belehrt, (daß) das (nötig) ist, um sehr brauchbare agitatorische Kräfte dem gemein-samen Kampf zu sichern. Wir wollen uns nun zunächst mit allen verwandten Gruppen in direkte Verbindung setzen und ich bitte Sie, mir für die Übersendung unseres Werbematerials, das in diesen Tagen gedruckt wird, die Adressen verfügbar zu machen: Berlin, Dresden etc. unsere Adresse ist: »Vereinigung revolutionärer Internationalisten, Geschäftsstelle Braunauerhof, Frauenstraße 3«.
Im Laufe dieser Woche soll mein »Kain« wieder erscheinen, und zwar im Zeitungsformat (vierseitig) und als Wochenblatt. Ich habe das Blatt vorläufig als Publikationsorgan der Vereinigung

zur Verfügung gestellt. Wir hoffen jedoch früher oder später eine große Münchener Tageszeitung durch Okkupation in Besitz nehmen zu können. Meine Leute sind ausgezeichnet. Nur haben wir hier mit den starken Gegenkräften zu rechnen und können natürlich ewas derartiges erst unternehmen, wenn wir hinlänglich Macht haben. Da beneide ich Sie um Ihre Bremer. –

Während ich diesen Brief schreibe, erhielt ich den telefonischen Bescheid, daß Eisner beabsichtigen soll, in den nächsten Tagen Auer zur stürzen und festzusetzen. Daß man jetzt bei der ungeheuren Popularität Eisners und unter solchen Umständen am besten innerhalb des Arbeiterrats arbeitet und ihm kein Dynamit unter den Sessel legen darf, sondern versuchen muß, Eisners eigenes Testament revolutionär anzukurbeln, werden Sie wohl auch für richtig halten. In der Presse, dem Bürgertum, der Beamtenschaft, dem Offizierskorps hier ist die Gegenrevolution äußerst tätig. Die kürzlich ausgesprengten Berichte, München würde von den Italienern besetzt werden, sind natürlich Einleitungen zu Hilferufen an die Entente à la Ukraine. –

Es ist alles im ersten Werden, und ich habe die Empfindung, daß der zweite Akt der Revolution nicht lange mehr auf sich warten lassen wird. Ich strebe als Erster die Schaffung einer roten Garde an, – aber stellen Sie sich bei allem vor: München. Immerhin hört man zur Zeit besser auf mich als je zuvor. Vielleicht ist der Umstand, daß wir hier programmwidrigerweise die Revolution 2 Tage vor Berlin hatten, ein gutes Omen auch für weitere Etappen. Mit deren Ansichten bin ich vielfach ganz überein. Nur ist mir die Überbetonung des Proletariats nicht recht angenehm. Am Ende soll doch das Proletariat überwunden werden, sich selbst überwinden, denn mit einem Siege, mit dem Sozialismus hört es doch tatsächlich auf. Proletariat setzt Ausbeutung voraus, mit der Abschaffung der Ausbeutung ist die Welt entproletarisiert. Zu wenig betont bei Ihnen finde ich die Forderung eines erhöhten Kulturlandes als Ziel der Revolution. Mir scheint, daß die auschließliche Betonung materieller Vorteile als Lohn des Kampfes das ethische Fluidum der Bewegung lähmen könnte. Endlich sollte die Anrufung gewaltsamer Entscheidungen stark betont nur als ultimo ratio gelten. Das Volk

soll entschlossen bleiben – zu allem aber soll man es nicht blut-
rünstig machen, wozu es durch die Scheußlichkeitsgewöhnung der
letzten 4 Jahre ja leider ohnehin neigt.

Das ist, was ich bestimmt zu sagen habe. Im allgemeinen freue
ich mich aber sehr über Ton und Stellung des »Kommunist«,
besonders über den »Bolschewismus«-Artikel. Das habe ich auch
in zahlreichen Reden der letzten Tage immer wieder versucht, die
Dankbarkeit gegen die russischen Vorkämpfer zu wecken, die eine
üble Regie erfolgreich verwirkt. Jedenfalls meine ich, sollten wir
gute Nachbarschaft halten und uns gegenseitig helfen und för-
dern. Bekämpfen Sie die Parteibeschränktheit, die leider bei den
Spartakusleuten in Berlin schon wieder Oberwasser hat: Hart-
mann ist kein Marxist – mit dem kann man nichts zu tun
haben. Ich finde: über Zusammengehörigkeit und Kampfgenos-
senschaft entscheidet Temperament und Gesinnung, aber kein
Katechismusglaube.

Hat Frl. Kornfeld meinen Brief nach Bremen (Adr. »Arbeiter-
politik«) bekommen, dem ich mein 1. Kain-Flugblatt beigelegt
hatte? ...

Grüßen Sie sie und schreiben Sie bald. Gedrucktes folgt in näch-
ster Zeit.

Kameradschaftlichst Ihr   *Erich Mühsam*

VIKTOR MANN

Die erste Auflage des »Untertan« – hunderttausend Exemplare – war in vierzehn Tagen vergriffen. In seines Dichters Heim war immer eine buntgemischte und vielseitig-in-
teressante Gesellschaft anzutreffen. Da sah ich neben
anderen Politikern Erich Mühsam wieder, einen Lands-
mann, denn er war Lübecker Apothekerssohn. Eine wilde
Wirrnis von widerborstigem graurotem Haupt- und Bart-
haar über einem sehr ungebügelten Konfektionsanzug. Zu-

letzt hatte ich ihn ganz ähnlich gewandet und ebenso unfrisiert auf einer Kabarettbühne gesehen, als er todernst eigene Schüttelreime vortrug:

> Sie würden mir große Freude bereiten,
> wenn Sie meinen Hund von der Räude befreiten.

Oder:

> Das kleine Mädchen reibt sich leise
> das Knie, wenn ich nach Leipzig reise.

Auf den wohlwollenden Beifall hin pflegte er ein Gedicht dreinzugeben, das begann:

> Wie lieblich ist's zu warten
> in einem Bürgergarten
> auf das geliebte Weib …

Ein anderes hieß »Bauchweh«. Inzwischen hatte er, der Anarchist, die achthundertjährige Herrschaft der Wittelsbacher gestürzt.

Jetzt tat er vor seinem Glase alten Bordeaux harmlos wie ein Kind, wenn Frau Mimi energisch in ihn drang, nicht immer die schlimmsten Instinkte der Straße zur Durchsetzung politischer Ideen aufzurufen. Er gelobte demokratischen Anstand und machte, ehe der Hahn krähte, wieder einmal alle Kaschemmen Münchens zu bürgerschreckenden Demonstrationen mobil.

Aus: Wir waren fünf

WILHELM LUKAS KRISTL

… Als die Schauspielerin Tilla Durieux, von Bayerns erstem republikanischen Ministerpräsidenten Kurt Eisner an das Staatsschauspiel berufen, dem Regierungschef in seinem Häuschen in Großhadern vor München einen Besuch

machte, es war im Januar 1919, stieß sie auf einen Volks-
auflauf, der keineswegs ihr galt. Ein Mann um die vierzig
kletterte auf einer Leiter zum ersten Stock hinauf, um von
dort in das Haus des Regierungschefs einzusteigen: ein
Verlags-Autor ihres Mannes Paul Cassirer in Berlin, Erich
Mühsam. Da Eisner von dessen politischen Ratschlägen
und Forderungen nichts wissen wollte und sich schließlich
weigerte, ihn anzuhören, erzwang er sich den Zugang
durch das Obergeschoß.

Aus: Aus dem Antiquariat

OSKAR MARIA GRAF

… Immer wildere Züge bevölkerten die Straßen. Einmal
kam ich über den Lenbachplatz und sah ein dichtes Men-
schengemeng hastigen Schrittes lärmend in den Promena-
denplatz einbiegen.
»Was ist's denn?« fragte ich mitlaufend.
»Eisner hat Mühsam, Levien und noch zehn Genossen
nach Stadelheim bringen lassen«, erfuhr ich. Schon waren
wir vor dem Ministerium. Hin und her drängten sich
schußbereite Maschinengewehrschützen. Man ratschlagte
einige Minuten. Auf einmal kletterte ein Matrose auf dem
Kandelaber zum Balkon empor, schwang sich drüber und
verschwand unter lautem Jubel in der Tür. Kurz darauf erschien er mit Eisner, der furchtbar erregt auf uns nieder-
schrie: »So holt sie euch, in Gottes Namen! Sie sind enthaf-
tet!«

Aus: Wir sind Gefangene

Das Neue Deutschland

Sich empfehlend den Genossen
für die nächste Reichstagswahl,
saßen viele deutsche Sozi
jüngst bei Sklarz im Speisesaal.

Grinsend rief der dicke Ebert
von dem Präsidentensitz:
»An mein Volk: Du hältst die Schnauze!«
Und gleich schrie man: »Bravo, Fritz!«

Scheidemann, der mit der Glatze,
sprach in überlegnem Ton:
»Ich erwürgt' zwar nicht die Feinde,
doch die Revolution!«

Dann erhob sich Parvus-Helphand
und begehrt' das höchste Lob,
weil im ganzen Land kein Schieber
soviel in die Tasche schob.

Erhard Auer sprach aus München:
»Ich bin meines Siegs gewiß.
Mir bestätigt Lindners* Kugel,
daß ich Bayerns Volk beschiß.«

Aber plötzlich ward es stille,
Noske ballte seine Faust,
und es rollten seine Augen,
daß es den Genossen graust,

und er rief: »Euch lobt der Bürger,
denn ihr meint's ja alle gut.
Aber hier, seht meine Hände:
Jeder Finger trieft von Blut.

*Alois Lindner versuchte Eisner an Auer zu rächen.

Ruhe, Sicherheit und Ordnung
tun dem Kapitale not.
Fünfzehntausend Proletarier
schlugen meine Garden tot.«

Stürmisch schrien: »Prosit, Noske!«
Ebert, Parvus, Scheidemann.
Bauer, David, Landsberg, Heine
stießen mit dem Sektglas an.

»Heil dir, Justav, Held und Sieger,
dir verneigen wir uns stumm.
Wir betrügen unser Volk nur,
aber, du, du bringst es um!«

1919
Geschrieben in der Haftanstalt Ansbach

OSKAR MARIA GRAF

... In einer Früh klopften mich Schorsch und das Fräulein
aus dem Schlaf und brachten die Nachricht von der Ermordung Liebknechts und Rosa Luxemburgs.
»Jaja, jaja, jetzt kommt dann der Eisner, der Mühsam, der
Gandorfer, der Levien, der Toller und der Leviné, und so
geht's weiter ... Paß nur auf! ... Und dann fangen Sie langsam mit den Kleinen an ... Es ist direkt wunderbar, wie die
Leute arbeiten. Die wissen genau, was sie wollen«, räso-
nierte ich bissig, »aber uns wird's doch nie einfallen, die
Herren auch so nacheinander wegzuräumen. Wir haben ja
Charakter! Wir sind ja ethisch! Ach, wir sind ja so anstän-
dige Menschen!«

Aus: Wir sind Gefangene

Gesang der Intellektuellen

(Melodie: Gaudeamus igitur)

Rr-r-revolution
macht man nur mit Liebe.
Weist den Hetzer von der Schwelle.
Nur der Intellektuelle
kennt das Weltgetriebe.

Unsre Überlegenheit
wird euch trefflich führen.
Wählt nur uns in eure Räte,
dann wird Liebe früh und späte
eure Seelen rühren.

Lieb den Bürger, Proletar,
denn dein Bruder ist er.
Und verdienst du ihm Millionen,
mag dich das Bewußtsein lohnen:
Ihr seid ja Geschwister.

Sammelt euch zum Klassenkampf
hinter unserm Schilde.
Läßt der Bourgeois euch hängen,
mit der Liebe Zauberklängen
stimmen wir ihn milde.

Aber kommt's zum Bürgerkrieg,
ja kein Blutvergießen!
Auf den Kolben jeder Flinte
schreibt mit roter Liebestinte:
Brüder, nur nicht schießen!

Folgt dem geistigen Führerrat
zu des Werkes Krönung.
Einerseits die rote Fahne,

andrerseits die Buttersahne
lieblicher Versöhnung.

Rr-r-revolution
macht die Herzen schwellen.
Laßt die Freiheit uns errichten
mit den lyrischen Gedichten
der Intellektuellen.

1920

OSKAR MARIA GRAF

... Auf Mühsam gab ein Unbekannter am zweiten Weih-
nachtsfeiertag fünf Schüsse aus der Dunkelheit ab. Die ersten antisemitischen Flugblätter tauchten auf. Meistens sah
man sie in kleinen Milch- oder Gemüseläden oder auch
heimlich an die Wände geklebt ...

Aus: Wir sind Gefangene

An Max Halbe   *München 18/II. 1919*

*(...) Ich schlafe nachts nur noch ausnahmsweise daheim, um dem
Vollstrecker des gegen mich gefällten Todesurteils sein Geschäft
nicht leicht zu machen. Ich bin in dauernder Erregung über die
öffentlichen Vorgänge, in unausgesetzter Arbeit an den öffentlichen Dingen selbst. Und da fühle ich mich aus heiler Haut mit
einemmal mit derartigem Dreck beschmissen (...)*

OSKAR MARIA GRAF

... Jetzt erst erfuhr ich, was geschehen war. Einige Mehrheitssozialisten hatten in der vorhergehenden Nacht etliche Kasernenräte insgeheim für die Regierung Hoffmann gewonnen, im Namen der gesamten Garnison München einen Anschlag gegen die Räterepublik verbreiten lassen, das Standrecht verkündet, die wichtigsten Gebäude besetzt, den Zentralrat für abgesetzt erklärt, Mühsam, Wadler und noch irgendwelche Räte verhaftet und nach Niederbayern verschleppt. Hierauf forderte der Zentralrat zum Generalstreik auf, die Kommunisten übernahmen die Führung der bewaffneten Betriebe und Massen, die Putschisten wurden zurückgeschlagen, entwaffnet und davongejagt.

Ein neuer Zentralrat regierte, die Kommunisten ergriffen die Macht, die sogenannte zweite Räterepublik hub an, schier über Nacht entstand die bisher wohl begonnene, aber sehr lässig durchgeführte Organisation der Roten Armee.

Aus: Wir sind Gefangene

Er ist der geborene Hetzapostel, er stellt die ungeheuerliche Behauptung auf, daß die besten Elemente aller Nationen in den Zuchthäusern enden, er besudelt das deutsche Volk durch die Ausstellung:
»So weit die deutsche Zunge klingt, reicht die deutsche Charakterlosigkeit.«

Bayrische Staatsanwaltschaft, 1919

Erich Mühsam beim Hochverratsprozeß

Aus dem Mühsam-Prozeß

7.–12. Juli 1919

Die Vernehmung geht über auf die Sitzungen vom 4. April im Ministerium des Äußeren und im Kriegsministerium.

Mühsam: Ich begegnete Landauer, Niekisch und anderen vor dem Wittelsbacher Palais. Sie forderten mich auf, mit ihnen mitzukommen in das Ministerium des Äußeren. Es handle sich um die Ausrufung der bayrischen Räterepublik. Ich hielt das zunächst für einen Scherz. Man setzte mir aber auseinander, daß das Proletariat das verlange. Die Einberufung des Landtags sei eine Herausforderung, die mit revolutionären Maßnahmen beantwortet werden müsse. Im Ministerium waren Wadler, Levien, Schneppenhorst und viele andere anwesend.

Vorsitzender: Schneppenhorst sagt, es sei eine sehr fragwürdige Gesellschaft gewesen.

Mühsam: Das ist bezeichnend für den Charakter des Herrn Schneppenhorst.

Vorsitzender: Er hat sich geäußert, daß an jenen Sitzungen auch Damen teilgenommen haben, die keinen besonders guten Eindruck machten.

Mühsam: Ich glaube nicht, daß es schmeichelhaft ist für Damen, auf Schneppenhorst einen guten Eindruck zu machen.

(fortfahrend) In der Sitzung wurde die Einigung des Proletariats verlangt. Die Kommunisten lehnten die Beteiligung ab.

Vorsitzender: Es wurde doch eine Ministerliste vorgelesen?

Mühsam: Die Namen wurden durchgesprochen. Minister Segitz sagte, er könnte sich nicht endgültig äußern, müßte erst seine Partei befragen, erklärte aber: Meine Sympathie habt ihr.

Vorsitzender: Er stellt das in Abrede. Er erklärt, daß er gesagt habe, München sei doch nicht Bayern. Ebenso behauptet Schneppenhorst, daß er sich in ähnlichem Sinn ausgesprochen habe und daß Sie gegen ihn Opposition machten.

Mühsam: Das ist ungefähr das Gegenteil von dem, was wahr ist. Im übrigen habe ich gegen Schneppenhorst Anklage wegen Meineids erhoben. Schneppenhorst ist der bayrische Noske. Ich hatte gegen seine Ernennung zum Volksbeauftragten protestiert. Er wollte aber durchaus Minister werden.

Vorsitzender: Man wird den Minister Schneppenhorst ja als Zeuge hören.

Mühsam: Aber hoffentlich nicht unter Eid. – (fortfahrend) Landauer legte mir dar, daß Einigkeit nötig sei. Ich erklärte mich deshalb einverstanden, daß er auf die Ministerliste komme. Ich hielt es für selbstverständlich, daß nach Ausrufung der Räterepublik unsere Mandate in die Hände der Massen zurückgegeben werden müßten. Ich selbst habe mich geweigert, einen nach außen sichtbaren Posten anzunehmen, solange nicht die Einigung der ganzen Arbeiterschaft vollzogen sei.

(Die unter Anklage stehende Unterzeichnung von Proklamationen, Funksprüchen usw. gibt der Angeklagte zu.)

Verhandlungsprotokoll

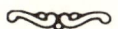

O Schneppenhorst, o Schneppenhorst

(Melodie: O Tannenbaum, o Tannenbaum)

O Schneppenhorst, o Schneppenhorst,
du Militärminister!
Wie gleichst du dem Chamäleon:
Du strahlst in jedem Farbenton.
O Schneppenhorst, o Schneppenhorst,
da staunen die Philister.

O Schneppenhorst, o Schneppenhorst,
wie kühn sind deine Eide!
Du schwörst im Eifer des Gefechts
bald rechts, bald links, bald links, bald rechts.
O Schneppenhorst, o Schneppenhorst,
du Bürgers Augenweide.

O Schneppenhorst, o Schneppenhorst,
du Vaterlands-Befreier!
Du schlägst mit Lieberich den Nutt
mit Epp und Möhl das Volk kaputt.
O Schneppenhorst, o Schneppenhorst,
dein Lob sing jeder Bayer.

O Schneppenhorst, o Schneppenhorst,
ein Gruß der Hochverräter.
Aus Ebrach, Straubing, Oberhaus
tönt liebevoll dein Ruhm heraus.
O Schneppenhorst, o Schneppenhorst,
den Dank erhältst du später.

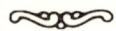

Zu

O Schneppenhorst

Verfaßt in der Festungsabteilung des Zuchthauses Ebrach
im Hochsommer 1919. Schneppenhorst war ein sozialdemokratischer Militärminister unter dem Ministerpräsidenten Hoffmann. Er beteiligte sich als solcher an den Vorbereitungen zur Ausrufung der Räterepublik. Von Landauer
zur Rede gestellt, ob es ihm, in dem das bayerische Proletariat einen zweiten Noske sah, mit seiner Wandlung ernst
sei, beteuerte er, er setze seinen Kopf zum Pfande, daß er
das ihm unterstellte Militär für die Räterepublik gewinnen
werde. Nach Proklamierung der Räte-Republik wendete er

sich sofort wieder der Gegenseite zu, rief die Freikorps des Generals Epp und die dem General Möhl unterstellten Nosketruppen nach Bayern und wurde so einer der Hauptschuldigen am Weißen Schrecken. In einem Standgerichtsprozeß in Würzburg bestritt er unter Eid, jemals mit den Räterepublikanern gemeinsame Sache gemacht zu haben. Gegen den Münchener Redakteur Nutt, der Schneppenhorst Meineid vorwarf, strengte der Staatsanwalt Lieberich Klage an. Obwohl zahlreiche Zeugen, darunter der Verfasser, in dem Prozeß gegen Nutt unter Eid die oben wiedergegebene Erklärung des Militärministers für die Räterepublik bezeugten, wurde Nutt verurteilt. Mehrere Jahre später bekundete Schneppenhorst in einem Aufruhrverfahren gegen Hakenkreuzler unter Eid Belastendes gegen die Nationalsozialisten. Hier hat er wahrscheinlich die Wahrheit gesagt: er wurde nämlich wegen dieser Bekundung, die als fahrlässiger Falscheid angesehen wurde, zu sechs Monaten Gefängnis verurteilt.

E. M.

~~~~~~~

An Max Halbe

<div align="right">*Festung Ebrach,*</div>

Lieber Herr Dr. Halbe, <div align="right">*d. 27. Juli 1919*</div>
endlich untergebracht: bis zum 24. April 1934. — Es tut mir leid, daß Sie neulich meinetwegen vom Staatsanwalt bemüht wurden. Es handelte sich um die Ritscher-Geschichte, deren Erörterung ich noch glücklich abwenden konnte. Aber mir tats leid, daß ich deswegen auf Sie als Bezeuger meiner literarischen und persönlichen Ehrenhaftigkeit verzichten zu müssen gezwungen wurde. Die Festungshaft läßt sich vorerst sehr erträglich an. Aber das verdammte Eingesperrtsein ist unangenehm. Vielleicht besuchen Sie mich gelegentlich mal. 5 Stunden am Tage dürfte ich Ihnen widmen. Grüßen Sie die Ihrigen herzlich und von den Unterströmlingen die, die noch von mir gegrüßt sein wollen. Ihr alter

<div align="right">*Erich Mühsam, Hochverräter.*</div>

Wer hat uns das Gefäß unserer Sehnsucht verbeult, daß
aus einem Flammenkelch ein Nachttopf geworden ist?

Tagebuch, 1919

Aus

Judas

Arbeiter-Drama in fünf Akten

Martin Andersen Nexö, dem Dichter,
dem Freund, dem Genossen

(Aus dem ersten Akt)

Wohnung *Stefan Klagenfurters.* Großes Zimmer. Rechts
zwei Fenster. In der Mitte der Hinterwand die Tür. Zwischen Tür und der Fensterwand Herdofen, daneben links
Wasserleitung. Zwischen den beiden Fenstern einfache
Kommode, darauf ein paar Photographien und ein niedri-
ges Bücherbord. Unter dem vorderen Fenster größerer
Koffer. Über dem Herd Gestelle für Teller, Gewürzbüch-
sen usw. In der Ecke rechts Küchenschrank, an dem Hand-
und Tellertücher hängen. Links vorn ein schwarzes Sofa
mit Deckchen. Davor runder überdeckter Tisch und zwei
schwarze Stoffstühle. Links an der Hinterwand steht das
Doppelbett ins Zimmer hinein, daneben rechts Nachttisch
und Stuhl, links primitive Waschgelegenheit (Blechgestell)
und Spiegel. In der Mitte des Zimmers großer Küchentisch
mit Wachstuchdecke, dabei eine Nähmaschine und ein
paar Küchenhocker. Unter dem Sofatisch einfacher Tep-
pich. An der linken Wand und über dem Sofa eine Teller-
uhr mit Gewicht. In der Mitte der Wand Öldruckporträts
von Marx und Bebel. Weiter zurück gerahmte Photographien. Über dem Bett ein Haussegen. Die Fenster haben
leichte Tüllvorhänge; ein paar Blumentöpfe davor. Über

dem großen Tisch hängt von der Decke herunter eine Petroleumlampe. Im Herdofen ist Glut. Auf dem Küchentisch ist Leinenzeug ausgebreitet.

Es ist gegen 1/2 4 Uhr am Nachmittag. Frau *Marie Klagenfurter* arbeitet an der Nähmaschine, hält inne und reißt den Faden ab. Sie hebt das Kinderjäckchen, das sie genäht hat, lächelnd vor sich gegen das Licht. Dann steht sie auf. Man sieht deutlich die Merkmale vorgeschrittener Schwangerschaft. Sie sieht auf die Uhr, schüttelt den Kopf, geht nervös zum Fenster, stochert dann im Herdfeuer und blickt in den Wassertopf, der darauf steht. Plötzlich horcht sie auf. Schritte werden draußen hörbar. Die Tür wird energisch geöffnet. *Stefan Klagenfurter* tritt ein, in Hut und Überzieher.

Marie (an seinem Hals): Endlich! Sie haben dich ja schrecklich lange festgehalten.

Klagenfurter (küßt sie): Miezl! – Warst recht ungeduldig?

Marie: Sag doch: Wie war's? Haben sie dich genommen?

Klagenfurter: Wirst schon hören. – Pack!

Marie: Mein Gott! – Nun leg nur erst ab. (Hilft ihm aus dem Überzieher.) Komm, gib! Ich trag's hinaus.

Klagenfurter: Das wäre! – Du schonst dich in deinem Zustand, verstanden? Und läufst nicht mir nichts dir nichts aus dem warmen Zimmer. Ich kann mein Zeug schon selber in den Kasten hängen. (Geht hinaus, läßt die Tür offen.)

Marie: Sag, Steffi, aber doch nicht K. V.?

Klagenfurter (zurück ins Zimmer): Nur keine Aufregung, Schatz. Ich bin noch nicht im Schützengraben. (Setzt sich.)

Marie: Aber, so erzähl doch!

Klagenfurter (zerrt sich den Gummikragen vom Hals): Bloß erst den Hals freikriegen. War überhaupt recht überflüssig, sich extra fein zu machen, um vor den Hanswursten den nackten Adam herzuzeigen. Da, nimm den Kragen. Bis Sonntag reib ihn noch mal ab.

Marie (legt den Kragen in den Tischkasten): Also Steffi
— wie ist's gegangen?

Klagenfurter: Na ja, sie haben mich beglotzt und befühlt.
— Krieg ich einen Kaffee, Miezl?

Marie: Gewiß. Er ist fertig. (Macht sich am Herd zu
schaffen und nimmt Geschirr aus dem Küchenschrank.)
Aber du quälst mich, Liebster. Laß mich doch endlich
wissen!

Klagenfurter: Ach so. — Na, gut: Wissen mußt du's ja
doch. Also — felddienstfähig.

Marie zu ihm: Steffi!

Klagenfurter: Nur ruhig, Kind! Nur nicht aufregen — du
weißt schon. — Und dann ist's ja noch nicht soweit. Sie
werden mich ja nicht gleich holen.

Marie: Meinst du? — Aber denk mal, so lange konnten sie
dich nicht brauchen — und jetzt auf einmal: — trotz deines Herzfehlers.

Klagenfurter (lacht): Ja, der Krieg ist noch wundertätiger
als die Muttergottes von Lourdes. Der macht mit der
Zeit aus dem lahmsten Krüppel einen Helden.

Marie (schenkt Kaffee ein): Ich hab jetzt besseren Kaffee-
Ersatz. Da ist Süßstoff. Wie schmeckt er dir?

Klagenfurter: O ja — er geht an. Ob wir einmal wieder
Bohnenkaffee mit Zucker und Milch erleben werden?
Wenn wir weiter so »durchhalten« wie bisher, dann wird
unser Kleiner mal meinen, vor seiner Geburt wäre
Deutschland das Schlaraffenland gewesen.

Marie: Schau, Steffi, was ich gemacht hab. (Zeigt ihm das
Jäckchen.) Steckkissen sind fertig, Häubchen auch.
Morgen fang ich mit dem Stricken an: Schuhe und
Strümpfe.

Klagenfurter (auf sie zu): Was wir glücklich sein könnten!
— Und jetzt die Schweinerei. (Küßt sie.) — Wenn man
noch an den Schwindel glaubte — aber mit dem Ekel
vor dem allen! — Der alte Trotz baut schon an der
Wiege — und ich soll mein Kleines womöglich gar nicht
mehr darin schaukeln können!

Marie (ihn umklammernd): Steffi! Mein Steffi! – Vielleicht gibt es bald Frieden –?

Klagenfurter: Ja, Frieden! – Wir kämpfen ja »bis zum letzten Blutstropfen« – bis zu unserm nämlich. Die Proletarier können verbluten – und die großen Herren machen das feinste Geschäft dabei. – Da hör! (Von der Straße ertönt Soldatengesang, man versteht die Worte: »Siegreich wollen wir Frankreich schlagen.«) – Pfui Teufel!
Da kann man doch alle Hoffnung verlieren, wenn die Soldaten selbst noch – –. Na ja, sie müssen singen. Auf Kommando.

Marie: Steffi! Meinst du nicht, daß die Fabrik dich reklamieren könnte?

Klagenfurter: Hab schon dran gedacht. Bloß wird sie's nicht tun. Dreher kriegt sie noch genug. Und mir sind sie sowieso nicht grün – sie kennen meine Ansichten zu gut. Übrigens – Reklamationen von K. V.-Leuten haben fast nie Zweck.

Marie (in Tränen): O, Liebster! – Ich hab so Angst!

Klagenfurter: Unsinn, Schatz! Tapfer sein! – Wird schon alles noch gut werden. Die Einberufung ist noch nicht da. (Er zieht eine Holzpfeife aus der Tasche.) – Von 10 in der Frühe haben sie mich da rumstehen lassen, viele sind noch nicht fertig.

Marie: Rauch doch lieber eine Zigarre heute – nach der Quälerei.

Klagenfurter: Hast recht. Ist schon mal blau gemacht, kann's ganz wie Sonntag sein. (Nimmt aus der Kommode eine Zigarre und zündet sie an.) Schändlich: 35 Pfg. für das miserable Kraut. Dafür hab ich früher die ganze Woche täglich eine Zigarre gehabt.

Marie: Das Brot schlägt auch wieder um 2 Pfg. auf. Und Nähfaden ist kaum mehr zu kriegen. Es ist schrecklich, wie alles teuer wird! (Es klopft.)

Klagenfurter: Herein! (Es tritt ein Raffael Schenk. Rothaarig, bleich mit hektischen Flecken, hinkt etwas.)

Schenk: Tag, Stefan! Servus, Frau Klagenfurter! (Reicht beiden die Hand.)

Klagenfurter: Grüß dich, Schenk! – Zieh aus!

Schenk (legt ab)

Marie: Legen Sie's nur aufs Bett. – Steffi, die Zigarre!

Klagenfurter: Ach so! (Legt die Zigarre fort auf einen Blumenuntersatz am Fenster.)

Schenk: Unsinn! Rauch nur weiter! (Hüstelt.)

Klagenfurter: Ist nicht wichtig. Der Rauch ist nichts für dich. Die Zigarre geht mir nicht verloren.

Schenk: Wie ist's gegangen?

Klagenfurter: Wie es gehen mußte: K. V.

Schenk: Donnerwetter! Also doch. – Und dein Herz?

Klagenfurter: Das Herz! Der Doktor meinte: Für ein paar Sturmangriffe hält's noch ...

(Aus dem zweiten Akt)

Klagenfurter: Haben Sie neue Nachrichten, Herr Professor?

Seebald: Nicht viel mehr, als die Zeitung bringt. Aber es geht ein neuer Geist durch die Massen – das spürt man, und das läßt einen Mut fassen. Berlin – Wien – Prag – Leipzig – – nun, und wird bei uns alles beim alten bleiben?

Dietrich: Morgen – –

Schenk (stößt ihn in die Seite): Du bist verrückt!

Strauß (vordrängend): Ich bezweifle, daß die Bewegung hierher übergreifen wird. Es ist allerdings versucht worden, die Arbeiterschaft durch anonyme Flugblätter zum Streik aufzuputschen. Aber es sind alle Gegenmaßnahmen getroffen worden.

Schenk: Von Ihnen oder vom Generalkommando?

Dietrich: Von beiden im Bunde!

Strauß: Darauf glaube ich nicht antworten zu müssen.

Klagenfurter: Wird wohl am besten sein.

Seebald: Bitte nicht zu streiten. – Ich glaub nur, Herr

Strauß, daß Sie bei allem guten Willen, dem Proletariat zu nützen, seinen Feinden die Karten mischen.

Strauß: Und ich glaube, daß ein Streik in diesem kritischen Augenblick die Soldaten, die doch auch Proletarier sind, wehrlos den Feinden ausliefern würde.

Lecharjow: Erlauben Sie mir bitte – bitte –, Sie sagen: Kritischer Augenblick. Wollen Sie mir sagen – bitte – was heißt kritischer Augenblick?

Strauß: Der Krieg steht vor einer Entscheidung.

Seebald: Er wird noch lange vor seiner Entscheidung stehen, wenn die Arbeiter die Entscheidung nicht herbeiführen.

Dietrich: Sehr richtig! Bravo!

Strauß: Die Arbeiter können den Krieg nur im Sinne einer Niederlage entscheiden. Jetzt stehen wir vor der Entscheidung, die unsere Existenz sichert.

(Im Eingang erscheint Flora und Rosa, sie bleiben stehen und hören zu.)

Lecharjow: Bitte – erlauben Sie noch mal –, wollen Sie mir sagen – ich bitte – wann ist gestanden seit August 1914 der Krieg nicht im kritischsten Augenblick? Und was heißt Existenz sichern – ich bitte? Wessen Existenz, wenn ich fragen darf? Die proletarische Existenz ist nicht gesichert, wenn Krieg ist, und ist nicht gesichert, wenn Frieden ist.

Strauß: Geht die deutsche Industrie zugrunde, dann sind die Arbeiter die Leidtragenden.

Flora (tritt nach vorn, zu Strauß): Sie sind Sozialist, nicht wahr? Jedenfalls nennen Sie sich wohl so?

Strauß: Ich bin seit siebzehn Jahren organisierter Sozialdemokrat, Fräulein Severin.

Flora: Wirklich? Aber von der Vergesellschaftung der Produktionsmittel halten Sie wohl nichts?

Strauß: Augenblicklich geht es nicht um sozialistische Ideale, sondern um die Rettung des Vaterlandes.

Dr. Bossenius (aus der Reihe der Umstehenden): Ganz richtig.

Seebald: Ich bin doch ein wenig erstaunt, meine Herren, diese Ansichten in unserem Kreis zu hören. Wir haben uns doch hier zu einem »Bund Neuer Menschen« zusammengefunden. Neue Menschen dürfen aber nicht an alten Vorurteilen hängen. Vaterland – gibt es denn das, wenn das Land der Väter den Söhnen einzelner weniger Väter gehört? Ich fürchte, daß der Geist in unserem Bunde mit dem Geist eines Bundes noch wenig Ähnlichkeit hat.

Werra (vortretend): Aber, bester Meister, eine kleine Meinungsverschiedenheit macht doch nichts aus. Wir wollen doch alle dasselbe: das Gute, das Wahre und das Schöne. – Wir sollten uns doch nicht mit der häßlichen Politik abgeben. Vielleicht trägt lieber jemand etwas vor: Ein Liedchen oder ein schönes Gedicht. – – Ist Herr Tiedtken denn nicht da?

Seebald: Sie sind im Irrtum, verehrte Frau Adler. Ästhetische Unterhaltungen sind nicht der Gegenstand unserer Gemeinschaft. Wenigstens habe ich mir, als ich den »Bund Neuer Menschen« schuf, etwas anderes dabei gedacht.

Die Pflege der Kunst ist nur eines der Mittel, die den Geist bereit machen für das Gute, Wahre und Schöne. Die Bedingung für Güte, Wahrheit und Schönheit wird aber nicht durch künstlerische Vorträge geschaffen. Sie heißt Friede und Gerechtigkeit.

Werra: Gewiß, lieber Meister. – Natürlich ist das das Höchste.

Schenk: -Für Frieden und Gerechtigkeit kann man auch sagen: Freiheit und Sozialismus.

Flora: Und der Weg zu alledem heißt Revolution....

...

Laßmann: Ich habe die Zeit verschlafen. Wenn immer Nacht ist, muß man viel schlafen.

Seebald: Daß Sie jetzt noch kommen – am späten Abend!

Frau Laßmann: Er hat nicht Ruhe gegeben und geschimpft, daß ich ihn nicht geweckt hab zur Zeit. (Man bemüht sich um den Blinden. Währenddessen und der Begrüßung zieht Flora Schenk ans Klavier.)

Flora: Raffael, der Zug darf nicht zum Schloß gehen.

Schenk: Sondern?

Flora: Zum Zeughaus!

Schenk: Wie meinst du das?

Flora: Von da aus zum Schloß, wenn wir Waffen haben. Verstehst du?

Schenk: Ja, o du! (Nimmt ihre beiden Hände.) Du hast recht!

Flora: Aber jetzt kein Wort davon, sonst kommt er bestimmt nicht.

Schenk: Glaubst du denn, daß er überhaupt kommen wird?

Flora: Das ist deine Aufgabe. – Du mußt es durchsetzen. – Komm jetzt zurück. (Er zieht sie hinter den Pflanzenkübel.)

Schenk: Flora! (Leidenschaftlich:) Flora! Meine – (Will sie küssen; sie entzieht sich ihm.)

Flora: Lieber Mensch! (Sie küßt ihm die Hand.) Wir müssen stark sein, du und ich. (Gehen unauffällig an den Tisch zurück.)

Dietrich: Morgen um diese Zeit werden wir schon mehr wissen!

Trotz: Mancher vielleicht nichts mehr.

Rosa: Ich habe schreckliche Angst um Fritz. Wenn er mitkommandiert wird –

Klagenfurter: Dann könnte er am ehesten das Schießen verhindern.

Rosa: Ja – das ist auch wahr!

Laßmann: War heute keine Diskussion?

Lecharjow: Wir haben herausdiskutiert den ganzen Bund Neuer Menschen.

Seebald: Ja, dann wollen wir mit wirklich neuen Menschen von vorn anfangen.

Laßmann: Mit Arbeitern!

Flora: Ja – und solchen, die dazugehören.

Dietrich: Ohne Bossenius und Strauss!

Schenk: Und die hysterischen Weibsbilder.

Laßmann: Dann war heute auch kein Vortrag?

Klagenfurter: Den hat die hohe Behörde verboten.

Laßmann: Siehst du, Tilde – so hab ich doch nichts versäumt.

Frau Laßmann: Und hättest gar nicht mehr herzugehen brauchen.

Laßmann: O nein, ich bin froh, daß ich hier bin. – Wird morgen alles gut werden?

Dietrich: Das darfst du glauben. Es wird großartig!

Trotz: Wir wollen es hoffen, Laßmann.

Laßmann: Ja – und ich werde vorangehen – und eine rote Fahne tragen.

Seebald: Sie, lieber Freund? – Und wenn Militär aufmarschiert?

Laßmann: Das kann mich blinden Krüppel getrost zusammenschießen.

Frau Laßmann: Ach, er träumt ja seit gestern abend bloß davon. Ich hab ihm schon heut einen Besen in die Hand geben müssen und ihn im Zimmer herumführen – und die Kinder mußten hinterherlaufen.

Laßmann: Komm, Tilde, ich zeig's. (Er geht am Arm der Frau, seinen Stock hochhaltend, durch den Saal.) Mir nach, Genossen!

Lecharjow: Laßt uns gehen hinter ihm. Er ist begeistert.

Dietrich: Ja – kommt! – Es lebe die Revolution!

(Alle gehen hinter dem tastenden, schwankenden Laßmann her, nur Seebald und Flora bleiben am Tisch stehen.)

Laßmann (singt):

> Nicht zählen wir den Feind, –
> Nicht die Gefahren all –
> Der Bahn der Kühnen folgen wir,
> Die uns geführt Lassalle!

(Rosa und Dietrich singen den Refrain mit.)

Seebald (leise):   Das ist erschütternd.

Flora: Sie sehen, wie der Geist ist. – Sie müssen kommen!

Seebald: Ich habe die schwersten Gewissensbedenken. – Ich könnte nicht weiterleben, wenn durch mich Blut flösse.

Frau Laßmann: Sieh dich vor, Ernst. – Du stößt ja an den Wandschrank an!...

1920

Geschrieben in der Haftanstalt Ansbach.

An den Kurt Wolff-Verlag   *Ansbach, d. 5. August 1920*

... Wie ich höre, haben Sie inzwischen mein neues Drama »Judas« zur Lektüre erhalten. Für den Fall, daß Sie sich zum Vertrieb und Verlag entschließen wollen, mache ich Sie schon jetzt darauf aufmerksam, daß ich stark begründete Aussicht habe, das Werk zur Annahme in Rußland zu bringen.* Ein Exemplar wird bereits durch meinen Freund Andersen-Nexö dem Volksbeauftragten für Kunst und Kultur Lunatscharski persönlich übermittelt. Ich glaube, daß es unter diesen Umständen vorteilhaft wäre, wenn analog dem Verfahren mit Reck-Malleczewens »Johannes« zugleich – und zwar von Ihnen aus – der Verlag Ladyschinkow für die Übersetzung ins Russische und den Vertrieb dorthin interessiert würde. Doch erwarte ich zunächst Ihre grundsätzliche Äußerung.

Mit besten Empfehlungen   *Ihr ergebner*
Erich Mühsam

* 1923 in Kiew gedruckt

Dieses Drama, das wirklich helle Fanfare der Zeit, Stimme der Volkssehnsucht, Manifestation des Zeitgeistes ist, kann natürlich nicht mit den Mitteln und Behelfen des bürgerlichen Theaters auf die Bühne gebracht werden. Gewaltige Kulissen, expressionistische Lichteffekte und alle die Mätzchen, die den meisten Regisseuren wichtiger erscheinen als das dargestellte Werk, höben die Monumentalität des Dramas nicht, sondern zerstören sie.

Der Regisseur G.L. Kupfer erkannte genau den Weg, den das proletarische Theater betreten muß, wenn es dem proletarischen Empfinden Genüge leisten will. Ebenso, wie ein Arbeiter nicht Zylinderhut, Frack und Lackstiefel braucht, um etwas zu sein, sondern durch seine bloße Existenz das ist, was er sein soll, muß auch ein Arbeiter-Drama durch die eigene innere Kraft, ohne Regie-Prothesen wirken und über die Bühne gehen können.

Die Arbeit des Regisseurs ist unter solchen Umständen viel schwerer, erfordert ein großes, echtes Talent, und dieses besitzt Kupfer.

Das Drama wurde vor fünftausend Arbeitern ohne Vorhang, ohne Pausen gespielt, teils von Schauspielern, teils von Arbeitern.

Wenn die Wirkung trotzdem stärker war, als dies bei den sorgfältigsten Aufführungen der bürgerlichen Klassentheater der Fall zu sein pflegt, so ist dies ein schlagender Beweis für die Möglichkeit der so oft bestrittenen kollektiven, kommunistischen Arbeit am Theater. Allerdings ist auch hierbei erforderlich, daß die Schauspieler wahres Talent und echte Begeisterung haben; ihre Begabung, nicht aber ihre Toiletten und Masken einsetzen. Nur wirkliches Talent und echte Begeisterung vermögen zu erreichen, daß der auf der Bühne Stehende und Wirkende nicht den Eindruck eines einzelnen Menschen, sondern des überragenden Vertreters einer Klasse erwecke, der den Empfindungen und Sehnsüchten Unzähliger Ausdruck verleiht. Diese Begabung besitzt am stärksten von allen Alfred Beierle, der in seinem Straßenanzug, ohne einen Pinselstrich auf dem

Gesicht, die Rolle des Judas spielte. Um allen Darstellern gerecht zu werden, würde man die Leistung jedes einzelnen einer eingehenden Analyse unterziehen müssen, wozu es leider an Raum mangelt.

Die Aufführung des »Judas« möge überall wiederholt werden. Dies könnte zur Revolutionierung der noch Schwankenden ein Beträchtliches beitragen. Für den großen Erfolg dankte Genosse Beierle im Namen des am Erscheinen »verhinderten« Dichters.

Aus: Die Rote Fahne, 1921

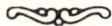

HERBERT JHERING*

... Ein Theaterstück nach alter Schule. Aber von Erlebnis erfüllt, echt, fast ergreifend geschrieben; im geistigen Ziel allerdings nicht immer klar. Wenn man heute dieses Drama von Mühsam sieht, bleibt es schwer begreiflich, daß es nicht früher aufgeführt wurde. Es ist ein Drama, das vor der Gründung der Piscator-Bühne in Sälen, in Vorstadttheatern hätte aufgeführt werden müssen. Es gehört zu den Stücken, aus deren Darstellung der Gedanke, das Ensemble eines politischen Theaters hätte entwickelt werden können ...

Aus: Von Reinhardt bis Brecht

An Kurt Tucholsky   *(Ansbach, im August 1920)*

(...) Sie fragen mich an, ob Sie für uns (wir sind hier in Ansbach fünf Festungsgefangene, in ganz Bayern noch etwa hundertundzwanzig) – von der Amnestie werden wir ja ausdrücklich

* Über die Aufführung 1928 an der Piscatorbühne

ausgenommen – etwas tun können. Es gibt in allen Anstalten besonders bedürftige Genossen, denen mit Likör, Tabak, Zigaretten, Zigarren, Eßwaren jeder Art und Geld geholfen werden kann. Ich nenne Ihnen ein paar Namen von braven gefangenen Proletariern, die sonst ganz ohne Protektion dastehen. Vielleicht wäre es Ihnen möglich, dahin mal eine Hilfsaktion zu dirigieren. Da ist zunächst ein über fünfzigjähriger Arbeiter Gottfried Bareth in Sankt Georgen Bayreuth, der sehr arm und schwer magenleidend ist; eine Tafel Schokolade oder eine Dose kondensierter Milch wäre für ihn eine große Wohltat. In Niederschönenfeld bei Rain am Lech käme Ludwig Egensburger in Betracht, der gern raucht und sich keine Zigarren leisten kann. Ebenso geht es dem – seiner politischen Betätigung wegen – relegierten Studenten Ernst Ringelmann in Lichtenau bei Ansbach. Natürlich sind wir auch hier in Ansbach für jede Unterstützung dankbar. (...)

Tucholsky an Mühsam

Sehr geehrter Herr Mühsam,   21. 10. 20
ich danke Ihnen vielmals für Ihren freundlichen Brief. Die kleine Briefschreiberei hin und her bedeutete durchaus keinen Ärger. Ich freue mich sehr, von Ihnen zu hören, daß es sich bei Ringelmann um einen lauteren und anständigen Charakter handelt.
Größere Versprechungen für die Zukunft kann ich Ihnen schlecht machen, weil ja bekanntlich das Interesse an solchen Sammlungen rasch nachläßt. Ich will aber sehen, daß ich die Angelegenheit noch aufpulvern kann, und was noch eingeht, schicke ich dann abwechselnd an Sie und an Herrn Toller. Ich überlasse Ihnen die Verteilung ganz und gar, weil ich von hier aus die Verhältnisse nicht übersehen kann; nur bitte ich Sie stets zu berücksichtigen, daß wir alle politischen Gefangenen unterstützen wollen, gleichviel welcher politischen Richtung, und daß

In der Festungshaft, 1919/20

*wir davon nur die Wohlhabenden und Verräter an der eigenen
Klasse ausgenommen wissen wollen.*
*Ich wünsche Ihnen alles Gute und stehe stets gern zu Ihrer Ver-
fügung. Mit den besten Empfehlungen bin ich*

Ihr sehr ergebener

KURT TUCHOLSKY

Wie da – in den Jahren 1913–1921 – politische Morde
von deutschen Richtern beurteilt worden sind, das hat mit
Justiz überhaupt nichts zu tun. Das ist gar keine.
Verschwendet ist jede differenzierte Kritik an einer Rechts-
sprechung, die folgendes ausgesprochen hat:
Für 314 Morde von rechts 31 Jahre, 3 Monate Freiheits-
strafe, sowie eine lebenslängliche Festungshaft.
Für 13 Morde von links 8 Todesurteile, 176 Jahre 10 Mo-
nate Freiheitsstrafe.
Das ist alles Mögliche. Justiz ist das nicht.

Aus: Politische Justiz

KURT TUCHOLSKY

... Eine Reihe Kommunisten wurde zu langen Festungs-
strafen verurteilt, darunter Toller, Mühsam und viele andere.
... Die in der bayerischen Festung Niederschönenfeld In-
ternierten nun werden augenblicklich unter der Amtsge-
walt des bayerischen Ministers Lerchenfeld drangsaliert,
rechtswidrig behandelt und so gequält, daß sie der Verzweiflung nahe sind.

Aus: Die Weltbühne, 1921

So kam, was kommen mußte. Der Charakter, die Gesinnung, die Grundsätze, mit einem Wort: der Sozialismus war längst gefallen. Am 4. August fiel nur noch die Maske. Jetzt war die Bahn frei für alle Erbärmlichkeiten. Der Burgfriede und die Durchhalterei – alles wurde mitgemacht. Die Arbeiterführer waren die willfährigen Lakaien der preußischen Generäle geworden. Nicht einmal den scheußlichen Verbrechen von Brest Litowsk setzten sie Widerstand entgegen ... Der Zusammenbruch des Reiches und die ruhmreiche Entwicklung der Scheidemänner zu Nachfolgern der Hohenzollern, die Erscheinung Noske-Albas als schwertgegürteter Erzengel vor dem Paradiese des Kapitalismus, das Blut der Besten des Volkes, Liebknechts und Rosa Luxemburgs, Jogiches' und Landauers, Levinés und Tausender und aber Tausender klassenbewußter, treuer Proletarier, hingegossen vor den Inhabern der sozialistischen Republik, die das Proletariat und die Revolution entwaffnete und der Bourgeoisie und dem Offizierskorps des alten Regimes die ganze Wehr des Landes auslieferte.

E. M.

Aus: Die Aktion, 1922

Republikanische Nationalhymne

(Melodie: Im Grunewald ist Holzauktion)

Das Vaterland, das Vaterland ist Republik,
und »Deutschland über alles« bläst die Blechmusik.
Ebert ist Präsident,
thront auf dem Postament,
Ebert wärmt den Herrschersitz.
Ebert ist Präsident,
Kreuzhimmelsakrament!
Vivat, hoch der dicke Fritz!

Die Fahne für die Republik ist schwarzrotgold,
und wem sein Leben lieb ist, trägt sie eingerollt.
Links weht die Fahne rot,
rechts mit dem Schnabel droht
schwarzweißrot der Zollernaar.
Links weht die Fahne rot,
Schockdonnerschwerenot!
Noske, hau den Proletar!

Die Staatsmacht geht, die Staatsmacht geht vom Volke aus,
und demokratisch wird regiert im Reichstagshaus.
Wer soll Minister sein?
Knobelt es aus, Partein!
Rin in die Koalition!
Wer soll Minister sein?
Heut ja und morgen nein –
Stinnes schmeißt die Kiste schon.

Die Reichswehr schützt, die Reichswehr schützt das Vater-
    land,
wer streikt und revoluzzt, den stellt sie an die Wand.
Orgesch und Schupo auch
haun mit dem Gummischlauch,
schirmen Börse und Fabrik.
Orgesch und Schupo auch
schießen in Volkes Bauch.
Freie deutsche Republik!

Die einige deutsche Republik ist souverän.
Was Bayern ihr erlauben will, das darf geschehn.
Ludendorff, Hitler, Kahr,
Ehrhards und Roßbachs Schar
wachen – jeden Junker freut's.
Ludendorff, Hitler, Kahr,
treu, bieder, fromm und wahr
pflanzen auf das Hakenkreuz.

256

Vorm Staatsgesetz, vorm Staatsgesetz ist jeder gleich,
auch Meinungsfreiheit ist verbürgt für Arm und Reich.
Klug ist, wer's Maul gut hält
und hat den Sack voll Geld,
weil man sonst nicht sicher ist.
Klug ist, wer's Maul gut hält –
Prost Niederschönenfeld!
Schieb und sei kein Kommunist!

Herr Poincaré, Herr Poincaré die Rechnung zückt.
Da fragt sich's, wie der Deutsche sich vorm Zahlen drückt.
Stahlhelm und Wiking brüllt:
Wer den Vertrag erfüllt,
dem geht's so wie Rathenau.
Stahlhelm und Wiking brüllt.
Feme murkst schwarzverhüllt
welsches Schwein und Judensau.

Doch wer die Republik beschimpft, wer putscht und hetzt,
für den ist schon ein Staatsgerichtshof eingesetzt.
Kämpfst du im deutschen Staat fürs Proletariat,
wird das Zuchthaus aufgemacht.
Kämpfst du im deutschen Staat
für die Revanchetat,
drückst du dich nach Bayern sacht.

Im deutschen Reich ist jeder Bürger Milliardär,
die Reichsbank spuckt bei Tag und Nacht Trillionen her.
Film, Auto, Jazzband, Sekt,
und in der Goss' verreckt
Forscher, Veteran, Prolet.
Film, Auto, Jazzband, Sekt –
Pest, Tod und Teufel bleckt.
Nur die Republik besteht.

In der Festung Niederschönenfeld, um 1923/24

Das Vaterland, das Vaterland ist Republik.
Der Stinnes macht's Geschäft und auch die Politik.
Scheidemann, Müller, Wels:
Sockel des Reichsgestells,
wenn der Stinnes sie ernennt.
Scheidemann, Müller, Wels –
oben auf erznem Fels
Ebert, Fritz, der Präsident!

1923

An Arno Holz

Zu Ihrem 60. Geburtstage möchte ich unter denen nicht fehlen, die Ihnen – unabhängig von allen Zeitlaunen – den Wunsch aussprechen, daß Sie noch lange in Person kräftig und kämpferisch bei Ihrem Werk aushalten, es um weitere Kostbarkeiten bereichern und selbst noch so viel Freude vom Leben haben mögen, wie diese angenehmen Zeitläufe eben zulassen. Was ich zu diesem Tage allen Zeitgenossen zu sagen hätte, habe ich seinerzeit auf Anregung der Arno-Holz-Gesellschaft für die literarische Bekenntniskundgebung niedergelegt, weiß aber nicht, ob man's aufgenommen hat – denn Sie wissen, daß ich eine Kratzbürste bin. – Ich hoffe, daß Sie trotz der 60 noch ebenso jung sind wie bei unsrer letzten Begegnung. Das war damals kolossal nett von Ihnen, daß Sie zu mir rüberkamen nach Traunstein. Ich denke mit dem größten Vergnügen an die Stunden – und es sind nun auch schon fast 5 Jahre her. Wenn ich rechthaberisch wäre, könnte ich ja jetzt aufprotzen: Na, ist's nicht so gekommen, wie ich damals mitten in der dicksten Siegerei prophezeite? Aber ich sag lieber nichts. Denn wäre wirklich alles so gekommen, wie ich's mir vorstellte, dann bräuchte ich Ihnen heute nicht durch Gitter zuzuwinken, sondern könnte Sie vielleicht in persona anprosten. Aber – wenn nicht doch noch vor 1934 sich mein Verließ öffnen sollte – zu Ihrem 75. Geburtstag komme ich selbst! In herzlicher Verehrung

Ihr Erich Mühsam

Die Verspätung war beabsichtigt. Ich mochte nicht unter die Glückwunsch-Honoratioren geraten.

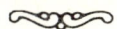

Bilder und Verse für Zenzl

Herr Bräutigam und Fräulein Braut,
das große Glück – jetzt naht es.
Das Standesamt hat sie getraut,
und auf ihr Bündnis nieder schaut
fortab das Aug' des Staates.

Zerrt mal ein Gespenst am Bein –
eh' man's denkt, ist's auch zerronnen.
Nur nicht gleich verzweifelt sein!
Zag erst, dann mit goldnem Schein
leuchten bald uns tausend Sonnen.

Mit viel Geduld und regem Eifer nur
erzielt man hohe Wunder der Dressur.

Wem durch den Reifen glückt der große Sprung,
verdient sich Speck sowie Belobigung.

Doch mancher zum Dressieren stets Erbötiger
hätt' oftmals selbst die Unterweisung nötiger.

Die Grätsche ist der Clou der Turnerei.
Wer sie beherrscht, dem wird es kaum mißlingen,
beim Match, im Staatsdienst wie in der Partei
den Vordermann gewandt zu überspringen.

Trägt der Herr Professor vor,
sind die Hörer Aug' und Ohr;
denn am lebenden Objekt
demonstriert er den Effekt
seiner neuen Theorie
im Gebiet der Zoologie.

* Die Reihenfolge der Ausschnitte wurde aus
technischen Gründen leicht verändert.

Alle sind vom Unterricht
ganz entzückt – nur Waldmann nicht,
der mit seiner Lebenskraft
dienen muß der Wissenschaft.
Dächt' doch der Professor nur
an die Qual der Prozedur –
dann wär' diese höchstwahrscheinlich
für den Dackel minder peinlich. –
Doch so geht es leider zu:
Ich bin Ich und Du bist Du!
Hast du Schmerzen, bist du krank,
tut's nicht mir weh – Gott sei Dank! ...
Nur weil selbst den klügsten Köpfen
für das Leid von Mitgeschöpfen
derart das Verständnis fehlt,
handelt man so unbeseelt.
Wüßt' stets Jeder, was er tut,
wären alle Menschen gut.

Festung Niederschönenfeld, 1923

Ich fühle mich nicht begnadigt. Die Anerkennung einer
»Bewährungsfrist« bedeutet, daß ich bei der geringsten
neuen Straffälligkeit, etwa wegen eines Pressevergehens,
gewärtig sein muß, von der bayerischen Regierung zur
Nachverbüßung meines Strafrestes geholt zu werden. Ich
müßte noch 2 1/2 Jahre in Niederschönenfeld nachexerzie-
ren, nachdem meine 15jährige Festungsstrafe auf »nur«
8 Jahre herabgesetzt worden ist.

Aus: Die Rote Fahne, 23. 12. 24

Zurück in die Freiheit des Gummiknüppels

Die brutale Attacke der Berliner Polizei anläßlich des Empfanges Erich Mühsams durch die Arbeiterschaft hat in allen Kreisen die schärfste Erbitterung hervorgerufen. Unzählige Zuschriften von der arbeitenden Bevölkerung, die noch fortgesetzt in unserer Redaktion einlaufen, bestätigen dies. Mühsam und die Arbeiterschaft werden durch den Polizeiempfang jedoch nur geehrt. Die proletarischen Klassenkämpfer vertauschen die Gefängniszelle nicht mit einer luxuriösen Villa, wie Hitler das tut. Die herrschende Klasse weiß, daß der eiserne Wille zur Revolution durch die härtesten und grausamsten Gefängnisfoltern nicht gebrochen werden kann. Der Kämpfer, der die Kerker der Republik verläßt, ist bereits vom ersten Tag an von der Polizei gefürchtet und verfolgt. Das haben die Grünen am Sonntagabend in Berlin wieder einmal bewiesen ...

... Das Organ der Nationalsozialisten jammert wie folgt über »Kommunistenterror«:

»Das Eintreffen des Kommunisten Mühsam auf dem Anhalter Bahnhof gestaltete sich zu einem geradezu haarsträubenden Verkehrshindernis (!), das die von uns wiederholte Feststellung der Hilflosigkeit der Berliner Polizei in schwierigen Lagen wieder einmal voll und ganz rechtfertigt. Eine Entschuldigung für das gestrige Versagen der Polizei gibt es nicht, denn die unzweideutige Aufforderung der ›Roten Fahne‹ zu wuchtigen Demonstrationen deutet klar auf die Absicht dieses Massenfestes hin.

Der Berliner glaubte gestern abend wieder in den Tagen des Winters 1918/19 zu leben. Grölende Haufen von ›Parteifreunden‹ des weltberühmten jüdischen Herrn Mühsam – rote Lappen – und das zwangsläufige ›Hoch‹ und ›Nieder‹ – vollkommene Verkehrsstockung – hilflose Polizeibeamte! Erst viel später entschloß sich die Polizei, den Anhalter Bahnhof zu räumen und dann dem reisenden Publikum wieder die Möglichkeit zur Erreichung der Schalter und Bahnsteige zu geben.

Nach Einlaufen des Münchener Zuges wurde Mühsam von jugendlichen Kommunisten durch die tobende Menge ge-tragen ...«

Aus: Die Rote Fahne, 23. 12. 24

BERTA LASK

Das Proletariat fordert die 7 000

Zum Empfang Erich Mühsams in Berlin

Einer der 7 000 ist frei. –
Wann kommen die andern?
Noch warten vieltausend Mütter auf den Sohn,
noch warten vieltausend Frauen auf den Gatten.
Noch warten vieltausend hungernde Kinder auf ihren
    Vater.

Einer ist frei. –
Aus Bayerns fluchbeladenen Kerkern kommt er nach
    Berlin.
Es geht wie ein Flammensignal durch die Stadt.
Feuchter Abend. Verschleiert leuchten die Laternen.
Dunkelheit frißt um sich.
Am Anhalter Bahnhof sammeln sich Proletarier.
Rote Fahnen tauchen auf.
Wartend wogt die Menge um den Bahnhof.
Stürmisch brausen Züge der Jugend
liedbeflügelt heran.

Doch schon riegelt Sipo feindlich den Bahnhof ab.
Denn es kommt keiner der Herrschenden,
kein schwarzweißroter General,
kein Kohlenfürst, kein Eisenkönig,
kein Dawesvogt von Gottes Gnaden.

Es kommt nur ein Proletarierkämpfer,
ein im Kerker Gemarterter.
Ihn grüßt schwarz-rot-goldne Freiheit
mit einem Maschinengewehr vor der Bahnhofshalle,
drei Autos mit Bewaffneten
und stampfenden Polizeipferden.

Der Zug läuft ein. Proletarier tragen
den ersten der 7 000
auf ihren Schultern aus der Bahnhofshalle.
Mit brausendem Jubel stürmt die Menge heran!
Da reiten die grünen Hüter des Kapitals
Attacke in den Menschenknäuel,
stampfen über liegende Greise,
mißhandeln Männer, Frauen, Kinder,
doch Schmerzen und Gewalten trotzend
sammeln sich die Scharen.
Durch die Straßen marschieren in gewaltigen Zügen,
rot überweht, Berlins Proletarier;
fordern mit donnerndem Ruf
die Siebentausend!

Aus: Die Rote Fahne, 24. 12. 1924

Lieber Leon! Unvollendet
sei Dir dieses Buch gespendet.
Wäre ich nicht vor der Zeit
aus der Festungshaft befreit,
dürftest Du noch weiter blättern
und zum Schluß Dein Bravo! schmettern.
Sperrt mich Bayern wieder ein,
mal ich Dir den Rest hinein.

Charlottenburg, 7. Januar
1925
(verfaßt und hergestellt in der
Festung Niederschönenfeld im
November und Dezember
1924)

Meinem lieben treuen Freunde
Leon Hirsch* zum 20jährigen
Jubiläum

* Verleger

Vor Teufelsmacht
nimm dich in acht!

Geheimnis lacht
aus Wunderpracht

und sacht erwacht
aus grauser Nacht,

was Glut entfacht – Es kracht – –
Da wird der Vorhang aufgemacht.

Du Nichtsnutz, Schlingel, Bösewicht,
Halunke, Übeltäter, Frecher!
O wisse: wer Gesetze bricht,
den schleppt man vor das Hochgericht
als ausgefeimten Schwerverbrecher!
Vorm Richter, bist du's auch nicht wert,
du Haderlump, du ausgekochter,
wird rasch die Ordnung dich gelehrt,
die man seit Schiller hoch verehrt
als segensreiche
Himmelstochter.

Komm, Hans Lamm, zum Ringelreih-Spiel,
ruft der Fuchs. Am Händchen brav
führ ich dich herum, zum Beispiel.
Mäxchen, dich führt Onkel Schaf!

Und indem die Suppen sieden
auf dem Herde und der Brei,
stehn die Mütter stolz, zufrieden
und erwartungsvoll dabei.

Keine Furcht! Es geht schon besser,
Hänschen – hübsch im Takte jetzt!
Wozu Tante Fuchs das Messer
wohl an ihrer Schürze wetzt?

Ein Löwe, welcher seine Sünden büßte,
ward der verehrtste Eremit der Wüste.
Der Liebe, nicht des irdischen Lohnes wegen
gab jedem Herzensbund er seinen Segen.

Einst kniet' – dies sah ein Rassentheoretiker –
ein volksverschiednes Pärchen vor dem Ethiker.
Als Schänder drob des Löwenfells, des gelben,
verstieß man aus der Wüstenei denselben.

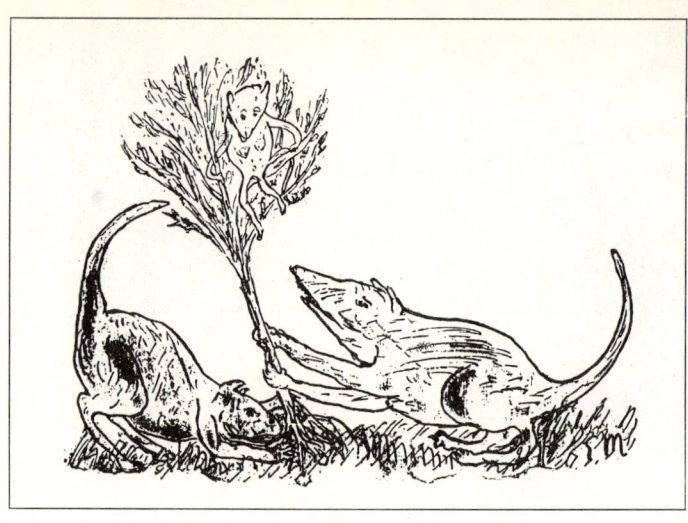

Weich nicht den Neidern! Halt dich auf dem Ast,
den du in harter Müh' erklommen hast.
Was auch der Feind, den Stamm zu fällen, wagt –
ob er dran rüttelt, an der Wurzel nagt –,
du weiche nicht von deinem Platz im Laube.
Doch fällt der Baum – dann mach dich aus dem Staube!

Erich Mühsam, Hedda Zinner, Zenzl Mühsam
und Fritz Erpenbeck auf einem Ausflug

FRITZ ERPENBECK

Erich Mühsam, der kommunistische Anarchist (wie er sich
selbst bezeichnete), war überall dort zu finden, wo gekämpft wurde, überall dort, wo es galt, Bedrängten zu helfen, ihnen Unterkunft zu gewähren, ihnen ein Stück Brot,
ein Hemd, ein Paar Schuhe zu beschaffen. Erich Mühsam,
der bissige Spötter, der »letzte Bohemien«, kannte nur
eines, das ihm heilig war, eines, vor dem auch sein allzeit
bereiter Spott haltmachte: die proletarische Solidarität.

Aus: Neue Deutsche Blätter, 1939

KURT HILLER

Jene Anarchistenführer waren nicht nur keine »ästhetisie-
renden« Literaten, sondern sie waren schärfste Antipoden

der Ästhetisiererei. Sie waren Ethiker, sie waren pazifistisch bemüht, sie waren Kämpfer (Bombenschmeißer waren sie nicht).

Aus: Erich Mühsam und seine Mörder

Frei ist das Wort!

War wohl je ein Dichter frecher
als der Dichter J. R. Becher?
Denn voll himmlischen Getönes
verschimpfiert er unser schönes
Wirtschafts- und Justizsystem,
als wobei sein Schandpoem
den Kamin der Seele heizt
und den Klasseningrimm reizt.

Bist du national gesonnen
und dir ist der Vers entronnen:
»Schlagt ihn tot, den Juden Itzig!« –
ei, so meintest du dies witzig,
und wer dich verfolgen soll,
lächelt nur verständnisvoll.
Doch für linke Poesie
herrscht nur wenig Sympathie.

Streifst du froh durch Feld und Flur, ach,
und gerätst dabei nach Urach,
deutscher Dichter linker Richtung –
sieh, schon packt man deine Dichtung,
auch du selbst wirst eingesteckt.
Denn im Grund des Bechers bleckt,
höchst bedrohlich für den Staat,
Blasphemie und Hochverrat.

Sänger, greifst du in die Leier,
denk zuerst an Ebermayer!*
Gehst du mit Gedichten trächtig,
bist du auch schon fluchtverdächtig.
Der Kulturwert des Gedichts,
lieber Becher, nützt dir nichts.
Denn »Der Leichnam auf dem Thron«**
lebet noch – nur stinkt er schon.

1925

Reise an die österreichische Grenze

Der 19. März ist der Tag des Heiligen Joseph. Da sind in
Bayern alle Seppl besoffen – und ihre Freunde meistenteils auch.
Am 19. März, vormittag 9 Uhr 40, sollten wir von Passau
weiterfahren – nach Wien. Ich sollte dort zu Gunsten der
Roten Hilfe für die politischen Gefangenen in Deutschland Vorträge halten: über das Verhalten deutscher Gerichte in politischen Prozessen, wenn sie a) Befürworter des
proletarischen Klassenkampfes, b) Mordjünglinge »vater-
ländischer« Formationen vor sich haben; über die Behandlung politischer Gefangener a) nationaler, b) internationaler Observanz in deutschen Gefängnissen und Zuchthäusern, ferner in deutschen, zumal bayerischen Festungen mit
a) räterepublikanischer, b) aristokratisch-meuchelmörderi-
scher oder faschistisch-militärischer Belegschaft; über Am-
nestierungen und gebrochene Amnestieversprechen in
Deutschland; und über manches noch, was vielleicht in
Österreich die Sympathien für den Eintritt in eine Donau-
föderation unter Wittelsbacher Zepter stärken könnte. Au-

* Oberreichsanwalt
** Gedichtband. Anlaß für Anklage wegen »Vorbereitung zum Hochverrat«.

ßerdem sollte ich einige Vorlesungen aus meinen literarischen Arbeiten halten, und meine Frau freute sich auf die
Möglichkeit, dadurch unsern bei der »Haussuchung« am
2. Mai 1919 in das Eigentum der Noske-Truppen überge-
gangenen Gesamtbesitz an Wäsche, Kleidung, Eßbestek-
ken, Schmuck und Wertsachen, da alle Ersatzansprüche an
Staat und Militär kostenpflichtig abgewiesen worden sind,
zu einem geringen Teil zu ergänzen. Schließlich lag auch
eine Einladung in ein Wiener Sanatorium vor, wo ich nach
68 Monaten ziemlich unhygienischer Unterkunft im bayerischen Staatsgewahrsam unter der Obhut meiner Frau frische Kräfte zur Arbeit sammeln sollte.
Unser leichtes Gepäck harrte, im Koffernetz verstaut, der
Zollrevision, unsre mit barbezahltem Visum des österreichischen Generalkonsuls in Berlin versehenen vollgültigen
Reiseausweise harrten der Paßkontrolle. Die erschien
zuerst, in Gestalt zweier Beamter der österreichischen
Grenzpolizei. Man besah die Pässe, besah uns, gab sich gegenseitig Zeichen durch Augenzwinkern und befahl uns,
mitsamt unsern Koffern auszusteigen und mitzukommen.
Die Mitreisenden staunten, kuckten, fragten und sahen
uns, wonnig erschauernd, der Dingfestmachung eines er-
wischten Verbrecherpaares als Augenzeuge beiwohnen zu
dürfen, zwischen den Rettern der österreichischen Republik in die Grenzwachstube des Passauer Bahnhofs verschwinden.
Dort wurde uns eröffnet, daß dem Schriftsteller Erich
Mühsam ieber Ahnohrdnung des Buhndeskahnzlerahmtes
trotz Visum die Einreise nach Ehsterreich verweigert
werde. Proteste waren selbstverständlich in den Wind gere-
det, den der bereits nach Wien absausende Schnellzug in
das kahle Amtszimmer blies. Der übrigens ganz freundliche Mann, der da das verschlossene Österreich vor uns re-
präsentierte, versicherte glaubhaft, daß er nur Beamter sei
und an seinem Befehl nichts ändern könne. Er gestattete
mir, sein Amtstelephon zu gebrauchen, um die Wiener Genossen zu verständigen, bedauerte, tröstete und verabschie-

dete uns. Wir standen auf Passauer Pflaster – auf bayrischem Heimatboden.

Es war, wie gesagt, der 19. März und also der Tag des Heiligen Joseph – aber noch am Vormittag. Immerhin war das Hotel »Zur Eisenbahn«, dem Bahnhof schräg gegenüber, bereits mit Girlanden umwunden, in welche ein Schild gefügt war mit der Aufschrift »Humorator«, und als wir das gastliche Haus betraten, saßen auch schon ziemlich viele Seppls da beim Frühschoppen; aber sie waren noch nicht besoffen, und unsre Aufnahme geschah in urbanen Formen. Auch als der in Bayern von Greueln umwobene Name von Tisch zu Tisch geflüstert wurde, blieb es bei scheuen Blicken; nur die Gespräche belebten sich in Reminiszenzen an die Zeit, da man selber die Flinte geschultert hatte, um das Land von den roten Verrätern zu säubern, und die gedämpften Stimmen mußten öfter als zuvor mit Humorator befeuchtet werden. Mit sichtlichem Respekt aber zahlte der Wirt mir eine telegraphische Postanweisung aus, die gegen Mittag auf meinen Anruf hin von Wien aus eintraf. Inzwischen hatten wir in einem Angestellten des Hotels eine helfende Seele gefunden, die uns vorsichtig und geheimnisvoll die Adresse eines ehedem unabhängigen sozialistischen Abgeordneten des bayerischen Landtags zusteckte: von dem könnten wir die Namen von Kommunisten erfahren. Tatsächlich gelangten wir auf diese Weise denn auch zu einem Genossen, einem jener stillen, überzeugten und entschlossenen Proletarier, auf denen die Zukunft der Menschheit ruht. Das sind die Fanatiker der Kleinarbeit, denen Upton Sinclair in seinem Jimmy Higgins das ehrendste Denkmal gesetzt hat, sie, deren Wirken Keiner sieht und Jeder spürt. Unser Jimmy Higgins von Passau also nahm sich unser an. Er führte uns durch die wunderschöne alte Stadt, die wundervollen Wege entlang, zu den Festungsanlagen zwischen Unterhaus und Oberhaus, der früheren bayrischen Festungsstrafanstalt für Offiziere und Studenten, die dem Dauergast von Niederschönenfeld besondere Betrachtungen nahelegte, und zu der

Stelle, wo in breiten Wogen der Inn und die Ilz ins Mutter-
bett der Donau einfließen. Als er uns zurückbrachte ans
Hotel »Zur Eisenbahn«, da war es inzwischen später Nachmittag geworden, und die Seppls hatten schon ein kräftiges
Stück Namenstag mit Humorator begossen.

Wir wollten nun nach neuen Telegrammen fragen, denn in
Wien hoffte man, das Einreiseverbot gleich wieder rück-
gängig machen zu können, und Jimmy Higgins wartete solange vor der umkränzten Tür. Die am Vormittag noch
ziemlich lichten Wirtsräume hatten sich gewaltig gefüllt,
mit Seppls, Seppl-Freunden und Lärm. Aber unser Eintritt
wirkte, wie wenn ein Dirigent mitten im Allegro abklopft.
Nur noch ein feindseliges Knurren rollte durch den Saal,
und erst als wir hinausgingen, schwoll das Orchester mode-
rato wieder an, noch gehalten von der Aufmerksamkeit, die
ein Gast des Hauses durch ein kühnes Unternehmen auf
sich zu lenken wußte. Wir standen zwischen Wirtsstube
und Hoteleingang, als dieser Mann uns einholte und mich
ansprach. Ein unappetitlicher Bürger mit Hautblasen,
Schweinsaugen, roten Händen und geölten schwarzen Haaren. Über der gelbgestreiften Hemdbrust prangte eine rot-
gestreifte Krawatte, die ihrerseits von einem talergroßen
hakenkreuzgeschmückten Stahlhelm zusammengehalten
wurde. Rechts am Rock gab eine schwarzweißrote Schleife,
links ein erstaunlich großes Hakenkreuz beredtes Zeugnis
von seiner hitlerfesten Gesinnung. Devot und unsicher
blieb er vor mir stehen: »Herr Mühsam, wenn man Sie
nicht über die Grenze lassen will, ich kann Sie schon rü-
berschaffen.« »Was gehn Sie meine Angelegenheiten an?«
fragte ich, da die Provokation mir doch etwas zu plump
schien. »Bitte, ich bin Kommunist.« »Ihre Abzeichen lassen auf ganz was andres schließen.« »Ja, ich habe alle Abzeichen. Aber die leg ich bloß an, damit ich in Ruh gelassen werde.« »Na, hören Sie mal, wenn man seinen revolutionären Charakter maskieren will, wird man doch mich
nicht hier vor aller Augen ansprechen – aber kommen Sie
mal mit raus.« Draußen fragte ich den Genossen: »Kennst

du den Menschen? Er behauptet, er gehöre zu uns.« Mein Jimmy Higgins machte eine abweisende Handbewegung, die meinen Verdacht bestätigte und das wandelnde Erhardt-Lied bewog, sich schleunigst zu den Humorator-Seppls zurückzuziehen. Wahrscheinlich hat er denen Heldenhaftes von der Rede erzählt, mit der er vor mir den bajuwarischen Volkszorn repräsentiert habe.

Gegen 9 Uhr abends kehrten wir ins Hotel zurück. Aus dem großen Gastraum scholl gewaltiges Getöse der allgemach von gigantischem Humorator-Mengen gesättigten Seppls. Unbemerkt von den nunmehr königstreu Besoffenen – ein Eingeborener erklärte mir einmal: »Bis zur sechsten Maß san mir Republikaner, aber nacha, da muß an Kini her.« – gelangten wir in eine kleinere Wirtschaftsstube, deren gedeckte Tische auf ihre Bestimmung für landfremde Elemente hindeuteten. Wir bestellten und erhielten ein Abendessen. Jedoch während wir es verzehrten, trat die Kellnerin an den Tisch und richtete mir aus, der Wirt wolle mich sprechen. »Paß auf«, sagte ich zu meiner Frau, »jetzt werden wir rausgeschmissen.« Ich aß meinen Kalbsnierenbraten zu Ende und ließ mich dann in das Privatkontor des Hoteliers führen. Leicht gerötet von Erregung und Humorator trat mir groß, breit und semmelblond Herr Georg Dorner entgegen, Besitzer des Hotels »Zur Eisenbahn« in Passau. »Herr Mühsam«, redete er mich an, »ich muß Sie in meinem und in Ihrem Interesse ersuchen, sich eine andre Unterkunft zu suchen.« – »Wieso sollte das in meinem Interesse liegen?« fragte ich. – »Ich kann Ihnen nur sagen, daß Sie hier nicht bleiben können.« – »Sind Sie nicht verpflichtet, jedem Gast Quartier zu geben, der sich anständig benimmt und seine Rechnung bezahlt?« – »Nicht jedem, Herr Mühsam!« (mit Betonung) – »Es scheint also, als nähmen Sie aus meinen politischen Ansichten das Recht, mich aus Ihrem Hotel zu weisen.« – »Allerdings. Ich stehe auf einem vollständig anderen politischen Standpunkt als Sie, und ich sage Ihnen noch mal: meine Gäste sind schon sehr aufgeregt, und es liegt in Ihrem Interesse ebenso wie in meinem, daß Sie keine Schwierigkeiten machen.« – »Das heißt also, daß ich hier persönlich bedroht bin?« – Mit einem Räuspern: »Ich habe Sie nicht bedroht.«

Ich kenne vaterländisch gehobene Bajuwaren gut genug, um zu wissen, daß sie, in Massen vereint, von Humorator befeuert, gegen ein unbewaffnetes, durch die Reise ermüdetes, unfreiwillig nach Passau versprengtes Ehepaar von unbezähmbarer Tapferkeit sein können, noch dazu am Josephs-Tage. So beschränkte ich mich darauf, von dem gesinnungstüchtigen Hotelwirt, der seine Gäste der politischen Musterung unterwirft, ehrenvolle Rückzugsbedingungen zu erwirken. Ich erklärte ihm, daß ich nicht gesonnen sei, nachts um 10 Uhr mit meiner Frau in den Passauer Straßen herumzuirren und dabei noch unser Gepäck mitzuschleppen. Ich sei bereit, auszuziehen, sobald er, Herr Georg Dorner, uns ein andres anständiges Nachtquartier besorgt habe, wohin er auf seine Kosten unsre Koffer schaffen lassen müsse. Das wurde akzeptiert, und zwanzig Minuten später stand bereits der Hausdiener mit unserm Gepäck vor uns und geleitete uns ins Innere der Stadt Passau zum Hotel »Bayrischer Löwe«.

Ich freue mich, das Gasthaus mit dem bedrohlichen Namen allen Reisenden, die ein unwirsches Geschick in die ebenso schöne wie gottverlassene Grenzstadt Passau verschlägt, als eine freundliche, saubere und wahrhaft gastliche Bleibe empfehlen zu können. Die Wirtsleute, die ebensogut wie der Eisenbahn-Dorner wußten, mit wem sie es zu tun hatten, was ihnen die Eingeborenen von Passau wahrhaft nicht leicht machten.

Wir schliefen in guten Betten nach den, wie wir glaubten, überstandenen Beschwerlichkeiten die ganze Nacht durch friedlich und fest, bis uns um 8 Uhr ein kräftiges Pochen an die verschlossene Tür emporscheuchte. »Aufmachen! Fremdenpolizei!« Ich öffnete. Herein trat ein Mann, dröhnenden Schrittes, den Hut auf dem Kopf. »Pässe zeigen!« Ich gab ihm die Pässe. Den meinen überflog er, nahm alsdann den meiner Frau zur Hand und pflanzte sich, immer den Hut auf dem Kopf, breitbeinig vor ihrem Bett auf, Beschreibung und Lichtbild mit dem lebenden Original vergleichend. Dies hinlänglich getan, legte er den Paß auf den Tisch und öffnete, sichtlich enttäuscht, den Mund zu den Worten: »Die Pässe sind in Ordnung; da kann man nix machen.« Ohne Gruß, wie er gekommen war, den Hut knallig auf dem Schädel, stampfte er zum Zimmer hinaus und schmiß die Tür zu. Da die staats- und kirchenfrommen Zeitungen vor sechs Jahren zur Vervollständigung meiner Schmach dem bayrischen Eigenartsvolk erzählt hatten, ich sei mit einer dicken polnischen Jüdin verheiratet, hoffte die Passauer Fremdenpolizei jedenfalls, in meiner durchaus nicht landfremd aussehenden Frau eine illegitime Begleitung des Verderbers Bayerns zu erwischen und damit erneut den Beweis zu erbringen, daß revolutionär und unzüchtig Synonyma seien.

Aus Wien trafen von mehreren Seiten Telegramme ein, ich solle noch nicht zurückreisen, im Reichsrat sei interpelliert worden und mit den Behörden werde unterhandelt wegen der Nachbewilligung der Einreise. Wir holten also unsern Jimmy Higgins ab und durchzogen die Straßen und Anlagen von Passau. Abends sollte uns dann der Genosse vom Hotel abholen. Da wir in der Stadt die grimmigen Blicke der Einwohner bemerkt hatten, zogen wir vor, die Mahlzeiten im Hotelzimmer unter vier Augen einzunehmen, und baten die Wirtin, unsern Freund, wenn er komme, gleich heraufzuschicken. Statt seiner erschien der Wirt des »Bayrischen Löwen«. Der redete uns freundschaftlich zu, wir möchten den Kommunisten nicht ins Haus kommen lassen. Die Leute seien ja gradezu verrückt. Am Abend schon, gleich nachdem wir eingezogen wären, hätten sie sich auf der Straße angesammelt und aufgepaßt, an welchem Fenster Licht angedreht würde. Vormittags seien sie mit Knüppeln angerückt, um mich »aufzudünsten«. Er habe ihnen aber gehörig die Wahrheit gesagt, ob sie vielleicht meinten, ich sei gern nach Passau gekommen, bloß um ihre dummen

G'friesser anzuschauen; ihm sei ein Gast so lieb wie der andre, und wehe dem, der mir etwas anzutun wage. Wir blieben also in unserm Zimmer, und es sei rühmend wiederholt: der Wirt und seine ganze Familie überboten sich in Aufmerkseiten und Gefälligkeiten, um uns das Bedrückliche der Lage vergessen zu machen.

Am nächsten Morgen beschlossen wir, da nach dem Humorator-Rausch nun vielleicht auch der Humorator-Katzenjammer der Passauer ausgeschlafen sein könnte, allen Gefahren zum Trotz, auszugehen und Jimmy Higgins zu besuchen. Als wir eben das Hotel verlassen wollten, traten uns auf dem Flur zwei Männer entgegen, von denen sich einer sofort als Polizeibeamter legitimierte und uns aufforderte, mit ihm in unser Zimmer hinaufzugehen. Die Sache sah genau so aus wie eine Verhaftung.

In der Hotelstube klärte uns der Beamte als Leiter der Passauer Sicherheitspolizei über seinen Besuch auf. Er sei verantwortlich dafür, daß in der Stadt nichts Schreckliches passiere. Meine Anwesenheit sei jedoch blitzschnell bekannt geworden, und die Bevölkerung sei in die größte Erregung darüber geraten. Nun habe die Passauer Polizei schon damals, als die Militärkommission der Entente von den Völkischen angegriffen worden sei, die ärgsten Unannehmlichkeiten gehabt. Wenn uns aber hier etwas Ernstliches zustoße, so sehe er noch viel schlimmere Folgen heraus. Er habe deshalb einen eignen polizeilichen Schutz für mich organisiert, der uns bereits gestern den ganzen Tag beobachtet habe, und darauf beschrieb mir der Schutzengel alle Wege, die wir auf unsern Spaziergängen berührt hatten. Inzwischen sei aber die feindselige Stimmung derart gewachsen, daß er für meine Sicherheit nur bürgen könne, wenn wir seine Anordnungen strikt befolgten. Auf seinen dringenden Rat entschlossen wir uns, die Wiener Entscheidung nicht länger in Passau abzuwarten, sondern mit dem nächsten Zug nach München abzufahren. Dann empfahl er uns, unsre Stube bis zur Abreise am Nachmittag nicht mehr zu verlassen. Punkt 4 Uhr sollten wir fortge-

hen. Er werde alle seine verfügbaren Polizeibeamten auf
dem Wege vom Hotel zum Bahnhof verteilen und selbst
mit seinem Begleiter den Schutzdienst überwachen. Dann
könne er mit Sicherheit verbürgen, daß wir heil aus Passau
herauskommen würden.

Wir fügten uns selbstverständlich den sehr umsichtig und
gewissenhaft geregelten Maßnahmen des Beamten, nahmen den Zimmerarrest bis zum Nachmittag auf uns und
schnürten endlich unsre Bündel. Um 1/2 4 Uhr aber
klopfte es und herein trat zu unsrer Überraschung unser
braver Genosse. Die Polizei war auch bei ihm gewesen und
hatte ihn gebeten, uns das Geleit zum Bahnhof zu geben.
Wenn ein Einheimischer in unsrer Gesellschaft sei, werde
er der beste Schutz gegen Unbesonnenheiten sein.

So zogen wir los, wir verhinderten Österreich-Fahrer zur
Linken und zur Rechten und in der Mitte Jimmy Higgins.
Auf den Wegen aber, an allen Straßenecken und Laternen
standen anscheinend gelangweilte Bürger, dem geübten
Auge des revolutionären alten Sünders unschwer als Kriminaler erkennbar, hier einmal wirklich in der Eigenschaft
als Schutzmänner. Zwanzig Meter hinter uns, bald auf derselben Straßenseite, bald gegenüber folgte uns der Polizei-
inspektor mit seinem Adlatus. Keine Hand erhob sich wider
uns, kein Retter erstand dem Lande Bayern in Passau.

An den Bahnhof hatte Jimmy Higgins die paar Genossen
bestellt, die den Mut fanden, sich eben nach Aufhebung
des Verbots der Kommunistischen Partei in Bayerns reak-
tionärstem Kaff offen als Revolutionäre zu bekennen.
Einer nach dem andern drückte uns die Hand. Plötzlich
aber sprang der Polizeigewaltige dazu, deutete auf einen
der Arbeiter und fragte unsern Getreuen: »Kennen Sie
den?« – »Gewiß – das ist ja ein Genosse!« – »Dann ist's
gut.« Die Polizei war beruhigt.

Bevor sich der Zug in Bewegung setzte, durchschritt der
Leiter der Passauer Sicherheitsbehörde noch einmal unsern Wagen, fragte im Vorübergehen leise: »Alles in Ordnung?« und ging auf unsre dankende Bestätigung mit dem

Wunsch »Glückliche Reise« und dem Ausdruck ehrlicher Erleichterung auf den Bahnsteig.

Wir fuhren nach München und konnten uns während der vierzehn Tage, die es dauerte, bis das österreichische Bundeskanzleramt seinen Standpunkt durchgesetzt hatte, daß mein Erscheinen in Wien den Bestand der Republik in Frage stellen müßte, der trüben Betrachtung einer Stadt hingeben, die lange Jahre hindurch die lebendigste, schönste, kunstfroheste Stadt Deutschlands gewesen war, die im Jahre 1919 kraftschwellend unter roten Fahnen den Höhepunkt ihrer Schönheit und ihres kulturellen Glanzes erlebt hat, und die im Laufe von sechs Jahren Zeloten- und Banausenherrschaft auf ein Niveau gesunken ist, das nicht mehr dem von Paris und Florenz, sondern eher dem von Passau vergleichbar ist.

1925

Mignon 1925

Kennst du das Land, wo die Faschisten blühn,
im dunklen Laub die Diebslaternen glühn,
ein Moderduft von hundert Leichen weht,
die Freiheit still und hoch der Duce steht?
Kennst du es wohl?
    Dahin! Dahin
möcht' ich mit dir, mein Adolf Hitler ziehn!

Kennst du das Haus? Auf Wahlen ruht sein Dach.
Die röm'sche Kammer ist's und drinnen Krach.
Drei Kommunisten sehn mich blutend an:
Was hat man uns, du armes Kind, getan?
Kennst du es wohl?
    Dahin! Dahin
möcht' ich mit dir, o Knüppel-Kunze, ziehn!

Kennst du des Mussolini Wolkensteg?
Der Maulheld sucht mit Knebeln seinen Weg.
Er würgt die Presse, plagt das Volk aufs Blut
und bebt, daß keiner *ihm* ein Leides tut.
Kennst du ihn wohl?
   Dahin! Dahin
geht Deutschlands Weg! O Feme, laß uns ziehn!
Goethe und Jolly

      Aus: Die Welt am Montag

Den Fürsten keinen Pfennig!

Das war im Jahre 18
– wo kam sie hin, die Zeit? –
Da konnte man verkracht sehn
schimmernde Herrlichkeit.
Es kugelten die Kronen
von 22 Thronen.
Der Arbeitsmann ließ Fahnen wehn:
Dem Volk sei jeder Dienst geweiht,
den Fürsten keinen Pfennig –
die sollen stempeln gehn!

Das war vor sieben Jahren.
Wo blieb das Volksgericht?
Die einst die Herren waren,
trauten sich wieder ans Licht:
Nahmt ihr uns Mann und Rösser,
so gebt uns Geld und Schlösser,
zahlt unsrer Sippschaft Zins und Lehn!
Es staunte das Volk: Das gibt es nicht,
den Fürsten keinen Pfennig,
die sollen stempeln gehn!

Geriss'ne Advokaten,
die fanden sich sogleich,
sie feilschten mit den Staaten,
schacherten mit dem Reich.
Und Prinzen und Prinzessen
und Duodez-Mätressen,
sie alle woll'n die Schraube drehn.
Da braust's durchs Volk lawinengleich:
Den Fürsten keinen Pfennig,
die sollen stempeln gehn!

Ein Rauschen, ein Getose,
millionenfach ein Fluch!
Kriegskrüppel, Arbeitslose
nagen am Hungertuch.
Lang trug's das Volk geduldig,
jetzt spricht's den Räuber schuldig.
Rot eingeschrieben soll er stehn
im deutschen Hypothekenbuch:
Den Fürsten keinen Pfennig –
die sollen stempeln gehn!

Aus: Die Welt am Montag, 1926

... und Geßler redet

Man immer sachte! Habt euch nur nicht so!
Nicht gleich bei jeder Kleinigkeit gewütet!
Noch steht ja Otto Geßler* forsch und froh
im Amt. Die Republik ist wohl behütet.
    Es gibt manches Unangenehme,
    er weiß es, er leugnet es nicht:
    Die schwarze Reichswehr, die Feme,
    und allerlei, was man so spricht ...

*Reichswehrminister

Er lächelt: Na gewiß doch – allerdings –
und setzt sich. (Heiterkeit und Beifall links)

Wenn irgendwo ein alter General
vorbeihaut und die Republik beleidigt,
nun ja doch – Geßler sagt's ihm schon einmal:
Die Reichswehr ist auf schwarzrotgold vereidigt.
    Die schwarzweißroten Verbände,
    die möchten gern Frankreich verhaun.
    Doch leg nur in Geßlers Hände,
    o deutsches Volk, dein Vertraun.
Der redet sie kaputt, verneigt sich rings
und setzt sich. (Heiterkeit und Beifall links)

Es ist doch schön, daß solch ein Demokrat
des Reiches Wehr im rechten Geist befehligt.
Was auch ein Nörgler zu bemänteln hat,
Herr Geßler redet – und man ist beseligt.
    Der Wack're, so grimmig befehdet,
    er meint's doch mit allen so gut!
    Die Linken freut das, was er redet,
    die Rechten freut das, was er tut.
Den Putsch bebrütend, reglos, sinnt die Sphinx
und lauscht auf Heiterkeit und Beifall links.

Aus: Die Welt am Montag, 1926

Poeta laureatus*

Lied des Leierkastenmannes

Ein Orgelmann leiert am Straßenrand,
er rasselt mit seinen Prothesen:
Ich gab meine Beine dem Vaterland;

* lorbeerbekränzter Dichter

ich bin ein Kriegsheld gewesen.
Zuhause ließ ich die Kinder, das Weib,
die hungern sich den Skorbut an den Leib –
ich brüllte gereimte Gesänge
und kämpfte im Schlachtengedränge.
Doch das macht nichts, das tut nichts,
das kommt nicht drauf an –
mich haben die Dichter begeistert,
sie haben das Hirn mir verkleistert,
daß ich jetzt mit den Kunstbeinen rasseln kann.
Ein Hoch der Poesie! Es lebe das Genie!
Immer rein, immer rein in die Akademie!

Hurra, ich kann singen auch ohne Bein
und orgeln zu Dichters Reimen.
Drum sollen sie auch Akademiker sein
und den Geist des Vaterlands leimen.
Was ich hatte, das stahl mir die Inflation,
und der Hauswirt schluckt meine Krüppelpension,
ich dreh meinen Leierkasten
und üb' mich im Frieren und Fasten.
Doch das macht nichts, das tut nichts,
das kommt nicht drauf an.
Wenn die Dichter nur werkeln am Staate,
dann freut sich ein tapfrer Soldate
noch als bettelnder Leierkastenmann.
Ein Hoch der Poesie! Es lebe das Genie!
Immer rein, immer rein in die Akademie!

Das Leben der Dichter ist immer ein Fest,
besonders der Prominenten.
Sie singen vom Mond, von der Frau, vom Inzest,
da schmecken den Reichen die Renten.
Und macht ein Poet als Prolet sich gemein,
dann sperrt man ihn rechtens ins Zuchthaus ein.
Er braucht ja den Staat nur zu loben –
dann wird er vom Staate erhoben.

Doch das macht nichts, das tut nichts,
das kommt nicht drauf an.
Wir preisen die Republike
mit Versen teils, teils mit Musike.
Der Dichter reimt's erst, ich orgle es dann:
Ein Hoch der Poesie! Es lebe das Genie!
Immer rein, immer rein in die Akademie!

Aus: Fanal, 1926

Unsere Lieblinge

Willkommen in Berlin, guter Fremdling! Siehe, wenn du die Stadt betrittst, grüßt auf dem Bahnhofsplatz schon dich sinniges Gewinde von Immergrün, das sich festlich rankt um die Einladung auf verregneter Pappe: Auf auf zur großen internationalen Polizei-Ausstellung in den Avus-Hallen zu Witzleben! Ei, da lacht dein Herz und du freust dich des neckischen Einfalls der Farbenscherzer. Denn ist nicht Immergrün das ausdrucksvollste Sinnbild von Ruhe, Ordnung und Sicherheit im Lande Severings und Grzesinskis? Wo du gehst und stehst, was du tust und treibst, wird es dir immergrün vor den Augen; unsere Lieblinge regeln deinen Verkehr und dein Benehmen, deine Überzeugung und deine Sitten, dein Vergnügen und deine Registrierung. Immergrün und Manchmalblau – auf auf zur großen Avus-Schau!
Und nun gelangst du hinaus zu den lehrreichen Hallen, wo du erfahren willst, wie du strafbar wirst und was man alles anstellt, um dich zu erwischen. Schon von weitem tönt dir das Delikt der Ruhestörung entgegen; es ist ein Lautsprecher, der bereits eingesperrt ist, aber dennoch aus seinem engen Kasten polizeiwidrige Gesänge von Heimlichkeit und Liebeslust schrecklich hervorbrüllt. Er haust unter einer hölzernen Überführung der Straße, die dort als Ersatz für die nicht gelungene Überführung der von der Po-

lizei gesuchten Feme- und Breslauer Kindermörder auf-
montiert ist. Du zahlst bloß 1 Mark 50 für den Eintritt und
ebenso viel für den Katalog, verdienst dann aber dadurch
viel Geld, daß du den zahllosen Mädchen, die dir ihre Lose
aufbürden wollen, keine abkaufst. Dann läßt du dein ent-
zündetes Auge schweifen und bewunderst den Fleiß der
kommandierten Lieblinge, die trotz des Streiks der Zim-
merleute den Grünen-Wald aufgebaut, so hoch da droben.
Du schreitest auf einen ausgestopften Schutzmann zu und
fragst ihn, wo denn die Achtgroschenjungen aufgestellt
seien. Aber da tritt dir schon ein solcher lebendig auf den
Fuß, und du merkst, daß die wie die Flöhe auf dem Pudel
im Publikum verstreut sind.

Plötzlich aber siehst du ein bekanntes Gesicht in der
Menge und dann wieder eines und immer wieder, und du
merkst, daß es immer dasselbe Gesicht ist, das Gesicht des
Kriminalers, der dich stets im Verdacht hat, du wolltest
stehlen oder den Dachstuhl anzünden oder gar die Internationale singen. Du drängelst dich weiter und freust dich
mit dem Publikum, daß du Karabiner zu sehen bekommst
und Gummiknüppel und Seitenmesser und Revolver,
Kampfwagen und Panzerautos, die dich beruhigen werden,
wenn du mal in Aufregung geraten solltest. Schau, da steht
ja ein richtiges Modell vom Leunawerk, und da kannst du
genau erkennen, wie unsere Lieblinge anrücken und dir
den Pelz versengen, wenn du den Abstand vom Aufstand
nicht beobachtest. Und während dein Liedchen noch
summt: Bei Leuna sind viele gefallen, ja bei Leuna floß Ar-
beiterblut – siehst du am nächsten Modell schon, wie es im
Bürgerkrieg zugeht, wenn deinen Brüdern und Kameraden
der Bauch zu laut knurrt und die Immergrünen und
Manchmalblauen ihnen Knallerbsen geben und dabei das
Dorf abriegeln. Na, aber dann kommst du an einen großen
mechanischen Webstuhl und kannst stundenlang zusehen,
wie unseren Lieblingen der Hosenstoff in Kilometern zu-
fließt. Oh, noch viel Schönes und Interessantes ist da in
den drei großen Hallen hochgestapelt. Wo allerdings der

Mord im Gebüsch gezeigt wird und wie unsere Lieblinge vom Tatort zum Täter gelangen, da wirst du wenig zu sehn kriegen, armer Fremdling, denn da steht das Publikum so begeistert ringsum, daß dein Blick kaum ein paar Blutstropfen an der frischen Leiche erhaschen wird, und du hast bloß die halbe Freude. Dafür siehst du aber in der politischen Abteilung die Freunde, die mal von einer besseren Welt geträumt haben, als abschreckendes Beispiel an den Wänden hängen und kannst dich da oben an Gefängniszellen und Eisenbahnkäfigen modernster Konstruktion und sogar an der köstlichen Erfindung einer wohl assortierten Motor-Galeere erbauen. Ja, unsere Lieblinge stehn auf der Höhe der Kultur, und wenn du die Stätte der Witzlebener Ausstellung verläßt, traurig, in den paar Stunden, die dir zu Gebote standen, nur einen geringen Teil all der Herrlichkeiten gesehen zu haben, die dir Ruhe, Sicherheit und Ordnung und eine Gratisphotographie im Verbrecheralbum verbürgen; wenn du zum Schluß nur noch im Vorbeigehn den Zwinger berührt hast, in dem die auf den Menschen gekommenen Polizeihunde so höflich und friedfertig daliegen, daß du meinen möchtest, du seiest in eine Friedensburg getreten – hei! dann wendest du wohl befriedigt den Blick zurück: Ave, Avus! Unser ganzes Dasein ist ein Witzleben!

Aus: Fanal, 1926

Wer in unsrer Epoche den Geist der Mitte proklamiert, der proklamiert, mag er selbst so hoch über allem Banalen stehn wie Thomas Mann, den Geist der Mittelmäßigkeit.

Die Justiz im Staate hat mit Gerechtigkeit so viel zu tun wie der Beischlaf im Bordell mit der Liebe.

Die Republik ist in Gefahr – welche Republik?

Man hat mich gefragt, ob FANAL wieder wie in meinem Vorkriegsblatt ein paar Seiten jedes Heftes der Theaterkritik widmen wolle. Ich finde, daß die Schauspiele, Tragödien und Grotesken, die zur Zeit der Kritik am dringendsten bedürfen, vor unseren Kriminalgerichten aufgeführt werden. Die Szene wird zum Tribunal.

Aus: Fanal, 1926

Wo ist der Ziegelbrenner?

Weiß keiner der Leser des Fanal, wo der Ziegelbrenner geblieben ist? Ret Marut*, Genosse, Freund, Kampfgefährte, Mensch, melde dich, rege dich, gib ein Zeichen, daß du lebst, daß du der Ziegelbrenner geblieben bist, daß dein Herz nicht verbonzt, dein Hirn nicht verkalkt, dein Arm nicht lahm, dein Finger nicht klamm geworden ist. Die Bayern haben dich 19 nicht gekriegt; sie hatten dich schon am Kragen, und du bist ihnen auf der Straße noch ausgekommen. Sonst lägst du heute wohl da, wo Landauer liegt und die andern alle, die lebendigen Geistes waren, wo auch ich läge, hätten sie mich nicht 14 Tage vorher schon gehabt und aus dem Mordzentrum fortgeschleppt. Jetzt können sie dir nicht mehr an den Wagen fahren. Die Amnestie vom vorigen Jahr muß für dich angewandt werden. – Es wird Zeit, Entstehung und Verlauf der bayerischen Kommune vor der Geschichte festzuhalten. Was bis jetzt dazu geschehen ist, kam aus parteilich getrübtem Urteil, ist dumm und gehässig, ungerecht oder selbstgerecht. Auch ich bin zu sehr Partei, zu eng persönlich verstrickt mit den Vorgängen, zu tief selber hineingezerrt in die Konflikte um Schuld und Verdienst, um allein mit genügender Objektivität Historiker dieser Revolution sein zu können. Du warst der einzige, der aktiv zu den Dingen stand und doch aus

* B. Traven

einiger Entfernung und Höhe sehen konnte, was Schlimmes geschah, was Gutes gewollt wurde, was Richtiges unternommen wurde und Richtigeres hätte unternommen werden sollen. Gustav Landauers Nachlaß, seine Briefe, seine Reden, sein Wirken in der letzten Zeit werden der Öffentlichkeit binnen kurzem zur Kritik gestellt werden. Du standest ihm helfend und anregend zur Seite, als er Volkskommissar für Aufklärung und Propaganda war. Wir brauchen dich. – Wer kennt den Ziegelbrenner? Wer von den Lesern des Fanal weiß, wo Ret Marut zu finden, zu erreichen ist? Wer seinen Verbleib ermitteln kann, stelle ihm dies Heft zu. Viele fragen nach ihm, viele warten auf ihn. Er ist gerufen.

Aus: Fanal, 1927

»... Sie reiten stehend auf zwei Gäulen«, sagte mir einmal Frank Wedekind, »die nach verschiedenen Richtungen streben; sie werden Ihnen die Beine auseinanderreißen.« – »Wenn ich einen laufen lasse«, erwiderte ich, »verliere ich die Balance und breche mir das Genick.«
Heute stimmt das Bild nicht mehr. Krieg, Revolution, Gefängnis, nahes Mitleben schwerer Schicksale, tiefgehende Veränderungen der Umwelt, daneben auch wohl das Nachlassen der physischen Elastizität, wachsende Neigung zur Regelmäßigkeit und die Schaffung eines eigenen Hausstandes haben meinem Lebensritt das Zirkusmäßige abgewöhnt.
Wenn mich mein Gefühl nicht täuscht, sitze ich nun fest im Sattel, wenn auch gerade auf dem Pferd, von dem Wedekind mich gern befreit gesehen hätte; das andere, das geflügelte, führe ich neben mir an der Trense und lasse mich nur in Feierstunden von ihm tragen. Ihr Futter aber erhalten beide aus derselben Krippe ...

Aus: Unpolitische Erinnerungen, 1927–29

Aus

Staatsräson

Ein Denkmal für Sacco und Vanzetti

Geschrieben zum 1. Todestag am 23. August 1928

(Aus dem 13. Bild)

Fuller: Die Generalausstände an vielen Orten, besonders auch in Südamerika, dann die Massendemonstrationen in den europäischen Großstädten, die größten, die bis jetzt erlebt wurden, wie die diplomatischen Vertreter melden, müssen unsere Ansicht befestigen, daß sich der Fall Sacco und Vanzetti zu einer Prestigefrage für die amerikanische Staatsautorität ausgewachsen hat.

Katzmann: Jedes weitere Zurückweichen würde als Feigheit gedeutet werden. – Doch, noch eine Frage, Gouverneur Fuller: sind auch die Vorkehrungen in Boston selbst, vor allem im Umkreise des Gerichtsgebäudes und des Staatsgefängnisses von Charlestown ausreichend und allen Eventualitäten gewachsen?

Fuller: Über die Oststaaten Nordamerikas ist der Belagerungszustand verhängt. Alle verfügbaren Kräfte des Militärs und der Polizei sind in Alarmbereitschaft. Die Regierungsgebäude sind durch besondere Militärformationen mit den schwersten Waffen beschützt. Es ist für Panzerwagen gesorgt, vor dem Gefängnis sind Barrikaden errichtet und die Polizei ist mit Gasbomben ausgerüstet. Kriminalbeamte und Vigilanten* sind überall zu vielen Hunderten tätig und jede geringste Unbotmäßigkeit wird durch Verhaftungen und nötigenfalls schärfere Maßnahmen unterdrückt werden.

Thayer: Sehr gut, sehr notwendig. Zu denken, daß die Radikalen in Genf nicht davor zurückgeschreckt sind, den berühmten Glassaal des Völkerbundpalastes zu zertrümmern!

* Spitzel

Ein Richter: Die geheiligte Stätte des Weltfriedens!

Katzmann: In Paris und Hamburg ist es zu regulären Straßenkämpfen zwischen dem Pöbel und der Polizei gekommen. In allen europäischen Häfen weigern sich die Arbeiter, unsere Schiffe zu löschen. In Norwegen ist der Generalstreik proklamiert. Das ist denn doch schon der international organisierte Aufruhr!

Thayer: Das alles wegen zweier Nichtsnutze von italienischen Kriegsdienstverweigerern! Nur jetzt kein Zaudern mehr.

Ein Beamter: Nein, wir müssen Energie zeigen!

Fuller: Ich sehe mit Genugtuung, daß Ihre Stimmung meiner Auffassung entspricht. Ich bitte nun um Ihre Aufmerksamkeit: Nach dem Spruch des Dreimännerkollegiums rief die Verteidigung das Oberste Gericht von Massachusetts an. Am 19. August ist dessen Votum ergangen; der Oberste Gerichtshof hat sich, wie zu erwarten war, geweigert, sich über den Schuldspruch der Geschworenen überhaupt auszusprechen. Die angeblichen Beweise der Verteidigung für die Voreingenommenheit des Richters Thayer hat er nicht geglaubt würdigen zu sollen.

Thayer: Eine unverschämte Bande, diese Advokaten!

Fuller: Hierauf machte die Verteidigung den Versuch, einen Appell an den Höchsten Gerichtshof der Vereinigten Staaten zu richten, um den nunmehr endgültig festgesetzten Hinrichtungstermin durch die höchste Instanz aufheben zu lassen. Der Versuch ist indessen gescheitert. Ein solches Schriftstück muß, wie sie wissen, die Unterschrift eines Mitgliedes des Höchsten Gerichtes selbst tragen. Der Vorsitzende Holmes weigerte sich, diese Unterschrift zu geben. Der Oberrichter Taft konnte rechtzeitig verständigt werden, daß man ihn für den Zweck weich machen wolle. Er reiste schleunigst ab und befindet sich jetzt in Kanada (heiterer Beifall). Ebenso gelang es den Freunden der Anarchisten nicht, den Senator Borah oder sonst eines der in Betracht

kommenden Mitglieder des Bundesgerichts zu erreichen. Zwar glückte es den Verteidigern, die ihnen zur
Erschwerung ihrer Aktion gestellte Bedingung zu erfüllen, die fehlenden Akten beim Büro des Bundesgerichts
in den wenigen zur Verfügung stehenden Stunden nach-
zuliefern, doch konnten ihre Pläne von einer anderen
Seite her erfolgreich durchkreuzt werden. Es war ja
denkbar, daß sich nach der Einreichung des Gesuches
ein Bundesrichter aus Mitleid oder aus anderen Gründen noch zur nachträglichen Unterzeichnung hätte bewegen lassen. Aber zur vorgeschriebenen Fassung einer
solchen Eingabe gehört die Beifügung sämtlicher Pro-
zeßakten. Diese Akten befinden sich beim Justizamt,
und so brauchte sich diese Behörde nur zu sträuben, sie
herauszugeben – –

Katzmann: – was selbstverständlich geschehen ist!

Fuller: – und die Gerichtsbeamten hatten den formellen
Grund, die Weiterleitung des Gesuches, da es der vorgeschriebenen Fassung nicht entsprach, abzulehnen. Damit war dank der Aufmerksamkeit aller in Betracht
kommenden Faktoren auch die letzte Chance, mit juri-
stischen Mitteln zum Ziel zu kommen, fehlgeschlagen,
und es blieb nur die Möglichkeit eines Gnadenaktes
durch mich oder den Präsidenten Coolidge. Bekanntlich
ist der Präsident, um den Unannehmlichkeiten der ganzen Angelegenheit enthoben zu sein, schon vor einiger
Zeit aufs Land gereist, wo er mit keinerlei Amtsgeschäf-
ten behelligt sein will. Ich meinerseits möchte jedoch
nicht gern dem Begnadigungsrecht des Präsidenten der
Vereinigten Staaten in den Weg treten, zumal die
Schwere des Verbrechens und die unsympathischen Persönlichkeiten der Verurteilten eine übergroße Milde in
diesem Falle kaum gerechtfertigt erscheinen lassen.
Rechtsanwalt Thompson besteht nun auf der nochmali-
gen Gewährung einer Frist, binnen welcher er – –

Thayer: Wie oft denn noch? Unter keinen Umständen!

Fuller: Ich sagte bereits, ich bin nicht mehr geneigt, den

Fall noch weiter in die Länge zu ziehen. Der Tumult wegen der Affäre in der ganzen Welt, die Zeitungshetze zugunsten der Verurteilten, die gänzlich unpassende Einmischung Europas in die interne amerikanische Angelegenheit, an der sich leider sogar staatliche Organe beteiligen, stellt Amerika vor die gebieterische Pflicht, den gordischen Knoten mit entschlossenem Hieb zu durchhauen. Dieses Land hat eine Geschichte, in der die Tugenden der Freiheit, Gerechtigkeit und Menschlichkeit unauslöschlich leuchten. Hiervon vermag das Geschrei von Phrasen und Verleumdungen umnebelter Ordnungsfeinde nichts zu verkleinern. Dieses Land steht aber im Augenblick in einer Situation, in der es gegenüber einer wüsten Agitation destruktiver Elemente seine Reputation wahren muß. Es darf nicht sein, daß Amerika vor dem Gebot des Auslands einen kleinsten Schritt zurückweicht. Selbst ein Gnadenerweis, schon die Umwandlung der Todesstrafe in Zuchthaus auf Lebenszeit, würde als Rückzug aufgefaßt werden und schlösse überdies die Gefahr in sich, daß der Kampf um die Befreiung Saccos und Vanzettis lärmend und die Staatsräson schädigend weiter toben würde, wie wir das ja im Falle der anarchistischen Bombenwerfer Moore und Billings tatsächlich erlebt haben. Möge die Vollstreckung des Urteils im ersten Affekt die öffentliche Erhitzung zum Sieden steigern – sind die Mörder erst einmal tot, dann ist der Propaganda gegen unsere Rechtsinstitutionen das konkrete Objekt genommen, und die Sicherheit des Rechtslebens, die geregelte Ordnung unseres Staatswesens wird einen Triumph über das gärende Element der unteren Volksschichten errungen haben, der für lange Zeit den revolutionären Wühlern im Inland wie im Ausland die Lust benehmen wird, sich am Staatsbewußtsein Amerikas zu messen. Ich bitte Sie daher, mich zu ermächtigen, alle weiteren Bitten und Beschwerden zurückzuweisen. Die Verteidiger werden um 10 Uhr hier sein, um den definitiven Bescheid auf ihren letzten Einspruch einzuholen. Beauftragen Sie mich, ihnen die Unabänderlichkeit des Beschlusses zu verkünden, und geben Sie mir auf, das Urteil zur festgesetzten Stunde vollstrecken zu lassen.

Katzmann: Ich glaube aussprechen zu dürfen, daß wir die überzeugenden Darlegungen des Gouverneurs Fuller ohne Widerspruch zur Kenntnis genommen haben, daß seine Argumente keine Einwendungen erlauben und daß wir seiner Absicht, die Affäre heute noch zu bereinigen, mit Befriedigung zustimmen.

Thayer: Niemand kann Ihnen, Gouverneur, niemand kann uns Richtern oder den Staatsanwälten vorwerfen, daß wir nicht alles getan hätten, um der Gerechtigkeit zum Siege zu verhelfen. Wir können die Verantwortung für die Hinrichtung der beiden Schädlinge leichten Herzens auf uns nehmen, zumal sie von allen übergeordneten Stellen mit getragen wird.

Fuller: Ich danke Ihnen, Gentlemen. Morgen wird es keinen Fall Sacco und Vanzetti mehr geben. (Alle gehen ab, außer Fuller und dem Sekretär.) ...
Ist noch etwas zu erledigen?

Sekretär: Die Frau von Sacco und die Schwester von Vanzetti warten draußen.

Fuller: Weibertränen auch noch! – Gott sei Dank, daß das jetzt alles mal ein Ende nimmt. Also lassen Sie sie hereinkommen.
(Rosa und Luigia treten ein.)

Fuller (geht ihnen entgegen, gibt ihnen die Hand): Arme Frauen, wie Sie mir leid tun!

Rosa: Helfen Sie, Gouverneur, Sie können es!

Fuller: Ich habe das äußerste versucht, um das Unglück abzuwenden. Leider war alles vergeblich.

Luigia: Können Sie denn gar keine Hoffnung mehr geben?

Fuller: Wir Staatsbeamte sind nicht so allmächtig, wie Sie annehmen. Unser Handeln ist durch bittere und harte Pflichten vorgezeichnet.

Rosa: Wir haben bis jetzt unser Recht gefordert, jetzt kommen wir nur noch und bitten um Barmherzigkeit.

Luigia: Wir flehen Sie an – begnadigen Sie meinen unglücklichen Bruder und den armen Sacco!

Fuller: Es ist schwer, mehr als schwer, Sie nicht trösten zu können. Meine Pflicht ist mir vom Gesetz vorgeschrieben. Ich kann nicht darüber hinaus – so gern ich wollte.

Rosa: Doch: Sie können – wenn Sie nur wirklich wollen, können Sie auch. Ich weiß es.

Luigia (fällt vor ihm nieder): Gouverneur Fuller! Noch nie habe ich mich vor einem Menschen gedemütigt, noch nie einen Menschen angebettelt. Ich tue es – für zwei Unschuldige, die sterben sollen! Haben Sie Mitleid! Haben Sie Erbarmen! Gnade! Gnade!

Fuller: Um Gottes willen, stehen Sie auf, beste Frau! Sie treiben mir die Tränen in die Augen. Wenn ich nur helfen könnte – wie gerne täte ich es.

Rosa: Sie selbst sind Vater. Sie haben Kinder wie Nicola Sacco! Fühlen Sie doch einmal, wie ein Vater fühlt. Denken Sie sich Ihre Kinder in der Lage der unseren. Bitte, Gouverneur, bitte, handeln Sie wie ein guter Vater handelt. Das ist besser, als blindlings die Buchstaben steinerner Gesetze zu erfüllen. Um der Kinder willen – bitte!

Fuller: Arme Frau, liebe arme Frau. Ihr Schmerz drückt mir das Herz ab – gehen Sie, gehen Sie! Ich kann nicht helfen! (Er läuft ins Nebenzimmer.)

Rosa: Nichts – nichts. Luigia, rasch, komm, daß wir sie noch sehen!

– *Vorhang* –

HERBERT JHERING

... Lyriker von Werfels Art, die sich den Stoffen nicht offenhalten, werden von ihnen in die Defensive gedrängt und
finden dann im günstigsten Fall zwar die Form, aber niemals das Stück. Sonnabend Werfels schwächliches Formwerk »Paulus unter den Juden« – ohne Wirkung. Sonntag
Erich Mühsams dokumentarisches Werk »Sacco und Vanzetti« – erschütternde Wirkung. Der Unterschied war Beweis.

Aus: Piscator, Schriften II

... Wohl den Gipfel an direkter Propaganda, bei der sogar
das Publikum zur Mitwirkung befohlen wurde, hat diese
widerkünstlerische Bewegung letzten Sonntag durch die
Aufführung von Mühsams Tendenzdrama »Sacco und
Vanzetti« erfahren. Tief bedauerlich nur, daß eine so übel
fundierte dramatische Arbeit einen größeren Teil des Publikums, dank glänzend funktionierender Parteiarbeit,
zu stürmischen Beifallsäußerungen zu verleiten vermochte ...

Aus: Leipziger Neueste Nachrichten, April 1929

Noble
Arbeitslosigkeit

Was frag ich viel nach Geld und Gut,
wenn ich erwerbslos bin?
Ich nehme meinen schäbigen Hut
und geh zum Stempeln hin.
Für den, der keine Arbeit hat,

sorgt liebevoll der Vater Staat:
Zu wenig zwar zum Leben –
zum Sterben langt es eben,
gibt's anders keinen Rat.

Der Staat ist eine Republik,
was ihm sehr peinlich ist.
Er renoviert sich auf antik,
daß man den Schmerz vergißt.
Die Könige sind arbeitslos:
Da ist des Staats Noblesse groß. –
Wenn uns die Därme brummen …
sie schlucken Riesensummen
und leben ganz famos.

Ließ erst der Staat ihr Raubgut sperr'n –
er gab's ja wieder frei.
Schon eilen auch die Standesherrn
mit offner Hand herbei:
Die Fürsten Salms und Solms und Sayn,
die Greifenklau und Hammerstein
und Enkel von Mätressen –
die wollen alle fressen
und gut gefüttert sein.

Das fragt nicht viel nach Geld und Gut,
das nimmt's, wo etwas liegt,
wer in der Welt rein gar nichts tut,
verdient's, daß er was kriegt.
Wer Arbeit sucht, der find't sie nicht …
der Republik Entschädigungspflicht
für Blutzehnt, Judenzinsen – –
Mensch, hörst du auf zu grinsen! – –
bestimmt das Reichsgericht!

Aus: Die Welt am Montag, 1927

Die Gottesstreiter

Der Gott, der Meer und Erde schuf
nebst Fischen, Menschen, Affen,
hat auch den trefflichen Beruf
des Staatsanwalts erschaffen.
Sein Eifer schützt den lieben Gott
vor Blasphemie und Dichterspott
im Bunde mit den Pfaffen.

Wenn Hasenclever das Idol
zu irdisch abgewandelt,
so hat er damit teils frivol,
teils kriminell gehandelt.
Er gab, entgegen Gottes Norm,
der Ehe eine Dreiecksform
und hat sie so verschandelt.

Doch ehe noch die Staatsgewalt
gerächt den Himmelsvater,
hat ein Gewitter sich geballt
im völk'schen Seelenkrater.
Der liebe Gott kennt keinen Spaß,
drum gab er Stink- und Tränengas
den Seinen fürs Theater.

Seht! Hitlers Scharen sind empor
zu Gottes Thron geklettert!
Seit wann ist Wotan denn und Thor
Herrn Zebaoth vervettert? —
Oh, dieser Horde Frömmigkeit
steht stets für jeden Gott bereit,
für den man Kunst zerschmettert.

Aus: Die Welt am Montag, 1928

An Gustav Radbruch *

Erich Mühsam
Berlin-Britz
Dörchläuchtingstr. 48

Lieber Radbruch!   *den 23. Juni 1928*

*Wahrscheinlich wäre ich noch lange nicht dazu gekommen, Dir
für Deine Aufmerksamkeit zu meinem 50. Geburtstag zu
danken, wenn ich nicht wieder etwas von Dir wollte. Als wir das
letzte Mal zusammen waren, sprach ich mit Dir über Alois
Lindner, der ja nun inzwischen aus der ekelhaften Straubinger
Folterkammer heraus ist und heute bei mir war. Ich wollte, Du
sähest solche Menschen mal so in der Nähe, wie ich es gewohnt
bin. Du erkenntest dann wohl auch mit Herzen, was Ihr juristi-
schen Modernen mit dem Verstande schon wißt: daß man nie
eine Tat beurteilen kann, wenn man nicht den Täter zu beurteilen weiß. Dieser »Totschläger« ist ein Kind, ein reiner
Gefühlsmensch, und ein wahrhaft reiner Mensch dazu. –
Warum ich Dir das schreibe? Weil Deine Parteigenossen schon
wieder daran sind, grauenhaftes Unrecht zu verewigen, weil sie
schon wieder die mehr als fällige Amnestie denen verweigern
wollen, die »gegen das Leben« gefehlt haben. Ich war vorige
Woche in Sonnenburg und unterhielt mich mich 29 Gefangenen;
es waren eine ganze Menge dabei, denen mal in wilder Kampf-
stimmung die Waffe losgegangen war – und ich sage Dir: es
waren dennoch lauter gute Menschen. Ist es denn nötig, daß
immer wieder grade Kuttner aufstehen muß, um zu erklären,
daß des vernichteten Menschen Leben Rache heischt ohne
Erbarmen; derselbe Kuttner, der selbst schon mal einen Menschen niedergeknallt hat? Muß man denn immer wieder darauf
zurückkommen, daß Noske noch im vorigen Jahr die Mörder
von Perlach reingewaschen hat und daß nur immer der revolutionäre Proletarier der Leidtragende sein muß? Daß die Feme-
mörder, die doch selbst nur Werkzeuge unverfolgt gebliebener
Hintermänner waren, trotz ihres Ausschlusses von der Amnestie
lange sitzen müssen, glaubt doch kein Mensch, und ihre Behand-*

* Mitglied der SPD, Justizminister, ehem. Klassenkamerad Mühsams

lung im Zuchthaus ist ohnehin nicht entfernt die, die Kommuni-
sten ertragen müssen. Ich bitte Dich dringend, lieber Radbruch,
wende Deinen nicht geringen Einfluß auf, daß die neue Amne-
stie nicht wieder an den vielen armen Menschen vorübergeht, die
ihre politische Leidenschaft ins Unglück gebracht hat. Seid doch
einmal weitherzig! Laßt einmal nicht das Papier reaktionärer
Richter entscheiden, sondern das Verstehen anständiger Men-
schen. Laßt auch endlich die Deserteure aus dem Kriege heraus,
die man um die Amnestie von 1918 betrogen hat, weil sie auf
der Flucht »kriminelle Verbrechen« begehen mußten. Hebt die
wahnwitzigen Urteile der außerordentlichen Kriegs- und Sonder-
gerichte prinzipiell auf! Sie sind ärgere Verbrechen gegen das
Leben als alle Morde und Totschläge derer, die Ihr nicht amne-
stieren wollt! Bringt mich zur Ruhe! Ihr könnt's in dem
Moment haben, wo ich in den Tatsachen keine Provokation
mehr finde, die Tolltreiben der Justiz zu denunzieren.
Du hast recht mit der Meinung, ich sei im Grunde ein Mann
der Ordentlichkeit. Eben weil ich's bin, hasse ich den Staat und
seine »Rechtspflege«, den ganzen Irrsinn eines brutalen Schemas,
das sich als Ordnung ausgibt.
Grüße Deine liebe Frau und die Kinder. Herzlich Dein
Erich Mühsam

Ernst Busch (aus Kiel), der z. Zt. die Hauptrolle in meinem
»Judas« spielt, läßt Dich herzlich grüßen.

Osthilfe

Nun sagt man bloß, ihr Münchner Lieben,
wo ist das viele Geld geblieben,
das auf des Deutschen Reiches Kosten
zur Bayerischen Finanz gerollt
und das der Hilfe für den Osten
von euch gegeben werden sollt?

Was will der Saupreuß?! – Diese Rohheit!
Ein solcher Griff in unsre Hoheit!
Merkt's euch: für Geld in Bayerns Kassen
bestimmen selber wir den Zweck,
und wie wir es verteilen lassen,
das schert euch Preußen einen Dreck!

Beamte, die den Fonds verwalten,
die haben schön das Maul zu halten,
sonst fliegen sie von ihren Posten.
Das Reich soll zahlen – her das Geld!
Verwendet wird's für West und Osten,
wie es das Konkordat bestellt.

Osthilfe? – Helfen mag der Himmel!
In Bayern hilft man mit Gebimmel,
mit Litanei'n in Kirchen, Klöstern,
und was aus Nöten Rettung braucht,
das kriegt kein Geld von Bayerns Tröstern –
das wird in Weihrauch eingetaucht.

Noch soll's im Lande Städtchen geben,
wo sich zwölf Kirchen nur erheben:
Dort wirkt das Geld vom Reiche nutzend.
Der Papst wird huldvoll auf uns schaun,
wenn wir, beschämt von jenem Dutzend,
osthilfreich weitere Kirchen baun.

So wird das Ostgeld wohl verwendet
und für nichts Weltliches verschwendet.
Denn wahrer Segen kommt von oben:
Osthilfe spendet Gott allein.
Ihn wollen wir gut bayrisch loben,
und allen wird geholfen sein!

Aus: Die Welt am Montag, 1929

Pastor Lynchmeyer

Das Gericht sprach den Angeklagten frei
und beeilte sich, festzustellen,
daß »Saurepublik« zwar ein Schimpfwort sei,
doch durchaus nicht in allen Fällen.

Denn bekanntlich macht der Ton die Musik,
und bei Münchmeyer ist's Überzeugung.
Er spricht von der »Judenrepublik«
und meint eine Rückwärtsverbeugung.

Aber Juden sind manchmal ganz ehrenwert,
und der Sau gebratene Haxen –
dem völkischen Pastor selbst, der sie verzehrt,
sind eng sie ans Herz gewachsen.

Pastor Münchmeyer meint, Dr. Rathenaus
Ermordung dien' Deutschland zum Segen,
und drückte sich ähnlich deutlich aus
der andern Minister wegen.

Hier liefert, so findet das hohe Gericht,
der Herr Pastor Charakter-Beweise.
Er spuckt nur der Republik ins Gesicht
dem wahren Deutschtum zum Preise.

Es war in Hannover, wo man vernahm
den Freispruch erkorener Schöffen.
Die ließen vom Paragraphenkram
ihr Rechtsbewußtsein nicht bluffen.

Was sollten Hannovers Schöffen auch tun?
Das Reichsgericht selbst hat entschieden,
die Republik darf man strafimmun
verbinden mit Säuen und Jieden.

Drum sprach das Gericht den Beklagten frei,
und der Pastor Münchmeyer dacht sich,
daß hier die Justiz gar nicht übel sei:
Die Saujudenbande macht sich!

Aus: Die Welt am Montag, 1929

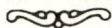

Großdeutschland erwache!

Auf einem Klebezettel stand:
Großdeutschland, nun erwache!
Da tickte an der Reichstagswand
die Weckeruhr der Rache.
Die Lunte glomm, der Funke zog,
die Bombe in die Lüfte flog
mit urgewaltigem Krache.

Man sammelte den Bombenrest
in einer Punschterrine,
und der Experte stellte fest
die höllische Maschine:
Er kenne dies Verfahren schon,
da man sich dieser Konstruktion
jetzt allgemein bediene.

Wer demoliert per Attentat
der Volksgewalt die Wohnung?
Für solchen Frevler kennt der Staat
nicht Sparsamkeit noch Schonung.
Wer einen der Verbrecher fängt,
der die geweihten Hallen sprengt,
kriegt fürstliche Belohnung.

Der Bürger macht sich kühn und stark
zum Amateur-Entdecker.

Denn fünfundzwanzigtausend Mark
in Aussicht – das ist lecker. –
Doch was (wir fragen bloß) geschieht,
entflohn in *Mecklenburgs* Gebiet
die Vaterlands-Erwecker?

In Mecklenburg regiert man scharf
nach völkischen Belangen,
und einem, welcher Bomben warf,
braucht nicht ums Fell zu bangen.
Er kehrt ganz frei – o hohes Glück!
zum Stahlhelm seines Volks zurück.
Ihn darf kein Preuße fangen.

Großdeutschland, wache auf! Sei frei!
Dem Hader abgeschworen!
Doch was hat Preußens Polizei
in Mecklenburg verloren?
Es leb der Kompetenzkonflikt!
Die Lunte glimmt, die Weckuhr tickt:
Großdeutschland wird geboren!

Aus: Die Welt am Montag, 1929

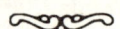

Der Jubelgreis

Majestät wird siebzig Jahre.
Hei! Wie blitzt sein Auge kühn!
Sind gebleicht auch Bart und Haare,
blieb doch Herz und Seele grün.
Wie im Amte, so als Doorner
läßt im Kreise Hochgeborner
seinen Geist er munter sprühn.

Hohnvoll spottet er der Lüge,
welche blasser Neid gebar,
und harrt froh der Sonderzüge
der erlauchten Gästeschar.
Ja, schon nahn die schwarzweißroten
untertän'gen Patrioten
ihm, der einst ihr Kaiser war.

Doornwärts strömt's aus Deutschlands Gauen,
Polsterklasse teils, teils Holz –.
Ihm ins Herrscheraug zu schauen,
huldigend gen Holland rollt's.
Ach, die Brust erbebt in Gnaden:
Außen dran den Klempnerladen,
innen drin den Männerstolz.

Die verflossenen Kollegen
kommen, Vettern, Schwiegersohn.
Alle wünschen Glück und Segen,
wünschen frischen Lack dem Thron;
wünschen Tod der Republike;
wünschen sich und ihrer Clique
vorerst höhre Staatspension.

Wilhelm aber rief: »Vasallen!
Ich bin Ich und ihr seid ihr!
Siebzig Jahr strahl ich vor allen
Herrschern in der Welt. Heil Mir!
Hoch die Gläser! Hoch die Fahnen!
Seht: ein Buch zum Ruhm der Ahnen
bracht ich heimlich zu Papier.

Nimm es du es hin, *Hermine*,
majestätisches Gewächs,
meines Alters Trostmaschine,
meines Volks suprema lex!*
* höchstes Gesetz

Vor den *Zollern*, Weib, erzittre!
Lies, wie ich Geschichte klittre –
Wilhelm, Imperator Rex.« – – –

Deutsches Volk – das war dein Kaiser!
Dreißig Jahr ertrugst du ihn!
Hast mit »Vivat hoch!« dich heiser,
dich um Glück und Kraft geschrien!
Laß den siebzigjähr'gen Knaben
alle, die ihn wollen, haben –
aber ferne von Berlin!

Aus: Die Welt am Montag, 1929

Die Sozialdemokraten dürfen der blanken Wirtschaftsdiktatur noch so lange vorarbeiten, bis sie die Finanz- und Steuerreform nach den Wünschen des Großkapitals unter Dach und Fach gebracht haben. Dann können sie (...) abwarten, ob sie endlich der von ihnen dick gepäppelte Faschismus oder das von ihnen tausendfach betrogene Proletariat in die Grube der Verwesung stößt.

Aus: Fanal, 1929

Sicher sind unter den sechs Millionen Hitlerwählern auch noch viele revolutionsgläubige Proletarier, denen die Autoritätsfurcht in den Knochen steckt, die einmal gelernt haben, »Heil Hitler!« zu schreien, und die es in deutscher Vasallentreue weiter schreien, mag ihr Herr und Meister von ihnen verlangen, was er wolle, mag er inzwischen selbst Vasall der ihnen feindlichsten Mächte geworden sein – er erzählt ihnen, daß die Hohenzollernprinzen und Schwerindustriellen, die ihm heute Gefolgschaft leisten, sich zu

Sozialisten nationaler Tönung bekehrt haben, und sie glauben ihm auch das. ... In Wahrheit wissen die feudalen und patriarchalischen Herren natürlich recht gut, daß sich die armen Teufel für sie nur dann widerstandslos scheren lassen, wenn es ihr eigener Vertrauensmann besorgt. Adolf Hitler darf der Herr der Heerscharen bleiben, weil er nur so als Herr der Haarscheren zu gebrauchen ist.

Aus: Fanal, 1930

Gerechtigkeit

Wenn Doktor Goebbels schreibt und red't –
Hei! wie sich teutscher Grimm entlädt
dem Mundwerk wie der Feder!
Wenn Doktor Goebbels red't und schreibt,
wie alle Spucke kleben bleibt!
So zieht der Mann vom Leder.

Die deutschen Mannen packt der Zorn
von vorn und hint', von hint' und vorn,
vom Kleinhirn bis zum Fuße.
Das Schießzeug kracht, der Knüppel saust,
der Schlagring hebt sich mit der Faust
zu treuem Hitlergruße.

Der Doktor Goebbels vor Gericht,
der weiß von nichts, der war es nicht,
dem hat es fern gelegen.
Denn seine friedliche Natur
verabscheut jedes Terrors Spur –
schon der Gesetze wegen.

Spricht darauf das Gericht ihn frei,
dann gibt es ein Triumphgeschrei,

ein Prost- und Heilgequieke.
Doch soll er blechen hundert M
(ein Freund bezahlt's), dann spricht Ham Sem*
das Recht der Republike.

In Gollnow wegen Hochverrats,
da müssen Lästerer des Staats
ihr trübes Dasein fristen.
Sie schrieben, was sie sich gedacht,
und kniffen nicht, wie's Goebbels macht.
Jedoch sind's Kommunisten.

Ja, Frau Justitia ist blind.
Die Farben, die ihr peinlich sind,
erfühlt sie mit dem Stecken.
O Mitmensch, bist du Redakteur,
so trag die Goebbelssche Couleur,
Rot kann Justiz nicht schmecken.

Aus: Die Welt am Montag, 1930

Ewiges Gedenken

Vielleicht entsinnt sich der oder jener
noch des Augustes vor 16 Jahren:
Die ersehnte Stunde! Verachtet den Zaren!
Der Serbe hat Läuse! Wat, uns kann keener!
Das perfide Albion – viel Feind, viel Ehr!
Diese Belgier haben nur selber Schuld!
Auch dem Frömmsten reißt einmal die Geduld –
und: Ich kenne keine Parteien mehr!

Wir haben den welschen Tand gemieden.
Der davon lebte, der Kitschfabrikant,

* Ein Semit

machte jetzt Millionen als Kriegslieferant
und fürchtete nichts in der Welt als den Frieden.
Mehr als vier Jahr hat's getobt und gestürmt,
hat Granaten gehagelt und Säuren geschneit.
Es war eine große und chlorreiche Zeit,
und als sie vorbei war, ist Wilhelm getürmt.

Es folgten die Revolutionen in Serien.
Der Boden der Tatsachen drehte sich wendig.
In allem Wechsel blieb eines beständig:
Der Traum vom Krieg und den Kriegsministerien.
Im Traume, da surrt es und rattert und knallt,
das Flugzeug schmeißt Bomben, da stirbt, wen es trifft,
Greis, Mutter und Säugling erstickt im Gift –
und der Traum gewinnt im Manöver Gestalt.

In Lyon, in Ölmütz, da heult die Sirene
und alles flüchtet und kriecht in die Keller.
Das probt für den »Ernstfall«. – Schnell, Krüppel, viel
schneller!
Sonst brennt das Gekröse weg im Phosgene …
Sechzehn Jahr sind vorbei – habt ihr's noch gewußt?
Gott sei Dank, seitdem rüsten alle ab –!
In der Heimat, in der Heimat – das Massengrab!
Und wir schreiben mal wieder den August. – – –

Aus: Die Welt am Montag, 1930

Firnis

Mensch, wenn du keine Bleibe hast,
dann bummle mal im Westen
und lab den Blick am Filmpalast,
an Tanz- und Schlemmpalästen.

Und sieh die Luxusläden bloß –
du staunst am ganzen Leibe –,
so schön, so hell, so voll, so groß
(und du hast keine Bleibe!)

Das Wollgeschäft, das Nepplokal,
auch die Rasiersalöne:
Erbaut aus edlem Material,
verkünden sie das Schöne.

Aus Kitsch und strengem Linienstil,
aus Weihe mit Erfrischung,
aus Weltanschauung mit Persil
paart sich pikante Mischung.

Das birst von Marmor und Damast,
das strahlt von Gold und Flimmer –
bloß von der Hypothekenlast,
Mensch, merkt man keinen Schimmer.

Die Stadt Berlin, sie baut nicht mehr
und spart an allen Ecken.
Mag Kranken-, Schuldienst und Verkehr
verdrecken und verrecken!

Im Westen kennen sie den Dreh,
wie Baugeld man zur Stell schafft:
Man spekuliert aufs Portemonnaie
der besseren Gesellschaft.

Der Putz modern-originell
muß den Kalkül verschönern,
dann gibt's ein prächtiges Gestell –
die Füße sind nur tönern.

Mit Bierschaum neppt der Wirt den Gast
und denkt an Pacht und Zinsen.

Denn hinter Nepp- und Tanzpalast
sieht er die Pleite grinsen.

Puh – parfümierter Aasgeruch
strömt aus den Prunkpalästen. –
Berlin in Bruch, du selbst in Bruch – –
Mensch, bummle mal im Westen!

Aus: Die Welt am Montag, 1930

Aus

Alle Wetter

Volksstück mit Gesang und Tanz
(Aus dem dritten Bild)

...

Gesang (ungepflegte Stimmen, unreine Töne, falsche Ak-
   korde, ungleiches Einsetzen, gänzlich ausdrucksloser,
   schleppender und plärrender Vortrag)
In den Tälern, auf den Höhn,
Ei, wie ist die Luft so schön!
Welches Licht und welche Pracht!
Ei, wer hat denn das gemacht?
War's der liebe Gott allein?
Alles liegt in seiner Hand.
Doch den menschlichen Verstand
Läßt er sich behilflich sein.
Darum ist heut Sonnenschein.
Jedes Ding hat seine Zeit:
Trockne Luft wie Feuchtigkeit.
Strahlt's von oben oder gießt's.
Die Regierung – hei! – beschließt's,
Die des Volkes Bestes kennt.
Also dankt nun insgesamt
Gott und auch dem Wetteramt.

Heiter bleib das Firmament,
Heiter auch der Präsident! ...

...

Schutzmann: Ruhe da! Der Staatspräsident redet.

Annie: Aber nicht für uns.

Wimmerzahn: Es ist mir ein Herzensbedürfnis, jawohl,
Ihnen allen meinen wärmsten Dank auszusprechen – ja,
wärmsten Dank also. Wenn ich heute meinen 73. Geburtstag – wie? ach ja, vierundsiebzigsten Geburtstag in
seltener geistiger Frische zurückzulegen vermag, ja – so
verdanke ich das – – verdanke ich also dem – der –
dem – –

Stiefengrat: –dem Vaterlande.

Hustenreiz: – der Liebe des Volkes.

Biederhold: – Gottes Hilfe.

Krachhahn: – dem Roggenbrot.

Wimmerzahn: – in erster Linie dem schönen Wetter, das
mir in meinem schweren Amt, jawohl, die Gelegenheit
gibt, von den Staatsgeschäften gewissermaßen auszu-
ruhn. Vielmehr wollte ich sagen im Sonnenschein spa-
zierenzugehn – jawohl. An dieser Stätte, wo das Wetter
also sozusagen im Dienste der Gesamtheit, der Gemeinschaft, ja –

Jenny: – der Gemeinheit.

Wimmerzahn: – wie ich sagen möchte, seine Weisungen
empfängt, ist es mir also vergönnt, in verhältnismäßig
jugendlicher Frische, nicht wahr, und Rüstigkeit unter
dem blauen Himmel des Wetteramtes gewissermaßen
die Spitzen des Vaterlandes, ja, um mich versammelt zu
sehen. Eine Pflegestätte der Pflichttreue, gewiß, und der
Gewissenhaftigkeit möge denn unser herrliches Kultur-
werk eben sozusagen auch fernerhin dem ganzen Volke
als Vorbild einer, ich möchte sagen, moralischen Anstalt
also voranleuchten. Gerührt von den vielen Beweisen,
jawohl, treuer Anhänglichkeit und, nicht wahr, erheben-
der Staatsgesinnung, erwidere ich gewissermaßen die
dargebrachten Wünsche und das anmutige, ja eben, das

sinnige Darbieten des schönen Märchens – jawohl, Märchenspieles – und spreche den Dank und die gewissermaßen vertrauensvolle Anerkennung des Vaterlandes aus allen, denen es, nun ja, obliegt, den Wetterdienst also sozusagen den Belangen des, ich möchte sagen, des Volksganzen eben einzuordnen. In diesem Sinne unser teueres Vaterland, also und natürlich, jawohl, unser nun denn treffliches Wetteramt – hoch! hoch! hoch! (Setzt sich.)

(Die Terrasse, die Beamtenschaft und der Maskenzug stimmen in das Hoch ein. *Tankhafen* und *Hornbriller* gehen auf Wimmerzahn zu.) ...

Tankhafen: Es war eine wahrhaft staatsmännische Rede.

Wimmerzahn: Danke, sehr aufmerksam, jawohl, danke. Auch Ihr Stück, sehr schön, wirklich sehr reizend, gewiß ja.

Hornbriller: Eine pittoreske Allegorie.

Wimmerzahn: Ganz richtig, ja, sehr gut. Sie gehören der Kirchenpartei an, der Kirchenpartei, Fräulein Ministerialrätin, nicht wahr?

Tankhafen: Ich bin Sozialistin, Herr Präsident.

Wimmerzahn: Soso, Sozialistin, natürlich, ja. Sehr ehrenwert, jawohl, sehr ehrenwert, wie Sie Ihre Gesinnung in dem Stück eben sozusagen zu verbergen gewußt haben.

Tankhafen: Zu liebenswürdig, Herr Präsident. Aber wo dem Staatswohl gedient werden soll, dürfen Überzeugungen keine Rolle spielen.

Krampf: Der Herr Abgeordnete Biederhold macht den Vorschlag, nunmehr den Kirchgang folgen zu lassen. Wie denken Herr Präsident darüber?

Wimmerzahn: Kirchgang? Jawohl, Gottesdienst, verstehe. Gewiß.

Stechbein: Vielleicht will noch einer der Herren vorher ein Glas Bier trinken, ich werde inzwischen das Notwendige anordnen.

Biederhold: Zu einem Gläschen hat es freilich Zeit. Aber dann gedenken wir unverweilt des Höchsten. ...

...

Barde (erhebt sich): Meine Damen und Herren! Die Ereignisse des heutigen Tages zwingen zu durchgreifenden Entschlüssen.

Biederhold: Wo will denn das hinaus?

Barde: Es waren Volksgenossen, die die Notlage des Vaterlandes hier vor uns zum Ausdruck gebracht haben. Die Arbeiterrassenpartei erblickt in dem Vorgang den Auftakt zur nationalen Revolution, und sie versteht den Ruf, der damit aus den Tiefen an sie als die Retterin des Volkes ergeht. Die Erneuerung des Staates muß erfolgen an Haupt und Gliedern. Wir fordern daher unverzüglich die Abdankung der Regierung, die Auflösung des Landtags, die Entjudung des Vaterlandes und die Brechung der Zinsknechtschaft. Vom morgigen Tage ab liegt die gesamte gesetzgebende und vollziehende Gewalt in den Händen unseres großen Führers Cajetan Teutsch. Das Wetteramt wird sofort allen landfremden Einflüssen entzogen. Um eine den völkischen Belangen gemäße judenreine Wetterbildung zu gewährleisten, übernehme ich selbst die Leitung und gelobe, daß ich die Gestaltung des Wetters von nun an voll und ganz den Anforderungen der Vaterlandsverteidigung anpassen werde. Heil!

Stiefengrat: Das ist der Weg zur Rettung!

Krachhahn: Ohne Zweifel der beste Weg.

Speicherer: Jedenfalls ein gangbarer Weg.

Selters: Die Beschreitung dieses Weges wird von einer Befragung des Aufsichtsrates über die Rückwirkungen auf die Kurse der Wetterpapiere abhängig zu machen sein.

Biederhold: Die Kirchenpartei wird sich alle Wege offenhalten.

Hustenreiz: Der verfassungsmäßige Weg darf keinesfalls verlassen werden.

Blödel: Der Regierung wird es obliegen zu prüfen, ob der Weg der Diktatur mit der in der Verfassung festgelegten Demokratie in Einklang steht.

Stechbein: Die eingearbeitete Verwaltung des Wetteramtes würde jedenfalls die Geschäfte zunächst weiterführen. Einen anderen Weg, die Pensionsansprüche festzustellen, sehe ich nicht.

Tankhafen: Wenn wir uns vom Wege des Rechtes entfernen, ist eine Erschütterung der Verfassung unausbleiblich.

Wachtel: Ich bin durch all die Erschütterungen in einer schrecklichen Verfassung, vollständig erschöpft.

Krampf: Damit wäre die Rednerliste gleichfalls erschöpft.

Möhre: Ob wir nicht den Herrn Staatspräsidenten wekken sollten?

Otti (marschiert mit dem Jugendchor auf): Also das Lied der Jugend, aber nicht lachen beim Singen!

Möhre: Herr Präsident! (Rüttelt ihn.)

Wimmerzahn: Ja, so. Also nächste Woche wieder warm und trocken. Einverstanden, jawohl.

Tankhafen: Herr Präsident, erwachen Sie doch!

Chor: Erwache, Jugend, es dämmert der Tag.
Steh auf und führ deinen ersten Hammerschlag.
Schlag kräftig an des Zeitenturms Tor.
Auf, auf! – die Jugend drängt vor.
Und will Verwesung sperren dir den Turm,
Erzwing, o Jugend, den Zugang dir im Sturm!
Entwinde den Gespenstern ihren Schatz!
Voran! Die Jugend will den Platz.
Den Alten ziemt's, mit den Jungen zu gehn.
Steht nicht im Weg, was geschehn muß, laßt geschehn.
Zurück bleibt, wer den Augenblick verpaßt.
Die Jugend hält keine Rast!
Was braucht denn jeden Tag Sonne zu sein?
Es fahr auch einmal ein Donnerwetter drein!
Der Jugend Zukunft und Welt!

(Betroffene Gesichter. Einsetzender Beifall verstummt sofort...) 1930

Eine große anklagende Komödie gegen alle, die heute an der Macht und Herrschaft Anteil haben. Es wird ein Mittel erfunden, Wind und Wetter, Sonne und Regen zu regulieren, ein Kollektiv von Arbeitern und Bauern verwaltet dieses Mittel, errichtet einen Wetterturm, der zum Segen der Erde wird; aber fünf Jahre nach der Grundsteinlegung bemächtigen sich die Herrschenden dieses Turmes, überall machen die Parasiten sich breit, Kirche, Regierung, Bürokratie, bis die Arbeiter und Bauern mit Donner und Blitz ihr Werk zurückgewinnen.

Aus: Arbeiter-Zeitung, Wien, Januar 1931

Da es sich bei der gegenwärtigen Krise, die die größte und schwerste der Geschichte ist, um einen Vorgang handelt, der sich durchaus nur aus den kapitalistischen Einrichtungen und Veranstaltungen ableitet, dürfen wir uns, ohne an unsrer anarchistischen Seele Schaden zu nehmen, bei der Betrachtung der Hilflosigkeit aller Versuche, dem Übel zu Leibe zu gehn, getrost auf Karl Marx beziehen.

Aus: Fanal, 1931

Wie drückend die Ausbeutung der Autoren und Journalisten durch die Buch- und Zeitungsverleger ist, davon macht sich der Fernstehende schwerlich einen Begriff.

Aus: Die Weltbühne, 1931

Die Praxis der Notverordnungen ist in den letzten zwei Monaten mit einer Schnelligkeit und Zielsicherheit fortge-

Die Welt am Montag

Unabhängige Zeitung für Politik und Kultur

Aus dem Sportteil: **Viktoria** führt Wintersport-Meisterschaften

Hirten-Brief eines Erzbischofs

Nr. 8 — Berlin, 20. Februar 1933 — 39. Jahrgang

Botschaft des Geistes

Thomas Mann für Freiheit und Sozialismus

Freiheit und Kultur
Kundgebung in der Volksbühne verhindert

setzt worden, daß der Apparat des Faschismus nahezu fertiggestellt ist. Es fehlt nur noch ganz wenig, bis die Herren von Stahlhelm und Hakenkreuz – in Wirklichkeit die Herren Chemie- und Montanindustriellen, Latifundienbesitzer und Finanzfürsten – ohne einen Anschein von Hochverrat die ganze Firma übernehmen und darin ihre Gesellschaftsgrundsätze mit sämtlichen Feinheiten faschistischer Vorurteilslosigkeit verwirklichen können.

Aus: Fanal, 2. Rundbrief, November 1931

HEDDA ZINNER

Am 6. April 1932 – es war meines Mannes wie Erich Mühsams Geburtstag, den die beiden zusammen zu feiern beschlossen hatten – erlebten wir folgendes: Mitten in die kleine Geburtstagsfeier platzte ein Zuchthäusler aus Brandenburg. Er bat nicht um Unterkunft, sondern forderte sie.

Darüber hinaus wollte er Geld haben, weil er von einer Hure »gefilzt« worden sei. Ohne Zögern gab Mühsam dem Aufdringlichen – trotz Zenzis Kopfschütteln – seinen wahrscheinlich letzten Fünfmarkschein. Der Mann verschwand, ohne sich groß zu bedanken. Daß der Mann zum Übernachten zurückkommen würde, daran war kaum zu denken. Nach einer Zeit bemerkte Mühsam, daß seine Taschenuhr samt Kette weg war. Das Opfer des Kapitalismus hatte die Uhr mitgehen lassen. Mühsam suchte nicht weiter nach ihr. Etwas verlegen schenkte er uns seinen Geburtstagsschnaps ein, stieß mit uns an und brummelte augenzwinkernd: »Er kann wirklich nichts dafür, die herrschende Klasse hat sein proletarisches Bewußtsein deformiert.« So war Erich Mühsams Charakter.

Manuskript

Ewige Wiederkunft

Der Urgeist schüttelt die Menschheit um
im Becher der Ewigkeit
und freut sich am Individuum,
wie's hochtaucht zu seiner Zeit.
Denn es lebt der Mensch in Lust oder Qual
und stirbt stets nur bis zum nächsten Mal.
Der Mensch, der da lebt, mag die Welt verbessern
nach der Sehnsucht zu größt und kleinst,
mag Krater löschen und Wüsten bewässern
für die Wiederkunft dermaleinst.
Des Zeitmeers wogendes Auf und Nieder
trägt alles fort und bringt's anders wieder.

Der Urgeist blickt durchs Kaleidoskop,
ob er alte Bekannte seh –

und richtig: da wandelt Buddha als Pop
und Plato doziert im Café;
Aspasia tut, was sie immer tat;
auch Cicero ist wieder Advokat.
Es springt als Reporter Cornelius Nepos;
Napoleon flucht als Sergeant.
Vergil übersetzt sein eigenes Epos,
Gymnasialschüler unter Kant.
Korpernikus aber und Tizian liegen
mit Strampeln und Schreien in Kinderwiegen.

Der Urgeist lächelt und sinnt und nickt
und freut sich am bunten Spiel,
bis er den Freund seines Herzens erblickt –
der gibt seinem Augenmerk Ziel.
Fest steht er da: kein Meteor,
der, einmal geglüht, den Glanz verlor.
Und träumend hört er: Zum Gruß, mein Lieber!
Was hilft dir dein Zorn und dein Wahn?
Bist doch noch der gleiche Kohldampfschieber
wie dein Vater und wie dein Ahn.
Spürst du die Erde nicht unter dir gären?
Zeit ist es! Zeit, deine Zeit zu gebären!

Schon brennt das Feuer; entfacht es hell!
Blas zum Sturm an den Wind, der dir weht!
Mein Kain! Mein ewiger Rebell!
Einst Sklave und heut Prolet!
Als Spartakus kamst du, als Sansculott –
Aufruhr dein Leben und Freiheit dein Gott!
Auf Proletar, raff die Kräfte zusammen!
Unsterblichkeit leuchtet dir rot.
Der Urgeist selbst schürt des Kampfes Flammen –
und fällst du: was gilt dir der Tod!
Du kehrst ja zurück zur freien Erde,
zu Liebe und Glück. – Jetzt sprich dein: Werde!

um 1930

LUDWIG RENN

Ich kannte einiges von Erich Mühsam seit etwa 1920. Dabei schätzte ich besonders ein Gedicht, das mit den Worten anfängt:

War einmal ein Revoluzzer,
im Zivilstand Lampenputzer ...

Wohl etwas später hörte ich eine Anekdote über Mühsam. In einem Café versuchte ihm ein Psychoanalytiker zu beweisen, daß er Hemmungen hätte. Mühsam hörte sich das anfangs geduldig an, bis er auf den Tisch haute und heftig sagte: »Ich lasse mir aber meine mühsam erworbenen Hemmungen nicht nehmen!«

Ich fand das eine überwältigend richtige Antwort auf das aufdringlich dogmatische Geschwätz der Freudianer.

Wie aber ließ sie sich damit vereinbaren, daß er sich zum Anarchismus bekannte? War der nicht eher auf Hemmungslosigkeit gerichtet?

Um 1928 lernte ich Erich Mühsam im Hauptvorstand des Schutzverbandes Deutscher Schriftsteller persönlich kennen. Dort hatte sich eine Gruppe Sozialdemokraten an die Spitze gesetzt, und gegen diese Opportunisten bildete sich eine Opposition, die mich zu ihrem Vorsitzenden wählte. Dazu gehörte auch Mühsam. Um sich aber von mir als Kommunisten abzugrenzen, erklärte er mir in seiner explosiven Weise: »Wenn ich mit euch einverstanden bin, stehe ich zu euch. Wenn ich es aber nicht bin, sage ich es.«

Das belustigte mich. Da bekannte sich ja ein Anarchist zur strengsten Disziplin. Aber mit so einem konnte ich viel besser zusammenarbeiten als mit den in unsrer Opposition reichlich vorhandenen »Halbseidenen«. Ich schätzte also Mühsam wegen seiner Ehrlichkeit und seiner Hingabe für seine Überzeugung ...

Manuskript

Der Feuerwehrbund

Die Herren bestellten eine frische Flasche Sekt, und einer erzählte: »Sehn Sie, da kenne ich eine Gegend, wo es fortwährend brennt. Auf den Alarm kommen dann die Feuerwehren aus allen Orten angerast, aber was meinen Sie wohl…«

»Aha«, rief ein Herr, »da war wohl einer der Feuerwehrhauptleute selber der Brandstifter?«

»Das sowieso; die sämtlichen Wehren gehören einer großen Brandstifterbande an! Aber nicht bloß das! Die Kerle spritzten aus ihren Schläuchen nicht etwa Wasser in die Flammen, sondern Brennsprit, Petroleum, Benzin, Benzol –«

»Nicht möglich. Aber warum denn?«

»Weil sie an allen möglichen Brennstoffbetrieben als Aktionäre beteiligt sind. Je mehr es brennt, um so mehr von dem Zeug wird verspritzt, um so dicker verdienen sie.«

»Doll! Na, und die Versicherungsgesellschaften?«

»Die verdienen selbst ausgezeichnet bei dem Geschäft. Erstens ziehen sie gleichfalls Dividenden von der Öl- und Brennindustrie, zweitens sind sie bei den Abgebrannten selber kolossal rückversichert und drittens schwindeln sie sich ohnehin regelmäßig um die Zahlungen herum.«

»Das ist ja eine feine Firma! Na prost, meine Herren!«

Die Herren tranken aus und begaben sich in den Sitzungssaal. Die kleine Sektunterhaltung fand nämlich in Genf statt unter Mitgliedern des Völkerbundes. Jetzt aber mußten sie schleunigst zur Verhandlung. Die Besprechungen der verschiedenen Delegationen mit den Vertretern der Rüstungsindustrie waren beendet, und auf der Tagesordnung des Plenums stand die Erörterung von Maßnahmen, wie der Völkerbund die Brände in Ostasien und in Zentral- und Südamerika löschen solle.

Aus: Die Ente, 1933

... Entschiedene Abgrenzung aber ist geboten gegenüber den nur *individualistischen Anarchisten*, die in der egoistischen Steigerung der Durchsetzung der Persönlichkeit allein das Mittel zur Verneinung des Staates und der Autorität erblicken und selbst den Sozialismus wie jede allgemeine Gesellschaftsorganisation schon als Unterdrückung des auf sich selbst ruhenden Ich zurückweisen. Sie schließen die Augen vor der naturgegebenen Tatsache, daß der Mensch ein gesellschaftlich lebendes Wesen ist und die Menschheit eine Gattung, in der jedes Individuum auf die Gesamtheit, die Gesamtheit auf jedes Individuum angewiesen ist. Wir bestreiten die Möglichkeit und auch die Wünschbarkeit des vom Ganzen losgelösten Individuums, dessen vermeintliche Freiheit nichts anderes sein könnte als Vereinsamung, mit der Folge des Untergangs im sozial luftleeren Raum. Wir behaupten: niemand kann frei sein, solange es nicht alle sind. Die Freiheit aller aber, und damit die Freiheit eines jeden, setzt voraus die Gemeinschaft im Sozialismus.

Aus: Die Befreiung der Gesellschaft vom Staat,
in Sonderheft Fanal, 1933

HERMANN SINSHEIMER

... Vielmehr habe ich den Nazis in jenen Monaten manches Schnippchen geschlagen, vor allem das eine, daß ich eine Anzahl linksstehender, brotlos gewordener Journalisten – die meisten von ihnen mir vorher unbekannt, aber von vertrauenswürdiger Seite empfohlen – unter allerhand unverfänglichem Pseudonym im »Berliner Tageblatt« schreiben ließ – bis hinüber zu meinem alten Freund Erich Mühsam, den leider am Morgen nach dem Reichstagsbrand das grausame Geschick der Verhaftung ereilte, als er bereits die Fahrkarte für eine Reise nach Prag in der Ta-

Dem Freunde Max Nettlau
dem Ehrer des Anarchisten
in Verehrung   *Erich Mühsam*
Berlin-Britz
22. Dezember 1932

FANAL

SONDERHEFT

DIE BEFREIUNG DER GESELLSCHAFT VOM STAAT

WAS IST KOMMUNISTISCHER ANARCHISMUS?

Von Erich Mühsam

1933

FANAL-VERLAG ERICH MÜHSAM

Berlin-Britz, Dörchläuchtingstraße 48

sche hatte. Am Tage vorher war er noch bei mir, um sich das Reisegeld zu holen – für, wie wir an der Kasse sagten, eine sehr dringende Reise nach ... Stuttgart. Am meisten Spaß macht mir noch heute, daß ich den pseudonymen Mühsam einen Radio-Vortrag des Hamburger Schriftstellers Friedrich Blunck, der sich bei den Nazis bereits anbiederte, habe in Fetzen reißen lassen!

Aus: Gelebt im Paradies

Und ich sage euch, daß wir, die wir hier versammelt sind, uns alle nicht wiedersehen. Wir sind eine Kompanie auf verlorenem Posten. Aber wenn wir hundertmal in den Gefängnissen verrecken werden, so müssen wir heute noch die Wahrheit sagen, hinausrufen, daß wir protestieren.

Aus der letzten Rede, 20. Februar 1933, gehalten
auf der letzten Sitzung der oppositionellen Berliner Ortsgruppe
des Schutzverbandes Deutscher Schriftsteller

Freitag, den 31. März:
Transport zum Polizeipräsidium (mit Hodann, Küster, Schneller, Römer), Konfrontierung mit Journalisten.

Donnerstag, den 6. April:
Abtransport über Schlesischen Bahnhof nach Sonnenburg. Ankunft usw. Nacht mit Ossietzky und Litten.

Sonnabend, den 8. April:
Umzug in Einzelhaft (Keller). Bart etc. Besuch von Zenzl. Erdarbeit (mit Ossietzky).

Sonntag, den 9. April: Verletzung des Gebisses, des Ohres usw.

Mittwoch, den 12. April: Schwere Herzattacken durch

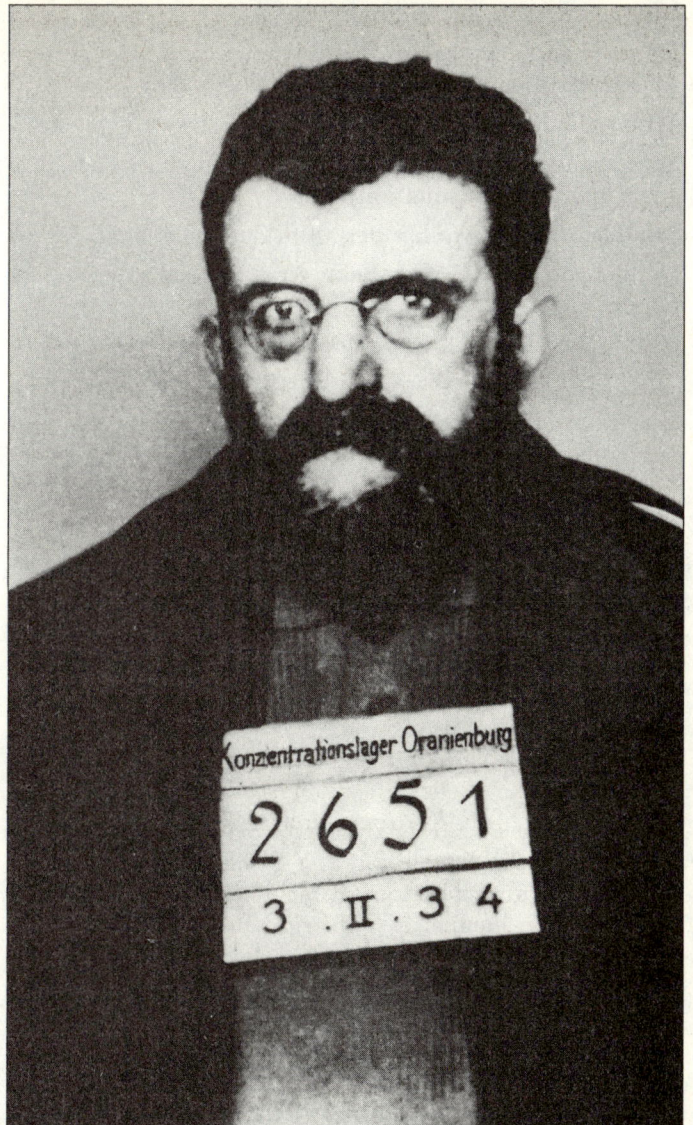

Überanstrengungen, frühmorgens.

Donnerstag, den 13. April: Anstrengungen wie gestern. Ohrenausspritzung.

Mittwoch, den 19. April: Neue große Anstrengungen etc.

Sonnabend, den 22. April: Beim Arzt (Zurechtweisung wegen unnötiger Konsultation).

Montag, den 24. April: Überfall in der Zelle: Schläge.

Donnerstag, den 4. Mai: Beim Arzt (arbeitsverwendungsfähig).

16./17. Mai: Überfall in der Zelle. Meldung, etc.

Aus den KZ-Notizen, 1933

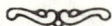

... Wer aber Gewalt anwendet zu anderm Zweck, als dem, die Gewalt dauernd zu bezwingen; wer sie gebraucht, um im Gegenteil die Brutalität zur ständigen Ausdrucksform gesellschaftlicher Abhängigkeiten zu machen, ist nur äußerlich, nur vorübergehend, nur physisch stark, innerlich ist er schwach und haltlos. Faschisten sind Halbstarke.

Aus: Die Halbstarken, in Fanal, 1927

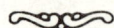

Wir stehen in aller Eindeutigkeit vor der Alternative, ob die proletarische Revolution den Faschismus, und der bedeutet einen neuen Weltkrieg, rechtzeitig verhindern wird, oder ob ein grauenhaftes Völkergemetzel bei vollständiger Versklavung der Arbeiter und bei Ausrottung ganzer Bevölkerungen ... durch Giftgas und Verhungern jahrelang wüten muß, um endlich doch die Revolution herbeizuführen, die das Verbrechen verhüten könnte.

Aus: Fanal-Rundbrief, 1932

Hep hep!

Hep hep! Den Schlagring in die Faust!
Hep hep! Deutschland erwache!
Hep hep! Der Nazi-Knüppel saust,
Juda verrecke! Rache!
Tilgt aus den Makkabäerstamm!
Hep hep! Alarm — Kurfürstendamm!

Der Reckenleib im braunen Hemd —
Hep hep! tönt's unisono.
Den deutschen Bizeps hochgestemmt
Und: Prosit Rauschhaschono!
Heil Hitler! In den Rinnstein fliegt,
Wem sich brünett die Nase biegt.

Wer nicht von echtem Göbbelsblut,
Wird arisch angepöbelt,
Und mit entflammtem Heldenmut
Greis, Weib und Kind vermöbelt.
Auf Schädel trommelt's und Gesäß,
Und alles geht p o g r o m - gemäß.

Solange sich nichts blicken läßt
Ringsum von Polizeiern,
Kann man das Juden-Neujahrsfest
Nach Hakenkreuzart feiern.
Doch kommt sie dann, die Polizei,
Dann war kein deutscher Mann dabei.

G r a f H e l l d o r f ward nicht mehr gesehn.
Unfaßbar ist es gänzlich,
Wodurch passierte, was geschehn.
Riecht's den Erneurern brenzlich,
Verkrümelt sich's im Unterschlupf
Gleich einem R e i m a n n - Gugelhupf.

                                            J o l l y.

Aus: Die Welt am Montag, 1931

Für Zenzl Mühsam

Zum 15. 9. 1931
Für meine liebe Zenzl

Aus Plötzensees Verließ, dem eng umzäunten,
Sei endlich Dir die Gabe dargebracht,
Die ich Dir schon zum fünfzehnten des Neunten
Im Jahre Einunddreißig zugedacht.

Hier: zum Geburtstagsfest der Vielgeliebten,
Und wenn auch fast zwei Jahre später erst,
Nimm hier zum achtundzwanzigsten des Siebten
Das Bilderbuch, das Du so lang entbehrst.

Man muß oft manche Wünsche lang besiegen.
Und hadert deshalb mit dem Schicksal grob.
Doch – ist's so wichtig, *wann* wir etwas kriegen?
Nein: wesentlich ist nur die Frage: *ob*!

Auf dreißig Blättern zeigt sich hier
So Mensch wie Vieh und Fabeltier –
Mit weisen Sprüchen, bunt getuscht,
Teils wohlgelungen, teils verpfuscht,
Du aber, meine teure Frau,
Besieh das Buch Dir ganz genau,
Dann wird gewiß Dir offenbar,
Daß Liebe hier am Werke war.
Ich wünsche, dieser Liebe voll,
Was Dir dies Jahr bescheren soll:
Bleib mutig, stark, gesund und froh, –
Dann bleib ich's nämlich ebenso.

fec. Erich Mühsam
im Gefängnis Plötzensee 28. 7. 1933

Zenzl Mühsam

Das Leben ist voll Ärger und Verdruß,
wenn man gefesselt seinen Weg ziehn muß.
Mag auch die schönste Festmusik ertönen –
wer Freiheit liebt, den wird das nicht versöhnen.

O Bürger, denke der Dämonen,
die Böses trachtend um dich wohnen.
Du sitzt im Lehnstuhl, sanft gestimmt,
sinnst über Neues, über Altes,
wo's unter dir schon knarrt und glimmt,
o Bürger, eh du umschaust, knallt es.

Mächtig ist der Hauswirt, und der Mieter
ist vor ihm ein Knecht, ein jämmerlicher.
Aber gegen alle Mieter zieht er
schließlich doch den Kürzern, das ist sicher.
      Darum halt', o Mensch, zu deinesgleichen,
      nur gemeinsam könnt ihr was erreichen.

Es ist ein altes Spiel, und nicht nur Knaben
sehn darin weder Schande noch Entsetzen,
wehrlose Wesen an der Strippe haben
und dann die Starken auf die Schwachen hetzen.

Ganz Ohr, ganz Auge ist ein jeder:
Die Prominenz spricht vom Katheder –
und kaum der Hundertste entdeckt,
daß ein Hanswurst dahintersteckt.

Aus: Bilderbuch für Zenzl
Gefängnis Plötzensee 1933

Mühsam

Oranienburg

Konzentrationslager

6. Komp., 2. Zug

Nr. 2651

Postkarte

KONTROLLE.

Deutsches Reich

Frau

Zensl Mühsam

Berlin - Neukölln

Innstraße 8

Liebste Zensl!   Oranienburg 22. 6. 34

Ich muß dir leider schreiben, daß über
mich für 4 Wochen Besuchs- und Briefsperre verhängt ist.

     Bleibe gesund und sei geküßt

        von Deinem Erich

An Zenzl Mühsam

Mühsam
Oranienburg
Konzentrationslager
6. Komp., 2. Zug, Nr. 2651

Liebe Zenzl!   *Oranienburg, 22. 6. 1934*

Ich muß Dir leider schreiben, daß über mich für vier Wochen
Besuchs- und Briefsperre verhängt ist.
Bleib gesund und sei geküßt von   *Deinem Erich.*

CLÄRE JUNG
...
Im Juli 1934 kam unser guter alter Freund, der Bauarbeiter
Adolf Kolata, der mit Erich Mühsam zusammen im Lager
Oranienburg gewesen war und noch einmal mit dem Leben davonkam, zu uns und brachte uns die Nachricht von
dem schrecklichen Ende Erichs: »Am 9. Juli wurde Mühsam nachmittags vom SS-Sturmführer Ehrat zu sich befohlen, der zu ihm sagte: ›Wie lange denken Sie noch in der
Welt herumzulaufen? Wenn Sie sich nicht selbst aufhän-
gen, dann werden wir wohl nachhelfen müssen.‹
Mühsam kam zu uns zurück und erzählte uns das. Danach
sagte er wörtlich: ›Wenn ihr hört, daß ich mir das Leben
genommen habe, glaubt es nicht. Den Gefallen tue ich
ihnen nicht, ich denke gar nicht daran, mein eigener Henker zu werden. Ich werde kämpfen bis zum letzten Atem-
zuge.‹
Er wußte, was ihm bevorstand, war gefaßt und ruhig und
verteilte seine letzten Habseligkeiten unter uns. Am nächsten Morgen fanden wir ihn dann erhängt in der Latrine.
Ermordet von den Nazibestien.«

Aus: Neue Deutsche Literatur, 1971

Ein Edelbohemien und Edelanarchist, radikal und revolutionär, oft in Konflikt mit Polizei und Gerichten. Er besaß
das Herz eines guten Jungen, der es eigentlich gar nicht so
schlimm meinte und mit dem man am Wirtsstubentisch
über Gott und die Welt plaudern konnte. Im Grunde war
er ein unpolitischer Mann. Er lebte dem Bezirk der Literatur.

Aus einem Nachruf

ERICH WEINERT

... Wie oft habe ich mit dir auf demselben Podium gestanden, während der Kampagnen für Sacco und Vanzetti, für
die Negerjungen von Scottsboro, auf hundert Massenkund-
gebungen, wo es galt, die Welt gegen die Justizverbrechen
der Bourgeoisie aufzuwühlen. Du provoziertest Attacken
der Polizei. Du schlugst in deiner Zeitschrift die Polizeiso-
zialisten mit der Peitsche ins Gesicht. Du standest immer
vorn, ungebändigt, unerschrocken, immer bereit, mit deiner Freiheit und deinem Leben für die Sache der Getrete-
nen einzustehen.
Das warst du, Erich Mühsam, von dem sie heute sagen,
daß du im Grunde ein unpolitischer Mann im Bezirk der
Literatur gewesen wärest, der es eigentlich gar nicht so
schlimm meinte.
Du hast es sehr schlimm gemeint! Und du hast es so gemeint, wie du gesprochen und geschrieben hast: Krieg den
Herrschenden, gewaltsame Zertrümmerung der bestehen-
den Ordnung, Aufrichtung der Diktatur der Entrechte-
ten!
Nein, Erich Mühsam, du ließest mit dir nicht nur über
Gott und die Welt plaudern. Du bist aufrecht geblieben,
als sie dich in die Verliese der braunen Bastille warfen. Du

hast dich geweigert, ihr Zuhälterlied nachzugrölen. Aber mitten in der Nacht hast du die Internationale gesungen! Die Unterwelt wußte besser als deine Nachrufschwätzer, wer du warst. Und deshalb hat sie dich zu Tode gequält. Aber dein revolutionärer Name wird leben, unvergeßlicher Freund!

Aus: Die neue Weltbühne, 1934

Mein Testament

Und hab ich einst vollendet,
dann scharrt den Mühsam ein.
Ein Tränlein noch gespendet –
ein Gruß ins Grab gesendet –
darauf ein Leichenstein:
Sanft modre dein Gebein!

Und wenn ein Jahr verflossen,
dann, die ihr lauft und hinkt,
Zechbrüder und Genossen!
Der Tag sei froh begossen!
Ein blanker Tropfen blinkt. –
Mir zum Gedächtnis: Trinkt!

Ihr sollt Bescheid mir geben,
das ist mein letzt Gebot.
Die Becher sollt ihr heben:
Laßt meinen Leichnam leben! –
Vorbei ist alle Not! – –
Hoch Mühsam! – Hoch der Tod!

1912

Nachwort

»Ich bin wütend, weil ich nun fünfzig Jahre alt werde, ohne
daß es mir gelungen wäre, einen Verleger zu finden. Ich
werde an diesem Tage kein Buch auf dem Markt haben! –
Das kommt, wenn man unerwünschte Ansichten hat ...«,
schreibt der durch »höhere Gewalt« verhinderte Schriftsteller Erich Mühsam 1928 an seinen ehemaligen Klassen-
kameraden Gustav Radbruch.
Dem Manne kann erst postum geholfen werden. Er wußte
zu viel. In der Weimarer Republik, in der die bourgeoise
Erbtante ihr hakenkreuzverziertes Wechselbalg unter nur
leicht gerafften schwarzweißroten Röcken barg, linke Zeitungen wie die »Rote Fahne« verbot, linke Zeitschriften
wie »Fanal« durch Verbot abwürgte, hatte ein Autor wie
Mühsam kaum noch Chancen zur Meinungsäußerung. Immer lauter tönender Nazijargon qualifizierte Leute wie ihn
als »unbelehrbare Intellektuelle« ab.
Verse wie die folgenden quittierten die kommenden
Machthaber mit direktem »Angriff« zum Mord. Goebbels
über Mühsam: »Dieses rote Judenaas muß krepieren!« Wie
gesagt – der wußte zu viel:

> »Großen Zeiten rutschen wir entgegen.
> Blutbeflügelt rauscht die Phantasie.
> Bald floriert die Seilerindustrie
> und der Sport, Proleten umzulegen.
> Wenn die Stunde kommt, wenn Köpfe rollen,
> wenn es losgeht – ganz legal, na klar! –
> Wird dann Hitler etwa bremsen wollen?
> Nein, nicht wahr?«

Die Herrenmenschen von der Seilerindustrie hielten auch für den Autor solcher Verse einen Strick bereit. Es mußte ihnen peinlich sein, ihr Parteiprogramm in volkstümlicher Sprache angekündigt zu sehen. Zum Glück für sie konnte man solche »Miesmacher« schon vor der Machtübernahme zum Schweigen verurteilen ...

Auch ein von Mühsams Respektlosigkeit und Drastik hier und da überraschter Leser muß dem politischen Publizisten und Schriftsteller Talent, Scharfsinn, Standhaftigkeit, unbedingte Hingabe an die Sache der Arbeiterklasse und einen zutiefst anständigen Charakter zubilligen. (»Ein grundguter Kerl, den man mochte«, urteilte unter vielen anderen Kollege Roda-Roda.)

Im Gegensatz zu seinem Bruder im Geist Heinrich Heine hatte Erich Mühsam keine Angst vor dem Kommunismus – im Gegenteil, er hätte ihn gern herbeibeschworen. Nur über den Weg dahin war er anderer Meinung als die Kommunisten selbst. Sein Anarchismus, der aus unbedingter Freiheitssehnsucht erwuchs, wird aus seinem Lebensgang verständlich.

Es roch nach Unrat in Lübeck, wo er seine Kindheit verbrachte, im gutbürgerlichen Elternhaus wie im Gymnasium. Hier wie dort mußte er sich gegen einen »Übertan« verteidigen. Mühsam könnte gut und gern für Heinrich Manns Schüler Lohmann Modell gestanden haben.

Sein Vater, jüdischer Apotheker mit preußischem Sedankomplex, hatte den Säbel von 66 über dem Bett, den Rohrstock von 88 neben dem Stuhl zu hängen. Den Morgengruß für die Kinder ersetzte ein donnernd gegen die Schlafzimmertür geschleuderter väterlicher Stiefel. »An Strenge meinerseits soll es nicht fehlen«, versicherte Siegmund Seligmann Mühsam glaubhaft dem Erzieher im Katharineum, während Erziehungsobjekt Erich von »unsagbarer Prügel« und »viehischer Grausamkeit« sprach.

Der hochbegabte Junge wehrt sich durch Verweigerung – er bleibt dreimal »sitzen«. Dafür veröffentlicht er bereits fünfzehnjährig Zeitungsbeiträge, verdient mit sechzehn wöchentlich einen Taler damit, daß er dem Komiker des städtischen Zirkus-Varietés letzte lokale und politische Aktualitäten für dessen Couplets liefert.

Seine später berühmt respektive berüchtigt gewordene Rednergabe erprobt der junge Mann erstmals bei einem Vortrag Maximilian Hardens in Lübeck. Bei allen späteren politischen Differenzen weiß er die aufrechte Haltung des Herausgebers der »Zukunft« immer zu schätzen, verteidigt ihn publizistisch gegen die »Hofkamarilla«, bricht seinetwegen mit Karl Kraus.

Mit siebzehn – noch Untersekundaner wie sein Werner Cronheim in den »Hochstaplern« – wird er vom Gymnasium verjagt mit gutem Grund: Er hat im sozialdemokratischen »Lübecker Volksboten« u. a. die Sedanrede des Herrn Direktors mit beißenden Glossen garniert. Das war kein bloßer Schülerstreich, das war schon eine politische Aussage und ein in Drucklettern fixierter Berufswunsch dazu ...

Zunächst erzwingt väterlicher Druck den Besuch einer »Quetsche« in Parchim und die Absolvierung einer Apothekerlehre.

Ab 1. 1. 1901 aber beginnt der Zweiundzwanzigjährige in Berlin seine lebenslange Tätigkeit als freier Schriftsteller. Sehnsucht nach Gemeinsamkeit erfüllt den Aussteiger. Gemeinsamkeit mit wem?

Die Bernstein-Sozialdemokratie scheidet von vornherein aus – Vereinsmeierei kennt Erich aus Lübeck zur Genüge. Die »Neue Gemeinschaft« der »fröhlichen Weinwirte und Religionsstifter« um die Brüder Hart hat keinen Bestand, wahrhaft ernüchternd wirkt eine vegetarische Kur im »Salatorium« zu Ascona.

Erste Druckschrift ist 1903 eine Polemik gegen den § 175 (»Die Homosexualität. Ein Beitrag zur Sittengeschichte unserer Zeit.«), die ihm unverdient einen Päderastenvorwurf einträgt.

1904 kann er per Zufall seinen ersten Gedichtband herausbringen, betitelt »Die Wüste« (nach dem Nietzsche-

Spruch: »Die Wüste wächst – weh dem, der Wüste birgt!«), gewidmet

»dem betenden Skeptiker Gustav Landauer,
dem lieblosen Schwärmer Paul Scheerbart
und dem fidelen Tragöden Erich Mühsam.«

Ein mitfühlender Kollege bezeichnete die Gedichte als das »Stimmungskotzen eines galligen Magens«, aber Alfred Kerr schrieb: »Mühsam ist als Künstler nach diesem lyrischen Buche ganz ernst zu nehmen. Er hat Bildkraft.« Boheme als Alternative zum Spießertum? Spießertum auch dort. Das erlebt der fidele Tragöde als »Clown« im Kabarett des Marc Henry, wo er hier und da einen Taler und ein »brühwarmes« Abendessen dazu verdienen kann und muß. Lebenssinn ergibt das nicht. Das Kabarett ist in den Salon der Erbtante Bourgeoisie integriert. Immerhin: Das Kabarett »Zum hungrigen Pegasus«, das Kabarett »Zum Peter Hille«, das »Simplicissimus«-Kabarett in München, das »Nachtlicht« in Wien – der junge Autor kann sich erproben und wird gern gehört.
Man muß sich in die innere Einsamkeit des Unbehausten versetzen, den der väterliche Heimtyrann um seine Kindheit betrogen hat, um die Hinwendung zum Anarchismus zu verstehen. Gustav Landauers – eines vor der brutalen kapitalistischen Realität entlaufenen begabten Studenten – Schrift »Durch Absonderung zur Gemeinschaft« wird zum ideologischen Grunderlebnis des damals nietzschebefangenen jungen Individualisten. Landauers »Aufruf zum Sozialismus« (1911) haften sichtlich Spuren der christlichen Heilslehre an: von einer »Menschheitsreligion« ist die Rede.
Die bürgerlichen Idealisten, die ihr Sein vom Bewußtsein bestimmt wissen wollen, die Marx weitgehend mit den Reformsozialisten gleichsetzen, ohne ihn ernsthaft studiert zu haben, gehen quasi einen Schritt rückwärts von der Wissenschaft zur Utopie, verehren Proudhon, Bakunin, Kropotkin, huldigen in Sachen Revolution dem Spontaneitäts-

prinzip, sind aber bereit, für ihre Vorstellung von Sozialismus das Leben einzusetzen.

Mühsam über Landauer: »Mit Schleimhustern, mit Glacé-handschuhrevolutionären, mit Halbtolstoianern (so hoch er die wahren Tolstoi-Jünger geachtet hat) wollte Landauer nie etwas zu tun haben. Wer ihn anders schildert, verfälscht sein Bild ...«

Dennoch: der ethische Sozialismus, der das Beste erstrebte und nicht zu leisten vermochte, hat nach der Gründung der Münchener »Scheinräterepublik« viele tapfere Proletarier das Leben gekostet, nicht zuletzt auch das Leben seines Verkünders. Gustav Landauer, in Aussehen und Haltung an einen alttestamentarischen Apostel erinnernd, sieht im Sterben auch seine Weltanschauung unter den Schüssen, Hieben und Tritten der weißen Banditen (»Daß Ihr Menschen seid!«) zusammenbrechen. Sein humanistisches Wollen, seine Standhaftigkeit, die ihn zur zweiten – kommunistischen – Räterepublik halten läßt, obwohl oder weil sie nach dem idealistisch-anarchistischen »Gesetz« der ersten von vornherein zum Untergang verurteilt war, ist der Haltung und dem späteren Schicksal seines Schülers und Freundes Erich Mühsam vergleichbar. Landauer, Toller, Mühsam und viele andere bürgerliche Intellektuelle waren mit all ihren Irrtümern und Fehlern ehrliche Verbündete der revolutionären Arbeiterklasse, Vorkämpfer für den Sozialismus.

Bei seiner Vagabundage in den Jahren 1904 bis 1908 hat Mühsam einen weiteren entlaufenen Studenten zum Gefährten: Johannes Nohl, der wie Mühsam radikal mit dem bürgerlichen Elternhaus gebrochen hat. Nohl macht auf dem Weg von Nietzsche zu Marx eine lange und widerspruchsvolle Entwicklung durch: nach dem Hitlerkrieg lernten ihn viele in Weimar als liebenswürdigen Cheflektor des Kiepenheuer-Verlages kennen. Er gab u. a. erstmals nach der barbarischen Judenverfolgung wieder Heines »Buch der Lieder« heraus.

Über dem Boheme-Rummel, über der Anarchismus-Utopie des neuen Jahrhunderts darf nicht übersehen werden, daß Mühsam seit seiner Berlinübersiedlung um Kontakte zur Arbeiterschaft bemüht ist, auch in seinen scheinbar ziellosen Wanderjahren. Autorschaft und Redakteurstätigkeit bei Blättern wie »Der arme Teufel«, »Weckruf«, »Der freie Arbeiter«, Mitarbeit für »Jugend«, »Zukunft«, »Wahren Jacob« und »Simplicissimus«, kritische Beobachtung der politischen Szene und wachsende Fähigkeit, Beobachtung in Zeitdichtung umzusetzen, alles das schafft Voraussetzungen für seine Mittlerrolle zwischen Weerth und Weinert, zwischen der Dichtung des Vormärz und der proletarisch-revolutionären Literatur. Zu Recht hat er ein Vierteljahrhundert später häufig bei den Tagungen des Bundes proletarisch-revolutionärer Schriftsteller präsidiert. Bei ihm konnten junge Autoren lernen, Forderungen des Tages massenwirksam zu publizieren.

Für seine politische Überzeugung ist es aus heutiger Sicht ein Kompliment, daß bereits seit Mai 1903 »regelmäßige Überwachung« angeordnet wird. Polizeibericht: »Mühsam wird für einen gefährlichen Agitator gehalten.«

Nach eigenem Zeugnis hat er »ungezählte Male in Arbeiterversammlungen gesprochen«, in Paris nicht nur zu Künstlern (u. a. Picasso), sondern auch »mit alten Communards und jungen Revolutionären« Kontakt gesucht. Fünf Jahre ist er fast ständig auf Reisen durch Europa.

»Viel länger als ein halbes Jahr habe ich jedenfalls niemals in diesem Zeitraum hintereinander am gleichen Ort gewohnt, und auch diese Spanne wurde, glaube ich, nur einmal in Zürich erreicht und allenfalls noch in Berlin und München, den beiden Zufluchtsstätten, zu denen es mich von überall immer wieder zurückzog.«

In München frequentiert er neben der »Simplicissimus«-Künstlerkneipe auch die »Torggelstube«, die Frank Wedekind bevorzugt, das »Café Luitpold«, wo die heimliche Gräfin Reventlow zu treffen ist, und schließlich das »Stefanie«, in dem Eisner, Landauer, Toller und – ein strähniger Stolperer namens Hitler verkehren. Beklemmende Vorstellung, daß der »Sonny Goy«, wie ihn Mühsam später nannte, der vorläufig noch verhinderte »Übermensch« mit Wagner-Aplomb, hier den »jüdisch-bolschewistischen Untermenschen« begegnet, nachmaligen Opfern der weißen und braunen Henker: Kurt Eisner – ermordet durch den Nationalisten Graf Arco, Gustav Landauer – erschlagen von der Epp-Soldateska (Hakenkreuz am Stahlhelm), Ernst Toller – nach Naziaussage noch im Exil verfolgt und endlich zum Selbstmord getrieben, schließlich Erich Mühsam – von bayrischer SS im KZ Oranienburg in einer Nacht-und-Nebel-Aktion bestialisch umgebracht.

Vorerst aber wird der verdächtige Anarchist noch gut kaiserlich verfolgt: Wegen eines Flugblattes für die 1905 in Petersburg Ermordeten, wegen eines Aufrufs zum Generalstreik 1906 fordert die Berliner Polizeibehörde aus den Aufenthaltsorten Zürich, Genf, Wien, Paris Berichte an.

In München gründet er getreu den Statuten des »Sozialistischen Bundes« die Gruppen »Anarchist«, »Tat« und »Kunde« (Vagabund). Im Oktober 1909 wird er erstmals verhaftet, 1910 ein Prozeß wegen »Geheimbündelei« gegen ihn angestrengt. Trotz Freispruchs sieht sich der anerkannte Mitarbeiter bekannter Zeitschriften »verurteilt« – zu einem Boykott durch die bürgerlichen Blätter. Zusätzlich wird er als Abartiger und Jude verschrien. (Die »Kölnische Volkszeitung« vom 10. 7. 1910 beginnt ihren Sermon mit der Einleitung: »Der Salonanarchist Erich Mühsam aus Galizien ...«) Ein von Hermann Bahr, Thomas und Heinrich Mann sowie Frank Wedekind unterzeichneter Protest in Hardens »Zukunft« bewirkt nicht viel dagegen – nur in »Sozialist«, »Schaubühne« und »Zukunft« kann er noch unbehindert publizieren.

Der Verfemte tritt – unter ständigen Opfern – die Flucht nach vorn an: 1911 gründet er seine »Zeitschrift für Menschlichkeit« mit dem provozierenden Titel »Kain« (»Mitarbeiter dankend verbeten«), in der er über Politik, Gesellschaft und Kunst seine eigene Meinung schreiben darf, auch wenn er – und das bis zum bitteren Ende – Geldnot in Kauf nehmen muß. Der Titel sagt aus, daß er sich und alle Ausgebeuteten und Ausgestoßenen mit dem Kainsmal der Klassengesellschaft belastet fühlt und eine neue, lebenswerte Menschengemeinschaft ersehnt.

Erstaunlich früh kämpft er gegen das drohende »große Morden« eines Weltkrieges – Rufer in einer nationalistischen deutschen Wüste. Schon 1905 hat er an der von Franz Brupbacher in der Schweiz gegründeten »Antimilitaristischen Liga« teilgenommen, im »Freien Arbeiter« vom 31. 9. 1907 enthält die Tagesordnung zum »2. Antimilitaristischen Kongreß« Vorschläge von Erich Mühsam, München. 1913 strebt er zusammen mit Frank Wedekind die Gründung eines »Weltparlaments zur Beseitigung der Kriegsgefahr« an.

Nach Kriegsbeginn – seine Zeitschrift hat er im Hinblick auf die Zensur eingestellt – drängt es ihn verstärkt zu Aktionen, im Gegensatz zu Gustav Landauer, der erst nach dem Ende anfangen will. Ein »Aufruf an die Europäer«, verfaßt von Johannes R. Becher, Ricarda Huch, Albert Einstein und Erich Mühsam, findet angesichts des nicht nur in Deutschland überschäumenden Chauvinismus wenig Widerhall.

Mühsam bleibt aktiv. In einer antimilitaristischen Fronde mit Heinrich Mann, Frank Wedekind und anderen Schriftstellern diskutiert und kritisiert er die imperialistische Politik, korrespondiert mit Franz Mehring, reist zu Karl Liebknecht, nimmt Kontakt zur »Bremer Linken«, den Spartakisten auf, notiert, agitiert, ruft etwa mit dem illegalen Flugblatt »Die lustige Witwe« zum Sturz des überlebten wilhelminischen Regimes auf. Der Krieg bestärkt ihn in seiner Parteinahme für die Sache des Proletariats. Seine Lyrik wird Revolutionslyrik: der zweite Wedekindsche »Gaul« hat notwendig das Rennen gemacht ...

Unter dem Eindruck von Karl Liebknechts Aufruf zum Kampf gegen den imperialistischen Krieg beginnt Mühsam 1916 seine »Abrechnung« mit dem Ziel, »das deutsche

Wesen im deutschen Volk wieder bewußt zu machen, indem die Grimasse des Deutschtums, die der nationalistische Wahn als Antlitz unserer Kultur vortäuschte, in ihrer verlogenen Abscheulichkeit entlarvt wird.« In einem Artikel für die »Bremer Bürgerzeitung« nimmt er für den verfemten Liebknecht Partei.

Bei der Hungerrevolte in München 1916 und beim Munitionsarbeiterstreik 1918 agitiert er unter den Demonstranten und in den Fabriken von Krupp, Maffei und Krauss. Seine Frau berichtet:

»Arbeiter der Münchener Kruppwerke stürmten morgens früh in unsere Wohnung und holten Mühsam aus dem Bett, mit dem Verlangen: ›Erich, sprich du in der Fabrik für den Streik!‹ Erich folgte freudig dem Ruf der Arbeiter, er war stolz auf das Vertrauen.«

Kurt Eisner untersagt ihm die Teilnahme an seinen Diskussionsabenden, weil er gegen Kerenski und für die Bolschewiki Partei ergreift. Im April 1918 wird er wegen Verstoßes gegen die Militärvorschriften in Traunstein interniert. Insgesamt hat er in seinem Leben fast acht kostbare Jahre in Gefängnis, Internierung, Festungshaft und Konzentrationslager zubringen müssen. Die von der bourgeoisen Erbtante gehegten und gepflegten nationalistischen Tanten Wilhelmine, Pauline und Adolfine taten in drei kapitalistischen Staatssystemen nach Kräften das ihre, um den roten Rebellen (und nicht nur ihn) zugrunde zu richten.

Erstaunlich bleibt unter solchen Lebens- und Leidensbedingungen die ungebrochene Kampf- und Arbeitsbereitschaft des revolutionären Schriftstellers.

Am 7. November 1918 ruft Erich Mühsam in München spontan die Revolution aus – als »Erfüllung unseres tiefsten Sehnens« – agitiert zusammen mit seiner tapferen Frau vor den Kasernen. Sein »Kain« lebt als Revolutionsorgan wieder auf. Eisner läßt ihn am 10. Januar 1919 verhaften – das Volk kämpft ihn frei. Als sozialistischer Idealist fordert Mühsam am 28. Februar auf dem Münchener

Rätekongreß in einer leidenschaftlichen Rede vergeblich die Ausrufung einer bayrischen Räterepublik nach russischem Vorbild. Im Revolutionsrat übernimmt er das Referat für russische und ungarische Angelegenheiten, setzt sich für die Rückkehr der Kriegsgefangenen in ihre Heimat ein. Er gründet die »Vereinigung revolutionärer Internationalisten Bayerns«, tritt für die junge KPD als Redner auf, strebt »heraus aus der Sekte – heran an die Massen!«

Rückblickend äußert er zu dem bald darauf unternommenen abenteuerlichen Versuch, unter den Augen und Waffen der siegreichen Entente (unter den Augen auch der rechten SPD-Führung) eine sozialistische Räterepublik errichten zu wollen: »Unser Fehler betraf nicht die Sache selbst, sondern nur ihre Ausführung.«

Der Parteivorstand der KPD sendet unter dem Eindruck der jüngsten Berliner Revolutionserfahrungen Eugen Leviné, den Kampfgefährten Liebknechts und Luxemburgs, nach München, um nach Möglichkeit ein neues Blutbad unter der Arbeiterschaft zu verhindern. Zu spät: Der Intellektuellentraum der Landauer, Mühsam, Toller und Niekisch wird kurzlebig Wirklichkeit, die weiß-rosa Reaktion benutzt die willkommene Gelegenheit, den bayrischen Revolutionssäugling in der blau-weißen Wiege zu erwürgen.

Voll ehrlicher Begeisterung proklamieren Mühsam und Landauer am 7. April 1919 die erste Räterepublik auf deutschem Boden, schicken Telegramme nach Moskau und Budapest (an die ungarische Räterepublik), hoffen auf Verwirklichung ihres Traums von einer erlösten Menschheit:

»Es lebe das freie Bayern. Es lebe die Räterepublik. Hoch die Weltrevolution!«

Kaum eine Woche später wird Erich Mühsam neben Toller und vielen anderen Revolutionären bei einem Putsch der sozialdemokratischen Gegenregierung Hoffmann verhaftet und nach Ebrach gebracht – damit bleiben ihm noch fünfzehn Lebensjahre. Eugen Leviné, der »Tote auf Urlaub«, rettet die Ehre des Münchener Proletariats, indem er – wie einst die Pariser Kommunarden – die Stadt nicht kampflos der Konterrevolution preisgibt. Der hinterhältige Justizminister Müller-Meiningen läßt ihn mit stillschweigender Duldung des sozialdemokratischen Ministerpräsidenten nach einem Standgerichtsurteil erschießen.

Erich Mühsam wird im Standgerichtsprozeß vom 7.–12. Juli 1919 – unter Berufung auf Gesetze aus der Kaiserzeit – wegen angeblich »vollendeten Verbrechens des Hochverrats« zu fünfzehn Jahren Festungshaft verurteilt, die bereits unter präfaschistischen Bedingungen abläuft. Die Reaktion probt die KZ-Technik. 1923 fordern Hakenkreuzler vor der Haftanstalt die Liquidierung der Gefangenen – sie klotzen der deutschen Entwicklung um knappe zehn Jahre voraus.

Ohne die sogenannte Hindenburgamnestie, die eigentlich Hitleramnestie hätte heißen müssen, wäre Mühsam aus der Festungshaft 1934 direkt an die Nazis übergeben worden.

In der Festung Niederschönenfeld entstehen unter schwierigen Bedingungen revolutionäre Lieder und Gedichte, ein Rechenschaftsbericht »Von Eisner bis Leviné« – »zu Händen des Genossen Lenin« – ein Romanmanuskript über einen sozialdemokratischen Bonzen: »Ein Mann des Volkes.«

Während einer Gefängnishaft innerhalb der Festungshaft, die er in Ansbach wegen Beleidigung des Schreibtischmörders Müller-Meiningen absitzen muß, verfaßt Erich Mühsam 1920 die Schrift »Die Einigung des revolutionären Proletariats« und – als massenwirksamen Anstoß dazu – das Arbeiterdrama »Judas«, meines Wissens das erste sozialistisch-realistische deutsche Theaterstück.

Der Dramatiker Erich Mühsam hat sozusagen beiläufig eine bemerkenswerte Entwicklung durchgemacht. Wedekind ist sein großes Vorbild. Mühsam setzt sich für ihn und Heinrich Mann ein, nimmt regen Anteil am Münchener

Theaterleben, schreibt Kritiken für die »Schaubühne«, besucht auch Theaterseminare des Wedekindforschers Artur Kutscher.

In seinen dramatischen Arbeiten versucht er, gesellschaftskritische Ansichten auf die Bühne zu bringen. In den »Hochstaplern« werden Jugenderlebnisse aufgearbeitet, Commerzienrat Cronheim, zu Recht und doppelt betrogen, ist eine echte Vaterfigur, Werner steht für den jungen Erich.

Von dem Vagabundenstück »Glaube, Liebe, Hoffnung« ist nur der zweite Akt erhalten. Hier spiegeln sich Mühsams Erfahrungen mit dem sogenannten Lumpenproletariat wider. An den realistischen Dialogen ist abzulesen, daß der Autor seine »Kunden« kennt.

»Aber damals, unter den Ausgestoßenen, habe ich selbst eigentlich erst den Weg aus dem Individualismus heraus zur Gemeinschaft gefunden. Denn da habe ich die unbürgerliche Sehnsucht von Menschen kennengelernt, für die es in der bürgerlichen Gesellschaft nichts mehr zu ersehnen gab.«

»Die Freivermählten« drückt sichtlich der Untertitel »Polemisches Schauspiel« – sie tragen ihre »Thesendialoge« wie Sprechblasen vor sich her. Aber auch hier ist der Griff nach dem »großen Gegenstand« erkennbar, spricht der Volkstribun. Nebenher ist er der Schriftsteller Camillo Rack, unglücklich verliebt in die Frau seines Freundes. Rack/Mühsam vertritt die Auffassung, daß eine bürgerliche Ehe weniger spießig sein kann als eine sogenannte »freie«, sofern – als Ausnahme von der Regel – kein Verfügungsrecht des einen Partners über den anderen besteht.

Eine solche unkonventionelle Ehe ist der Autor 1915 mit dem bayrischen Bauernmädchen Kreszentia Elfinger eingegangen, die er als ledige Mutter in bürgerlichem Sinn wieder ehrbar macht. Die Ehe mit »Zenzl« erweist sich als lebenslanger Glücksfall für den politisch engagierten Künstler, auch wenn und weil es für beide Partner nicht einfach war. Wenn man Mühsams Leistung als Publizist und Schriftsteller würdigt, darf man die vielfältige Mitarbeit seiner einfachen, klugen und charakterstarken Frau nicht übersehen. Sie war für ihn die Stimme des Volkes, ihr las er seine Arbeiten vor, berücksichtigte ihre Kritik. Lange Jahre von ihrem Mann getrennt, hat Zenzl Erichs Leidensweg durch Gefängnis, Festung und Konzentrationslager bis zum bitteren Ende miterleben müssen (zutiefst mitleidend beim Anblick des Gefolterten in Oranienburg und beim Abholen seiner blutgetränkten Wäsche). Zenzl Mühsam ist es zu danken, daß fünftausend Seiten Tagebücher (1910–1933) und andere Arbeiten ihres Mannes vor dem Zugriff der Faschisten gerettet wurden. Sie hatte aus den Erfahrungen von 1919 gelernt, als die weißen Vandalen ihre Münchener Wohnung verwüsteten und unter vielem anderen vermutlich auch das Drama aus dem Jahre 1917 »Die Teufelskralle« verlorenging.

Mühsams gemeinsames Erleben mit den »Niederen«, mit den Ausgestoßenen, die Kontakte mit den Münchener Fabrikarbeitern, die revolutionäre Praxis der Jahre 1918/19, die ethische Sozialismusvorstellung gründlich korrigiert, die Erschütterung über die Morde an Eisner, Liebknecht, Luxemburg, Leviné, die Empörung über den andauernden Verrat der rechten Sozialdemokratie, das Schuldgefühl, mit der Ausrufung der »Scheinräterepublik« einem Komplott der Konterrevolution aufgesessen zu sein, all das findet im »Judas« seinen Ausdruck.

Wie andere deutsche Stückeschreiber von Lessing über Schiller bis Kleist und Büchner muß auch Mühsam die Handlung zeitlich und örtlich verfremden. »Judas« spiegelt verschlüsselt – offizieller Zeitpunkt ist der Munitionsarbeiterstreik von 1918 »in einer deutschen Großstadt« – das Scheitern der ersten Münchener Räterepublik wider und führt das Modell des ethischen Sozialismus ad absurdum.

In erster Linie aber ist es eine Abrechnung mit den sozialdemokratischen Verrätern – dem eigentlichen Judas – und eine Darstellung der in idealistischen Vorstellungen befangenen Intellektuellen, der im Hinblick auf die Forderungen der Revolution ideologisch noch unterentwickelten Arbeiter. Unter dem Eindruck der Revolutionserfahrungen schafft der Autor ein für damalige deutsche Verhältnisse äußerst bemerkenswertes Stück, das mit seiner Orientierung auf den Sozialismus künstlerisch eine neue Qualität darstellt.

Für Flora Severin hat Mühsams Vorkriegsverlobte als Vorbild gedient, die jüdische Bankierstochter Jenny Brünn, Mitglied der Münchener »Gruppe Tat«. Der Dichter verklärt die Studentin zur Proletarierin und mahnt mit ihrem Opfertod indirekt an die Ermordung Rosa Luxemburgs. Seine Verbindung zu ihr ist Ausdruck der Sehnsucht des bürgerlichen Schriftstellers nach einer Heimstatt in der Arbeiterklasse. Das Personenverzeichnis weist verschlüsselt Akteure der beiden Münchener Räterepubliken aus. Der rothaarige hinkende Setzer Raffael Schenk, der in subjektiver Hingabe an die Revolution den Tod ehrlicher Genossen und Freunde mitverschuldet, ist Erich Mühsam. Der Gelehrte Matthias Seebald steht für Gustav Landauer, der Bolschewist Lecharjow für den Deutsch-Russen Leviné, Tiedtken für Toller, dessen weitere politische Wandlung zum angenommenen Zeitpunkt naturgemäß noch nicht berücksichtigt ist. Der »Bund neuer Menschen« steht für den »Sozialistischen Bund« Gustav Landauers.

Die Erfahrungen der Revolutionszeit führen Mühsam 1919 zum Eintritt in die KPD, der er aber nur kurze Zeit – bis zu den Heidelberger Beschlüssen mit ihrer Absage an den Linksradikalismus – angehört. Er steht der Arbeiterpartei seither in einem teils wohlwollenden, teils kritischen Verhältnis gegenüber. Seine Bestrebungen um die Einigung der revolutionären Arbeiterschaft schließen Kommunisten und Anarchisten gleichermaßen ein.

Gesundheitlich geschädigt, aber kämpferisch ungebrochen, so wird der »Hochverräter« aus dem Freistaat Bayern 1924 »auf Bewährung« freigesetzt. Mühsam bei seiner Ankunft

in Berlin: »Bewährung verspreche ich allein dem Proletariat!«
Er hält sein Versprechen. Im Rahmen der »Roten Hilfe«
leistet er aufopferungsvolle Hilfe für die revolutionären
Gefangenen, besonders für den zu Unrecht des Mordes be-
schuldigten Max Hoelz. Von der »Föderation kommunistischer Anarchisten Deutschlands« wird Mühsam 1925 »wegen unanarchistischen Verhaltens« ausgeschlossen. Von
der Justiz droht ihm im gleichen Jahr, in dem er für den
mit Zuchthaus bedrohten Kollegen Johannes R. Becher
eintritt, ein Hochverratsprozeß wegen seiner unter dem Titel »Revolution« herausgegebenen »Kampf-Marsch-und
Spottlieder«.
In seiner neuen Zeitschrift »Fanal« prangert er von 1926
bis 1931 (als sie sich von einem Polizeiverbot nicht mehr
erholt und nur noch in Rundbriefen präsent ist) die Ma-
chenschaften der Reaktion an – ein politischer Publizist
vom Range Tucholskys und Ossietzkys –, übt auch »väter-
lich« scharfe, immer ehrlich gemeinte Kritik an seinen
»ungeratenen Kindern«, den (unanarchistischen) Kommunisten. Der ehemals so faule Gymnasiast wird zum engagierten satirischen Chronisten der aufhaltsamen Entwicklung der Weimarer Republik in Richtung Faschismus. Von
1925 bis 1931 steht jede Woche in der »Welt am Montag«
sein zeitkritisches »Jolly«-Gedicht.
Mit dem dokumentarisch der Wirklichkeit nachgestalteten
Drama »Sacco und Vanzetti« (1928) – einer Pionierlei-
stung im Genre Dokumentarstück – erfüllt der Autor im
Sinne Majakowskis einmal mehr einen gesellschaftlichen
Auftrag: »Meine Pflicht heißt Gegenwart!« Er prangert
einen Justizmord an, der erst fünfzig Jahre später von den
amerikanischen Behörden eingestanden wird – als die
staatlichen Verbrecher nicht mehr belangt werden können.
Als letztes Theaterstück bleibt das »Volksstück mit Gesang
und Tanz – Alle Wetter« – (1930) zu nennen, wie der »Judas« zwecks Umgehung der Zensur in Parabelform ge-

schrieben. Warnend stellt Mühsam die untergehende Weimarer Republik an den Pranger, gibt gleichzeitig seiner Überzeugung vom endlichen Sieg der sozialistischen Revolution Ausdruck. Hier könnten Majakowskis satirische Zeitstücke unmittelbar Pate gestanden haben.

In dieser satirischen Komödie bemächtigt sich die Reaktion des von Arbeitern, Bauern und Ingenieuren geschaffenen Wetterturms, mit dem das Volk sozusagen die politische Großwetterlage bestimmen kann. Der senile Präsident Wimmerzahn steht für Hindenburg, der Führer der »Arbeiterrassenpartei« Cajetan Teutsch für Hitler. Ein »reinigendes Gewitter« endet mit dem Sieg des Volkes.

Alle politischen Arbeiten Mühsams – und er reitet in der Tat fast ausschließlich auf dem zweiten Wedekindgaul – sind Bruchstücke einer großen humanistischen Konfession. Immer lag ihm – auch wenn er von den Massen weg auf seine anarchistische »Sekte« zurückgedrängt wurde – die Einheit der Arbeiterklasse am Herzen, angesichts des heranmarschierenden Faschismus mehr denn je:

»Was allein not tut, ist die Einigung des von der Revolution überzeugten Teils der proletarischen Klasse.«

Am 21. Juli 1932 steht er mit Flugblättern an den Fabriktoren und ruft angesichts des ungeheuerlichen Verfassungsbruchs bei der Absetzung der sozialdemokratischen Preußenregierung vergeblich zum Generalstreik auf.

Seine 1933 als Sonderheft des »Fanal« veröffentlichte Arbeit »Die Befreiung der Gesellschaft vom Staat. Was ist kommunistischer Anarchismus?« bleibt sein politisches Vermächtnis:

»Revolutionärer Klassenkampf, Diktatur des Proletariats als in Räten organisierter Klasse für die Zeit des Übergangs, Errichtung einer in der Weltunion freier Räterepubliken zusammengefaßten sozialistisch-kommunistischen klassenlosen Gesellschaft.«

Im Vertrauen auf die vermeintlich bergeversetzende Kraft anarchistischen Willens bleibt Erich Mühsam eine Nacht zu lange in Deutschland – die Nacht des Reichstagsbrandes. Vermutlich hat er bis zuletzt noch Geld für die als Hüterin seiner Arbeiten zurückbleibende treue Gefährtin auftreiben wollen.

Am 28. Februar 1933 beginnt sein todbringendes Martyrium in den Folterhöllen des dritten Reiches. Noch aus dem Gefängnis Plötzensee – wie schon in den Bilderbüchern für Zenzl aus Niederschönenfeld – triumphiert der Gefangene mit listig in scheinbar harmlose Struwelpeter-Kritzeleien eingebauten Warnungen an mögliche Leser über seine scheinbar allmächtigen Peiniger.

Als Schlußwort kann man unter das Kämpferleben des Revolutionärs, den die SS am 9./10. Juli 1934 ermordet, seine Verse setzen:

> »Wollt Ihr denen Gutes tun,
> die der Tod getroffen,
> Menschen, laßt die Toten ruhn,
> und erfüllt ihr Hoffen!«

Wolfgang Teichmann

Zeittafel

1878 6. April Erich Mühsam in Berlin geboren
1879 Die Familie zieht nach Lübeck
1896 Ausschluß aus dem Gymnasium wegen »sozialisti-
       scher Umtriebe«. Schulbesuch in Parchim. Apothe-
       kerlehre in Lübeck.
1898/99 Sozialkritische Veröffentlichungen in Zeitungen
       und Zeitschriften. Daneben Tätigkeit als Apotheker-
       gehilfe.
1900 Übersiedlung nach Berlin
1901 Freier Schriftsteller. Leben in der »Neuen Gemein-
       schaft« der Brüder Heinrich und Julius Hart.
       Freundschaft mit Gustav Landauer. Erste Gedichte
       im »Wahren Jacob«.
1902 Wohnung in Friedrichshagen. Redakteur des »Ar-
       men Teufel«. Auftreten in Berliner Kabaretts.
1903 »Die Homosexualität. Ein Beitrag zur Sittenge-
       schichte unserer Zeit«. Berlin.
1904/08 Wanderjahre in Westeuropa. Veröffentlichungen
       in Zeitungen und Zeitschriften.
1904 »Die Wüste«. Gedichte 1898–1903. Berlin
1905 »Ascona«. Eine Broschüre. Locarno
       »Die Psychologie der Erbtante«. Zürich
1906 »Die Hochstapler«. Lustspiel. München
1908 »Die Jagd auf Harden«. Essay. Berlin
1909 »Der Krater«. Gedichte 1904–08 (»Johannes Nohl
       gewidmet«) Wohnsitz München. »Die Freivermähl-
       ten. Polemisches Schauspiel«. Verhaftung und
1910 Prozeß wegen »Geheimbündelei«. Freispruch.
1911 »Kain. Zeitschrift für Menschlichkeit«

1912 Mitgliedschaft im Schutzverband Deutscher Schriftsteller
1914 Druck »Die Freivermählten«. München
»Wüste-Krater-Wolken« Gedichte. (»Peter Hille
zum Gedächtnis«) 2. August 1914. Einstellung der
Zeitschrift »Kain«.
1915 Hochzeit mit Kreszentia Elfinger (1884–1962)
1916 Aktive Beteiligung an der Münchener Hungerde-
monstration. Bemühen um einen Aktionsbund gegen
den imperialistischen Krieg. Kontakte zur USPD,
zur Bremer Linken und zum Spartakusbund. »Abrechnung«, ein Fragment.
1918 Aktive Beteiligung (u. a. als Redner) beim Münchener Januarstreik. 24. April–31. Oktober Internierung
in Traunstein wegen Arbeitsverweigerung im »Vaterländischen Hilfsbund«.
7. November aktive Beteiligung an der Ausrufung
der Revolution.
Wahl in den Revolutionären Arbeiterrat (RAR)
18. November Wiedererscheinen des »Kain« als Re-
volutionsblatt bis 25. April 1919
30. November Gründung der »Vereinigung revolutionärer Internationalisten« (VRI). Zusammenarbeit
mit den Münchener Spartakisten.
1919 Anschluß der VRI an die Bremer Linke
28. 2. Mühsam fordert auf dem Münchener Rätekongreß die Ausrufung der Bayrischen Räterepublik
7. April. Führend an der Gründung der ersten Münchener Räterepublik beteiligt.
13. April. Bei einem Putschversuch der SPD-Führung nach Ebrach verbracht.
7.–12. Juli Hochverratsprozeß vor dem Standgericht.
Verurteilung zu 15 Jahren Festungshaft.
»1919. Dem Andenken Gustav Landauers«. Gedicht.
Berlin
Sept.–Nov. Mitgliedschaft in der KPD

1920 Ansbach. Gefängnisstrafe. »Die Einigung des revolutionären Proletariats«. Arbeiterdrama »Judas«. »Von
Eisner bis Leviné«.
Ab Oktober Festungshaftanstalt Niederschönenfeld.
»Brennende Erde. Verse eines Kämpfers.« München.
1921 »Ein Mann des Volkes«. Romanmanuskript.
»Die Einigung des revolutionären Proletariats.« In:
»Die Aktion«. Berlin. März Uraufführung »Judas« in
Mannheim.
1923 »Das Standrecht in Bayern«. Denkschrift. Berlin
»Bilderbuch für Zenzl«. Druck »Judas« in Kiew
(russ.)
1924 »Bilderbuch für Zenzl«. 21. Dez. Haftentlassung auf
Bewährung. Begeisterter Empfang durch Berliner
Arbeiterschaft.
1925 Mitarbeit in der »Roten Hilfe«. »Revolution.
Kampf-Marsch-und-Spottlieder«. Berlin
»Alarm. Manifeste aus 20 Jahren«. Berlin. Broschüre
1926 »Fanal«. Zeitschrift. »Gerechtigkeit für Max
Hoelz!«. Broschüre. Berlin
1927 Im dramaturgischen Beirat der Piscatorbühne. »Unpolitische Erinnerungen«. 25 Fortsetzungen in der
»Vossische Zeitung« (bis 1929)
1928 Aufführung des »Judas« an der Piscatorbühne.
»Sammlung 1898–1928.« Verse und Prosa. Berlin
»Staatsräson. Ein Denkmal für Sacco und Vanzetti«.
Berlin
1929 Uraufführung von »Staatsräson« an der Piscatorbühne. »Von Eisner bis Leviné. Die Entstehung der
bayerischen Räterepublik.« Berlin
Austritt aus der »Roten Hilfe«
1930 »Allewetter. Volksstück mit Gesang und Tanz.«
1931 Verbot von »Fanal«. Ausschluß aus dem Schutzverband Deutscher Schriftsteller. Teilnahme an Kundgebungen der »Roten Hilfe« und der KPD.

1932 Mühsam regt mehrfach Kundgebungen der Berliner Ortsgruppen des Schutzverbandes Deutscher Schriftsteller an.

1933 20. Februar. Mühsam spricht auf der letzten Versammlung der Berliner Ortsgruppe des SDS
»Die Befreiung der Gesellschaft vom Staat. Was ist kommunistischer Anarchismus?« »Fanal«-Sonderheft. Berlin
28. Februar. Mühsam wird verhaftet.
Gefängnis Lehrter Straße, KZ Sonnenburg, Gefängnis Plötzensee, KZ Brandenburg
Bilderbuch für Zenzl

1934 Ab 2. Februar KZ Oranienburg. Verstärkte Mißhandlungen.
9./10. Juli 1934 von SS-Leuten ermordet
16. Juli Urnenbestattung auf dem Waldfriedhof Dahlem

1984 Bezirksamt Zehlendorf und Senat von Westberlin verweigern Erich Mühsam ein Ehrengrab

Quellen

Erich Mühsam, Wüste – Krater – Wolken, Berlin 1914

Erich Mühsam, Bilder und Verse für Zenzl, Niederschönenfeld 1923, Bilderbuch an Leon Hirsch, Niederschönenfeld 1924, Bilderbuch für Zenzl Mühsam, Plötzensee
1933; alle Mühsam-Archiv der Akademie der Künste,
Berlin

Erich Mühsam, Ausgewählte Werke in zwei Bänden, Berlin
1978

Erich Mühsam, Briefe an Zeitgenossen. Eingeleitet und
herausgegeben von Gerd W. Jungblut, Berlin/West.
Klaus Guhl, 1978.

Erich Mühsam, Scheinwerfer oder Färbt ein weißes Blütenblatt sich schwarz, Berlin/West. Klaus Guhl, 1978.

Färbt ein weißes Blütenblatt sich rot. Erich Mühsam in
Zeugnissen und Selbstzeugnissen, Berlin 1978

Polizeiakten über Erich Mühsam (Potsdamer Staatsarchiv)

Julius Bab, Die Berliner Boheme, o. O., 1904

Friedrich Burschell, Die neue Weltbühne, 1935, Nr. 28

Edmund Edel, Berlin W. Ein paar Kapitel von der Ober-
fläche, Berlin 1907

Fritz Erpenbeck, Neue Deutsche Blätter, 1934, Nr. 11

Oskar Maria Graf, Wir sind Gefangene, Berlin 1948

Kurt Hiller, Die neue Weltbühne, 1934, Nr. 41

Herbert Jhering, Von Reinhardt bis Brecht. Vier Jahrzehnte Theater und Film, Berlin 1959

Cläre Jung, Neue Deutsche Literatur, 1971, Nr. 11

Wilhelm Lukas Kristl, Aus dem Antiquariat. (Beiblatt zum
Börsenblatt für den Deutschen Buchhandel, Frankfurt
a. M., 1973, Nr. 51)

Heinrich Mann, Ein Zeitalter wird besichtigt, Berlin 1962
Viktor Mann, Wir waren fünf. Bildnis der Familie Mann, Berlin 1975
Martin Andersen Nexö, Kultur und Barbarei, Gesammelte Werke Band III, Berlin 1957
Ernst Niekisch, Gewagtes Leben. Begegnungen und Begebnisse, Köln−Berlin 1958
Erwin Piscator, Schriften Band II, Berlin 1968
Joachim Ringelnatz, Mein Leben bis zum Kriege, Berlin 1979
Hermann Sinsheimer, Gelebt im Paradies, München 1953
Kurt Tucholsky, Politische Justiz, Hamburg 1970
Tilly Wedekind, Lulu. Die Rolle meines Lebens, München−Bern−Wien 1969

Kain, Zeitschrift für Menschlichkeit, Jg. 1911/14 und Flugblatt 1918
Kain-Kalender 1913
Der Wahre Jacob, Jg. 1902/05
Die Fackel, Jg. 1906
Die Schaubühne, Jg. 1913
Die Welt am Montag, Jg. 1925/30
Fanal, Anarchistische Monatsschrift, Jg. 1926/31, Rundbriefe 1932 und Sonderheft 1933
Die Aktion, 1922
Die Weltbühne, Jg. 1921 und 1931
Die Rote Fahne, Jg. 1921 und 1924
Die Ente, 1933
Die neue Weltbühne, Jg. 1934 und 1935
Berliner Illustrierte Zeitung, Jg. 1903
Arbeiter-Zeitung Wien, Jg. 1931
Leipziger Neueste Nachrichten, Jg. 1929
Neue Deutsche Blätter, Jg. 1939
Neue Deutsche Literatur, Jg. 1971

Bildquellen: Akademie der Künste der DDR und Institut für Marxismus-Leninismus

Inhalt

* Überschriften vom Verlag

ISBN 3-359-00188-5

© Verlag Volk und Welt, Berlin
3. Auflage
© Eulenspiegel Verlag, Berlin 1989 (1984)
(für Auswahl, Zusammenstellung und Nachwort)
Lizenz-Nr.: 540/109/89 · LSV 7109
Printed in the German Democratic Republic
Lichtsatz: INTERDRUCK Graphischer Großbetrieb Leipzig – III/18/97
Druck und buchbinderische Verarbeitung:
Karl-Marx-Werk Pößneck V 15/30
620 740 2

01280